venant de la Bibliothèque
de feu M. Barbé ?
à Poitiers.
1 Juillet 1861
[signature]

N° du catalogue de la vente 103
La Planche en regard des p. 308-309 a été arrachée.

V. 2669.
D.

36 pl. seulement

# TRAITÉ
ÉLÉMENTAIRE

## DE L'IMPRIMERIE,

OU

## LE MANUEL DE L'IMPRIMEUR;

Avec 40 planches en taille-douce.

*Par* Ant.-Franç. MOMORO.

*A* PARIS,

Chez A. F. MOMORO, Imprimeur-Libraire,
rue de la Harpe, N°. 171.

M. DCC. LXXXXIII.

# AVERTISSEMENT.

Jaloux de contribuer à la perfection de l'Art Typographique, j'ai conçu le dessein d'en tracer la théorie; j'ai tâché de l'exécuter avec tout le soin possible. Cet ouvrage est composé depuis l'année 1785.

Peu de personnes ont écrit sur l'Imprimerie. L'Encyclopédie en a traité d'une manière trop sommaire. Nous n'avons de bon dans ce genre que la *Science pratique*, par Fertel de St.-Omer; mais cet ouvrage commence à vieillir: notre goût s'est perfectionné; et les progrès que nous avons fait dans l'Art Typographique, depuis quelques années, paroissent nécessiter un nouveau traité de cette science.

Pour rendre cet ouvrage plus commode, j'ai cru devoir le rendre par ordre alphabétique, comme étant la marche la plus aisée pour trouver du premier coup-d'œil, l'explication de chaque mot de l'Art Typographique. Je me suis attaché à présenter les meilleurs moyens pour arriver à la perfection d'un art précieux aux progrès des sciences et de la philosophie.

Cet ouvrage, susceptible de figures, en contient un grand nombre. J'aurois pu y renvoyer à chaque article qui y ont rapport; mais j'ai crains de surcharger le discours de renvois qui devenoient inutiles par les définitions précises que j'ai données à chaque article. On connoîtra aisément chaque partie dans l'ensemble que la figure représente.

Je n'ai rien négligé pour représenter toutes les différentes impositions avec la précision dont elles sont susceptibles, et de manière que le compositeur le moins exercé puisse les exécuter sans peine.

Je donne également une planche sur la manière de corriger les épreuves, pour les personnes qui, peu accoutumées à faire imprimer, pourroient se trouver embarrassées sur les signes propres à exprimer leurs corrections.

Enfin, on trouvera les planches qui représentent la casse ordinaire, celle grecque, et, en un mot, la figure des différens instrumens nécessaires à cet art.

# TRAITÉ
## ÉLÉMENTAIRE
## DE L'IMPRIMERIE,
### OU
## LE MANUEL DE L'IMPRIMEUR.

Nous n'avons rien de bien certain sur le tems au juste, que fut inventé l'art admirable de l'Imprimerie en Europe, ni de ceux qui l'ont trouvé; les uns disent que ce fut en l'an mil quatre cent quarante, d'autres cinquante, et d'autres soixante; mais ce que nous avons de plus certain, c'est que le premier ouvrage dont on ait connoissance, qui soit de ce divin art, est une Bible latine, en deux volumes *in-folio*, imprimée à Mayence, en mil quatre cent soixante-deux, qui n'étoit imprimée que d'un côté, sur du vélin, en caractères gothiques, qui imitoient si bien l'écriture des manuscrits de ce tems-là, que toutes les personnes qui ignoroient l'usage de l'Imprimerie, y furent trompées; lequel ouvrage a été imprimé par Jean Fauste. Il est à croire que ce n'est point le premier de ses ouvrages, mais seulement le premier où il ait mis son nom, car l'opinion commune est qu'il s'étoit associé, avant l'impression de cette Bible, avec Jean Guttemberg, gentilhomme, natif de la ville de Strasbourg, qui résidoit pour lors à Mayence, à qui même

*Tr. de l'Impr.* par A. F. MOMORO.　　A

l'on donna toute la gloire de la découverte de l'Imprimerie; que quelques-uns tiennent qu'elle lui a fait avoir le droit de bourgeoisie, et d'autres disent qu'il ne contribua à cette gloire que par des avances d'argent qu'il fit; ce que Salmuth prouve, et son témoignage paroît bien approcher de la vérité; car l'on tient que Jean Fauste ou Fuste, que Polidor homme Pierre, natif de la ville de Magonce, considérant la rareté des livres, et la dépense excessive qu'il falloit faire pour transcrire les manuscrits, ce qui causoit la perte de plusieurs beaux-esprits, s'imagina un moyen pour les rendre plus communs. On tient qu'il grava d'abord des planches de bois, ce qui lui réussit assez bien, ainsi qu'une encre qu'il composa, propre à cet ouvrage; mais il ne continua pas long-tems, à cause du grand travail qu'il étoit obligé de faire pour graver autant de planches que de pages.

Fauste considérant que, malgré ses soins, les caractères de ces planches étoient tout-à-fait irréguliers et remplis de fautes impossibles à corriger, chercha de nouveaux moyens pour perfectionner un art qu'il avoit si heureusement trouvé. Il trouva ensuite la facilité de séparer les lettres, et d'en faire un nombre suffisant pour composer des pages, et imprima son premier ouvrage en l'an mil quatre cent cinquante-trois. Mais ledit Fauste, ne pouvant suffire tout seul à l'impression de ses livres, prit pour aide Schœffer ou Opilio de Gernsheim Clerc: celui-ci répondit si bien à la bonne opinion que Fauste avoit conçue de lui, qu'il ne tarda guère à le surpasser: il trouva la facilité de graver des poinçons d'acier, d'en frapper des matrices, et de fabriquer des moules pour fondre des lettres de plomb, lesquelles se trouvèrent trop foibles pour résister à la presse; ils en fondirent d'étain. Fauste, charmé de toutes ses découvertes, lui donna, en reconnoissance, sa fille en mariage, et se l'associa. Ayant donc perfectionné cet art au degré que je viens de le dire, le père et le gendre engagèrent par serment leurs domestiques et leurs ouvriers à ne point divulguer leur secret, et même ils avoient grand soin de cacher leurs outils. Mais Guttemberg, voisin de Fauste, entendant les éloges et le profit qu'il faisoit à l'Imprimerie, fit amitié avec lui et lui offrit sa bourse, que Fauste ne refusa pas, à cause des grandes dépenses qu'il étoit obligé de faire, et convinrent ensemble d'imprimer, à frais communs, un livre en parchemin, et dont ils devoient partager le profit. Mais Guttemberg pensant que Fauste dépenoit plus d'argent que l'ouvrage ne demandoit, refusa de payer sa part de la dépense; sur quoi ils eurent procès ensemble. Fauste fut pris à serment à lui affirmer, si il étoit vrai qu'il eût employé à l'ouvrage tout l'argent qu'il avoit reçu; sur quoi il y eut sentence rendue, le 6 novembre mil quatre cent cinquante-cinq; ce qui mit fin à la société. Salmuth dit avoir vu les pièces du procès.

Guttemberg, après cette sentence, qui ne fut point à son avantage, s'en retourna à Strasbourg, où peut-être y a-t-il établi une Imprimerie; ce qui auroit bien pu lui donner la gloire d'avoir inventé cet art. C'est depuis cette séparation que Fauste a mis son nom à ses ouvrages. Boxhornius fixe l'invention de l'Imprimerie avant même mil quatre cent quarante, et en attribue l'honneur à Laurent le Coster, garde ou concierge du palais d'Harlem en Hollande; fondé sur une inscription latine qui se voit encore à présent sur la maison de ce Laurent Coster, et sur une autre, qui est sous sa statue, portant, que Jean Guttemberg inventa cet art en l'an mil quatre cent quarante, et que les dépenses excessives qu'il étoit obligé de faire, le contraignirent de s'associer avec Jean Fauste ou Fuste, et Pierre Schœffer son gendre. Monsieur Malinchroste réfute ce sentiment. La ville de Leyden, en Hollande, en attribue aussi la gloire à un autre Laurent Janson, un de ses bourgeois, et prétend que Jean Fauste, son facteur, lui emporta ses caractères, et qu'il se retira à Amsterdam, depuis à Cologne, et ensuite à Mayence. Si ce que l'on dit de Fauste est vrai, il n'a pu emporter tout au plus que quelques planches de bois, et le secret de les graver. Pancirole rapporte que, de son tems, c'étoit l'opinion commune, qu'un allemand ayant fait un voyage à la Chine, il en avoit rapporté cet art. Le père Trigault, jésuite, qui a lu exactement les Annales des Chinois, avance que l'Imprimerie est si ancienne en ce pays-là, qu'on ne se souvient pas de son invention; ce qui confirme ce que j'ai dit plus haut. Enfin, d'autres déferent cette gloire à un nommé Jean Mentel, de la ville de Strasbourg : en effet, l'on tient qu'il se l'attribua, par ce qu'il fut le premier qui ouvrit l'Imprimerie dans cette ville. Le père Ménestrier, jésuite, dans son *Traité de l'origine du Blason*, dit que Vulson donne à la maison de Mentel, des gueules au lion couronné d'or, accolé d'un rouleau voltigeant d'azur, et dit que ces armoiries furent données par l'empereur Frédéric III, à Jean Mentel, l'an mil quatre cent soixante-six, pour avoir inventé l'Imprimerie. Cela ne peut être que pour l'avoir perfectionnée, puisqu'il y en a eu d'autres avant lui, comme nous l'avons dit ci-dessus.

Après la séparation de Fauste et de Guttemberg, comme il a été dit, il s'ensuivit celle des ouvriers, qui se répandirent en plusieurs endroits, entr'autres deux allemands, l'un nommé Conrard Saveinhem, et l'autre Arnould Pannars, que l'on tient être deux frères, qui, dans l'espérance de faire fortune, furent à Rome, où ils fondirent des caractères qui ne tenoient rien du gothique, et imprimèrent le livre de la *Cité de Dieu*, en mil quatre cent soixante-cinq, dont il s'en trouve un exemplaire à la bibliothèque de Sainte-Géneviève de Paris. Ils imprimèrent encore à Rome les *Épîtres de Saint Jérôme*, en pareils caractères, qu'ils dédièrent au pape Paul II. De-là, ils furent à Venise, où voulant faire quelque chose de nouveau, ils y gravèrent des caractères de leur langue, c'est-à-dire, gothiques, qui se répandirent par-tout, et furent en usage environ cinquante ans. Il y avoit eu avant eux à Venise, Nicolas Jason, originaire d'Anjou, qui y eut une Imprimerie, et qui y avoit introduit les beaux caractères. L'on voit aussi, à Sainte-

Geneviève, les *Vies des hommes illustres*, de *Plutarque*, imprimées à Rome, en mil quatre cent quatre-vingt, par un nommé Uldaric le Coq. Alde, italien, homme très-savant, fut le premier qui purgea les caractères de ce qu'ils avoient de grossier, et aussi le premier qui se soit servi des caractères grecs et hébreux, vers l'an mil cinq cent. Pendant qu'il s'établissoit des Imprimeries par toutes les villes renommées, celle de Jean Fauste fleurissoit toujours à Mayence, soutenue, après lui, par son petit-fils Jean Schoeffer, fils de Pierre Schoeffer, comme il est prouvé par Érasme, rapporté dans la préface de Tite-Live, imprimé à Mayence, en deux volumes in-folio, en l'an mil cinq cent dix-neuf, où l'on voit à la fin du privilège de l'empereur Maximilien, donné à Jean Schoeffer, portant défense de contrefaire aucun des livres qu'il imprimeroit, en considération de ce que son grand-père Fauste avoit trouvé l'invention de l'Imprimerie.

Il ne faut pas douter que si-tôt que ce secret fut inventé, il ne tarda pas beaucoup à se faire connoître en France, principalement à Paris, où l'activité des ouvriers s'est fait voir; ils ne tardèrent guère à enchérir sur les inventeurs de cette science, qu'ils portèrent au plus haut degré de perfection, et en très-peu de tems, tel qu'on le voit présentement.

Entre ceux qui ont exercé avec honneur l'art de graver des caractères à Paris, et qui s'y sont le plus distingués, sont Simon de Colinet, en mil quatre cent quatre-vingt, natif de Gentilly, près Paris; il fut le premier qui grava les caractères romains de différentes grosseurs, tels que ceux dont nous nous servons; il imprima aussi plusieurs bons livres qui lui acquirent une grande réputation. Claude Garamond, parisien, commença vers l'an mil cinq cent dix, et grava des caractères romains et grecs; il porta cette science à une si grande perfection, qu'il a eu la gloire d'avoir surpassé tous ceux qui ont été avant et après lui: il mourut l'an mil cinq cent soixante-un.

Robert Granjon, aussi parisien, grava à Paris de très-beaux caractères romains, italiques et grecs; de Paris il fut à Lyon où il travailla, et de-là il fut appelé à Rome pour y graver des caractères hébreux, syriaques, arabes et arméniens; ce qu'il exécuta avec gloire. Guillaume le Bé, de Troyes en Champagne, se distingua aussi par plusieurs beaux caractères qu'il grava, tant à Rome qu'à Venise et à Paris, où il laissa une très-belle fonderie. Nous avons encore eu à Paris les Sanleques, père et fils, qui excellèrent dans l'art de graver des caractères et des notes de musiques. Le fils est mort à Paris, l'an mil six cent soixante. Après eux, cette science a resté comme dans une espèce d'engourdissement pendant près de soixante ans; la raison est que les poinçons ne périclitent point, et qu'ils peuvent frapper une infinité de matrices sans être altérés; il n'y a que depuis environ trente ans qu'elle a commencé à reprendre de la vigueur, et avec beaucoup de succès.

# MANUEL
## ART TYPOGRAPHIQUE.

Ce fut vers le milieu du quinzième siècle qu'on commença à se servir de l'Imprimerie. Jean Mentel fut le premier qui imprima des manuscrits dans la ville de Strasbourg. La ville de Leyde, en Hollande, fait honneur de cette invention à un de ses bourgeois, nommé Laurent Janson. Les bourgeois de Harlem prétendent que la première idée en vint en 1420, à Laurent Coster, concierge de leur palais-royal; mais la plus commune opinion, est que l'inventeur de l'art Typographique fut Jean de Guttemberg, gentilhomme de Strasbourg, habitué à Mayence, où il acquit le droit de bourgeoisie. Il s'associa Pierre Schœffer, son gendre, et Jean Faust, libraire, qui inventa et grava les poinçons. Les premiers livres qu'ils imprimèrent ne furent point les *Œuvres de Ciceron*, *d'Horace* ou de *Virgile*; mais le *Miroir du Salut*, la *Grammaire de Donnat*, et les *Confessions de Saint Augustin*. Vingt ans après ils imprimèrent une grande Bible *in-folio*. L'art se perfectionna; ils ne se servirent plus de velin; et par-là, trouvèrent le moyen de donner les livres à meilleur marché. Ils étoient au commencement d'un caractère, fort semblable à celui des manuscrits. Faust en apporta à Paris plusieurs exemplaires qu'il vendit fort cher. On l'accusa de se servir de magie pour multiplier le même manuscrit; mais le parlement, instruit de la vérité, le déchargea de l'accusation et lui donna beaucoup de louanges. Nicolas Samson changea depuis le premier caractère en une lettre carrée; et les Vénitiens, pour faire quelque chose de nouveau, se servirent de la lettre lombarde ou gothique. On n'en fit usage que pendant 40 ans, et l'on reprit la lettre carrée, comme étant la plus belle.

C'est à tort que quelques auteurs assurent que l'on doit aux Chinois l'invention de l'Imprimerie, telle qu'elle est en usage chez nous. Ils imprimoient, il est vrai, depuis un tems reculé des planches gravées; mais ne se servoient point de caractères mobiles.

Avant l'invention de l'Imprimerie les livres étoient fort chers: c'étoit volontiers des immeubles; on les laissoit par testament, on les échangeoit contre des fonds de terre. Une concordance de la Bible fut vendue cent écus d'or; *Tite-Live*, cent vingt; *Plutarque*, soixante-dix.

L'empereur Frédéric III crut faire un présent considérable à un ambassadeur du duc de Vurtemberg, en lui donnant une vieille Bible hébraïque.

La Typographie fit bientôt de rapides progrès. Plantin, célèbre imprimeur, effaça par sa science tous ses confrères. Philippe II, roi d'Espagne, lui donna le titre d'archi-imprimeur. Ce fut par les ordres de ce monarque qu'il imprima la Bible en plusieurs langues orientales; et c'est le chef-d'œuvre de l'Imprimerie. Ensuite sont venus les Henri et les Robert Etienne: leur nom fait leur éloge.

L'Imprimerie a, comme toutes les nouvelles découvertes, éprouvé, à son origine, des difficultés dans son exécution; elle étoit sujette à des degrés de perfection auxquels on ne peut atteindre qu'avec le tems. On est donc graduellement parvenu à lui donner la célébrité dont elle jouit aujourd'hui, quoiqu'elle eut toujours de zélés partisans qui s'y distinguèrent.

Le Traité Typographique que je présente aujourd'hui, ne contient que ce qui a rapport absolument à son but. Je ne me suis point attaché à l'histoire de l'Imprimerie, je laisse à d'autres cette carrière à parcourir. J'aime mieux faire un ouvrage utile. Les curieux de l'historique de l'Imprimerie, pourront consulter à ce sujet, un ouvrage composé par maître Jean de la Caille, et imprimé en 1689. Ce Traité historique est divisé en deux livres; le premier contient l'origine de cet art, ce que les historiens en ont écrit, les noms des imprimeurs dans le tems de son origine, leurs impressions, devises, épitaphes, vies, le nom des villes, dans le sein desquelles l'Imprimerie a commencé, et son accroissement jusqu'au commencement du dernier siècle.

Le second livre fait connoître ceux qui ont attiré cet art à Paris et ceux qui l'ont exercé, avec une liste des imprimeurs et libraires reçus depuis 1643, jusqu'en 1689.

Un autre ouvrage, en un petit volume in-4°. intitulé : *de Germaniae miraculo, optimo maximo, typis litterarum*, etc., imprimé à Leypsick, par un auteur anonyme ; il contient un abrégé historique des plus savans imprimeurs du dernier siècle, et une démonstration de tous les caractères inventés pour l'Imprimerie.

## DE L'IMPRIMEUR.

### EXPOSÉ SOMMAIRE

*Des opérations relatives à l'Imprimerie dans ses différentes parties, savoir, la composition et l'impression.*

Il faut d'abord acquérir une connoissance préliminaire des caractères et de leurs proportions, de la différence de leurs corps, c'est-à-dire, *épaisseur*; de leur hauteur en papier; de la figure des casses qui renferment le caractère, de leur disposition, et de celle des caractères à y placer.

Après cette connoissance préalable, il faut savoir comment on doit lever la lettre en composant; quel est l'usage des espaces et la raison de leurs différentes épaisseurs; quel est également l'usage des cadratins, demi-cadratins et cadrats; comment on doit justifier les lignes dans le composteur; comment on doit prendre la justification des pages, suivant les différens formats que l'on a à faire; quelle est la véritable manière de composer correctement; comment il faut éviter le défaut de coucher la lettre, dans le composteur et dans la galée; comment on doit faire les titres des ouvrages, ainsi que ceux courans du haut des pages; ce que c'est que les signatures et réclames d'un livre; comment on doit les placer, et en quel caractère il faut les faire; quels chiffres, romains ou arabes, doivent les accompagner. Comment on doit justifier ses pages et les lier dans la galée; comment il faut éviter les lignes courtes au haut des pages, les mauvaises divisions, ou celles répétées trop souvent; comment et quand il faut employer les lettres de deux points, diriger les titres, éviter les culs-de-lampes et faire les sommaires. Quel est l'usage des vignettes, filets, fleurons, accolades, passe-partout, lettres grises, lettres ombrées, ornées, fleuronnées, lettres de cuivre, lettre de bois: où, et comment il faut employer les guillemets; ce que c'est. Comment il faut faire les notes au bas des pages, et en quel caractère? Cet objet est important. Comment il faut placer les additions; en quels caractères il faut les faire; comment il faut s'y prendre pour faire des ouvrages à colonnes, ou en langues étrangères, ou de différentes langues, dans le même ouvrage.

Savoir encore comment il faut faire les premières pages et connoître la disposition d'un ouvrage. Comment on doit faire les placards, les affiches, les petits billets, les cartes, les ouvrages à filets, ceux de mathématique, d'algèbre, de fraction, de musique, etc. Comment il faut disposer les différens titres qui se rencontrent dans un ouvrage; ce qu'il faut observer quand il est divisé par livres ou parties, ou quand il contient plusieurs volumes; ou quand il est partagé en chapitres, les chapitres en articles, et les articles en sections; ce qu'il faut faire quand les chapitres ont la même étendue que les parties d'un livre.

Il faut aussi connoître dans quelle position et de quel caractère on doit faire les épîtres dédicatoires et autres pièces qui font partie du corps d'un ouvrage; savoir, les épîtres dédicatoires, les préfaces, avertissemens, éloges; la construction des tables d'un livre, les errata; la disposition des ouvrages en *vers*, les acrostiches.

Lorsqu'on possède parfaitement cette partie, et qu'on veut la mettre à exécution, il faut s'attacher à apprendre la manière d'imposer les différens formats, celle d'en savoir faire les garnitures, et enfin la correction des ouvrages. Pour cela, il faut bien distinguer d'abord dans les garnitures, ce que c'est que les bois de fond, ceux de marge, les têtières, les biseaux, les réglettes qu'on met contre la barre du chassis, les garnitures des demi-formes ou autres petits billets.

Ensuite, lorsqu'une forme est imposée dans un chassis et garnie de ses bois nécessaires, savoir ce qu'il convient de faire après, ce que l'on doit observer en déliant les pages d'une forme; ce qu'il faut faire lorsqu'elles sont déliées; quelle est la manière de faire les épreuves; comment on doit corriger et remanier une forme, soit pour transporter des lignes d'une page à une autre, soit pour la rendre d'une justification plus large ou plus étroite.

Connoître ensuite la distribution des caractères: quel est le devoir d'un compositeur avant de distribuer le caractère dans les casses; la manière de le distribuer; ce que c'est que les pâtés d'Imprimerie, et comment on doit se hâter de les composer et distribuer, pour ne pas perdre le caractère qui coûte si cher. Enfin, quel est le devoir du compositeur après la distribution.

Avoir une idée nette de la connoissance des lettres accentuées, de leur emploi, des signes en usage dans l'impression, et de la ponctuation. Voyez dans l'ouvrage l'article *Lettres accentuées*, etc., vous y trouverez généralement tout ce qui est en usage dans l'Imprimerie; pieds de mouches, paragraphes, étoiles, croix, versets, répons, mains, soleils, lunes, astérisques, lettres doubles, lettres longues, lettres brèves, lettres tréma, lettres aigues, lettres circonflexes, lettres graves, chiffres, etc. Grosses capitales, petites capitales, parenthèses, apostrophes, divisions. Ponctuation; point, virgule; point-virgule, autrement dit *petit-qué*; deux points, autrement dit *coma*; point interrogant, point admiratif.

Il faut ensuite s'appliquer à l'autre partie de l'Imprimerie, qui est la connoissance de la presse, et des moyens de faire une bonne impression; savoir, pour cela, la construction des différens pièces d'une presse, et les moyens de remédier aux défauts qui y arrivent.

Connoître l'usage des chassis pour imposer les formes, et leurs qualités: de quelle manière doit être faite une frisquette; comment il faut la coller, et ce à quoi elle sert. Connoître aussi l'usage des pointures, des clavettes et du tympan.

Ensuite, les préparations nécessaires pour tremper le papier; la manière de le tremper; la connoissance des différentes sortes de papier, ceux qui sont collés et ceux qui ne le sont pas; comment on doit remanier le papier: la manière de préparer les cuirs de balles, de les monter, de les distribuer; comment on doit toucher une forme, et ce qu'il faut observer pour faire une belle impression; comment on doit accommoder ses balles, après les avoir démontées en finissant le travail.

Comment il faut mettre une forme en train; coller le grand et le petit tympan, ainsi que les frisquettes; monter son tympan, placer ses pointures, suivant les différens formats. Comment on doit tirer le bareau, rouler et dérouler la presse, placer les hausses et les supports, couper sa frisquette, abattre le tympan, faire le moulinet, marger son papier, le prendre dessus le banc, et placer les feuilles imprimées; comment on doit rafraîchir le tympan avec de l'eau, de tems en tems, ce qu'on appelle *ramottir*; comment on doit placer ses balles sur les chevilles, prendre de l'encre, la broyer avec le broyon, la distribuer sur l'encrier et la placer avec la palette; quelles précautions il faut prendre pour qu'il ne tombe point d'ordures dans l'encrier; comment il faut faire lorsque l'encre est trop forte ou trop foible, ou qu'elle décharge des ordures; comment il faut éviter que la fleur du papier s'attache sur la forme; ce qu'il faut faire quand les balles sont teigneuses ou sèches; comment il faut enlever les ordures, nettoyer le caractère, le laver et rincer les formes avec de l'eau propre.

Comment on peut imprimer en rouge et en noir; comment, à cet effet, on doit préparer son encre et ses frisquettes; comment l'encre est composée; ce que c'est que le vernis d'Imprimerie; ce que l'on doit faire quand il est trop fort ou trop foible; comment on doit préparer son encre pour tirer des affiches, etc.

## Manière de monter une Imprimerie,

### *En Caractères, Presses, Ustensiles, etc.*

Celui qui veut établir une Imprimerie, doit bien observer de le faire avec toute l'intelligence possible, afin que l'on ne soit arrêté par rien, pour l'exécution des ouvrages. Je l'invite à consulter cet article, qui servira d'instruction pour cet objet, et je le préviendrai qu'en indiquant exactement tout ce qu'il faut dans une Imprimerie absolument bien montée, je marquerai d'une étoile les objets indispensables pour une Imprimerie dont on veut, avec économie, commencer l'établissement.

Après avoir disposé un beau local, et bien éclairé surtout, pour placer les rangs des compositeurs, il faut faire faire lesdits rangs par un menuisier adroit: ces rangs consistent en tréteaux qui ont la forme d'un pupitre, et sur lesquels on place des planches avec des rebords, pour y asseoir les casses; et sous ces tréteaux, à deux distances égales, on y met des planches pour y recevoir les pages de composition. On fait ordinairement ces rangs de la longueur de deux casses; et on les forme avec deux tréteaux qui coûtent ensemble 8 à 9 liv. non compris les planches.

Après cette disposition de rangs que l'on multiplie autant que le besoin l'exige, on fait construire des coffres appelés pieds de marbre, d'une longueur de trois à quatre pieds, pour y placer des marbres, à l'effet d'y pouvoir imposer les formes, et les desserrer, soit pour placer es corriger, soit pour les distribuer ; il faut faire en sorte que chacun de ces marbres puisse contenir de front deux formes au moins, ou même deux feuilles.

Il faut en achetant ces marbres, les choisir d'une bonne épaisseur, afin qu'ils ne se cassent point aisément.

* Il faut aussi une pierre à laver les formes.

Une bassine pour la lessive qui doit servir à les nettoyer.

Une cuve pour mettre de l'eau pour tremper le papier.

Plusieurs paires de casses pour mettre le caractère.

Des casseaux pour placer les lettres de deux points, fractions, vignettes, filets, interlignes, etc.

Des pieds de marbre pour recevoir ces casseaux ; et sur ces pieds de marbre, on y mettra des petits marbres de la largeur d'un chassis.

Faire disposer derrière chacun des rangs des planches de leur longueur, et disposées en forme de *galée*, pour y recevoir les lignes de tête, de pied, et autres titres courans des ouvrages, dont les compositeurs peuvent avoir journellement besoin.

Avoir plusieurs paires de chassis *in-4º*. (6 paires *pour commencer*.)

Plusieurs autres *in-12*. (3 paires *idem*.)

Plusieurs petites ramettes, (6 *idem*.)

Plusieurs grandes ramettes, (4 *idem*)

*Tr. de l'Impr.* par A. F. MOMORO. B

Avoir deux ou trois milliers de coins de bois pour serrer les formes.

Plusieurs bottes de biseaux des deux couches, grands et petits *in-4°*.

*Idem*, *in-12*.

*Idem*, pour les placards.

*Idem*, petits pour les petites affiches ou billets.

Plusieurs bois de garnitures, pour l'imposition des formes ;

Savoir, plusieurs longueurs de bois de fond et de tête, *in-4°*. et *in-folio*.

*Idem*, grand *in-8°*.

*Idem*, petit *in-8°*.

*Idem*, grand *in-12*.

*Idem*, petit *in-12*.

*Idem*, *in-16*.

*Idem*, *in-18*.

*Idem*, *in-24*.

Plusieurs bottes de bois de gros canon.

*Idem*, de petit canon.

*Idem*, de gros parangon.

*Idem*, de petit parangon.

*Idem*, de gros romain.

*Idem*, de saint-augustin.

*Idem*, de cicero.

*Idem*, de petit romain.

*Idem*, de petit texte.

*Idem*, de nompareille.

Plusieurs longueurs de feuilletons.

Plusieurs ais à tremper le papier.

D'autres demi-ais pour desserrer les formes et recevoir la lettre.

Plusieurs gallées *in-folio*.

*Idem*, in-4°.
*Idem*, in-8°.
Une ou deux grandes gallées pour de grands placards.

Plusieurs paniers ou grandes boîtes pour placer toutes les différentes garnitures dont je viens de parler.

Plusieurs sébiles ou jattes de bois, pour y mettre, soit des espaces, soit des cadrats, soit de l'eau, soit de la colle.

Plusieurs douzaines de cuirs de balles.

Plusieurs paires de bois de balles.

Des petits clous pour les monter.

Deux presses au moins, garnies de deux frisquettes et même trois chacune, du grand et du petit tympan, du pied-de-chèvre, de l'encrier et de son broyon, du bareau et de la manivelle, d'un banc pour placer le papier, d'un démontoir pour les balles, d'un marche-pied.

Faire étançonner la presse, la garnir au sommier du dessus, en calles de chapeaux.

Avoir une petite burette d'huile d'olive.

Une autre d'huile de noix pour ratisser les balles.

Un marteau.

Les deux clefs pour monter et démonter la presse.

Les chevilles de la frisquette.

Une paire de ciseau.

Une pointe.

Une petite vergette pour nettoyer la lettre.

Une grande pour laver les formes.

Plusieurs livres de potasse.

Quelques mains de papier gris.

Des peaux de tympan pour le grand et pour le petit.

Des blanchets de laine et de moelton pour mettre dans le tympan.

De la laine pour monter les balles.

Un couteau long pour les ratisser.

Des pointures *in-4°*.

*Idem*, *in-12*.

Après l'acquisition de tous ces objets indispensables, en plus ou moins grande quantité, il faut se munir de caractères qui se vendent à la livre, et dont on connoîtra les différens prix à l'article *Caractère*, inséré dans cet ouvrage.

1°. Un gros canon, romain et italique.
2°. Un petit canon, *idem*.
3°. Un gros parangon, *idem*.
4°. Un petit parangon, *idem*.
5°. Un gros romain, *idem*.
6°. Un saint-augustin, *idem*.
7°. Un cicero, *idem*.
8°. Une philosophie, *idem*.
9°. Un petit romain, *idem*.
10°. Une gaillarde, *idem*.
11°. Un petit texte *idem*.
12°. Une nompareille, *idem*.

### En Lettres de Deux Points.

Grosses de fonte, romain et italique.
Moyenne de fonte, *idem*.
Deux points de petit canon, *idem*.
Deux points de parangon, *idem*.
Deux points de gros romain, *idem*.
Deux points de saint-augustin, *idem*.

Deux points de cicero, *idem.*
Deux points de petit romain, *idem.*
Deux points de petit texte, *idem.*
Deux points de nompareille, *idem.*
Lettres ornées, frisées et ombrées, si l'on veut : on ne s'en sert plus guères aujourd'hui.

Vignettes sur différens corps; cela se demande par assortiment.

Un assortiment d'accolades.

Un assortissement de filets de longueur, savoir ; des triples, des doubles et des simples.

Un assortiment de fractions sur le corps de cicero, et un autre assortissement sur le corps de petit romain.

Plusieurs livres d'interlignes *in-4°.*
*Idem, in-8°.*
*Idem, in-12.*
*Idem, in-18.*
Des boîtes pour les placer.
Des fleurons en fonte de diverses façons.
Des vignettes en bois, savoir; *in-folio, in-4°, in-8°, in-12, in-18,* des fleurons de bois, *idem.*

Plusieurs composteurs de bois pour les affiches.

De la ficelle pour lier les pages.

Tous les caractères mentionnés plus haut, bien assortis de leurs cadrats, cadratins, demi-cadratins et espaces.

Un étendoir pour étendre le papier imprimé fraîchement.

Une presse à mettre le papier.
Une autre pour le rogner, avec ses outils.
Des taquoirs en bois pour taquer la lettre.

Des décognoirs en bois pour la desserrer ou serrer dans les chassis.

Des éponges pour les compositeurs et les imprimeurs.

Une barique d'encre.

De la colle.

Du papier gris pour les hausses.

Dans les Imprimeries bien montées, on a deux financières sur différens corps; des grecs également sur des corps différens, de la musique, de la note de plein-chant, un caractère de ronde et une grosse nompareille. Wafflard, fondeur, en a gravé une double.

On doit aussi se procurer les signes algébriques, ceux du berger, ceux de médecine et pharmacie.

## OPÉRATIONS NÉCESSAIRES

*Pour parvenir à la composition et à l'impression d'un ouvrage, de tel format que ce puisse être.*

Je viens d'indiquer précédemment de quelle manière il falloit monter une Imprimerie; je la suppose donc bien fournie de caractères.

Ces caractères sont envoyés par le fondeur, en cornets ou en pages.

Le compositeur doit les mettre en casse. Si le caractère est en cornet, l'opération est facile; mais si le caractère est en page, alors il faut se servir de gallées pour y placer les pages, et les distribuer par lignes entières dans la casse; et lorsqu'il se trouve, les casses étant remplies, des sortes de caractères plus abondantes que d'autres; alors, ou l'on en fait des cornets, où on les survide dans une grande casse appelée *bardeau*.

Le compositeur ayant ses casses pleines, il prend son composteur et le justifie du format dont il doit faire l'ouvrage. Si c'est *in-4°*, alors il prend plusieurs interlignes *in-4°*, dévisse son composteur, les place dedans, et ensuite serre la visse, de manière que les interlignes joignent intérieurement les deux arc-boutans du composteur, et puissent cependant en sortir assez librement.

Cette justification prise, il place la copie à son *visorium*, et son *visorium* sur le côté droit de sa casse, dans la bordure, au moyen d'un trou qu'on y fait avec une vrille.

Ensuite il prend une gallée, fait le titre de son ouvrage, puis compose la matière, de manière que lorsqu'il a fait sa première page, il y place au bas, dans la ligne de pied, une signature A : il fait une réglette de longueur pour servir de mesure pour la longueur des autres pages. Je ne parle pas ici des frontispices, car on les laisse ordinairement pour la fin de l'ouvrage.

Il lie ensuite sa page avec une ficelle, et la place sous son rang.

S'il fait un *in-8°*, il ne met point de signature à la seconde page, qu'il place également sous son rang à côté de la première.

A la troisième page, il met une signature A 2, et pose sa page sur la seconde.

A la quatrième, il ne met point de signature, et place sa page à côté de la deuxième et troisième.

A la cinquième, il met une signature A 3, et la place sur la quatrième.

A la sixième, il ne met point de signature, et pose sa page à côté de la quatrième et cinquième.

A la septième, il met une signature A 4, et pose sa page sur la sixième.

Là se terminent les signatures d'un *in-8º*.

Il place la huitième page à côté de la sixième et septième.

La neuvième sur la huitième.

La dixième à côté de la huitième et neuvième.

La onzième sur la dixième.

La douzième à côté de la dixième et onzième.

La treizième sur la douzième.

La quatorzième à côté de la douzième et treizième.

La quinzième sur la quatorzième.

Et la seizième seule, à côté de la quatorzième et quinzième.

Quant aux autres formats, voyez à l'article *Imposition*, pour la distribution locale des places.

Lorsque les pages sont ainsi disposées sous le rang, alors on les prend pour les imposer dans cet ordre.

On nettoye d'abord bien le marbre sur lequel on doit imposer.

Ensuite, si l'on veut imposer du côté de première et quatre, on prend la première page que l'on place sur le marbre, ainsi qu'il est indiqué au tableau des impositions.

Puis après on écarte les deux pages suivantes,

savoir, la deuxième et la troisième, pour prendre la quatrième et la cinquième, que l'on va placer sur le marbre; après cela, on écarte encore les deux suivantes, savoir, la sixième et la septième, pour prendre la huitième et la neuvième et les placer sur le marbre; ainsi de suite, de deux pages en deux pages, de manière qu'on écarte la dixième et la onzième pour prendre la douzième et treizième et les placer sur le marbre; enfin, écarter la quatorzième et la quinzième pour prendre la seizième et la placer sur le marbre, ce qui donne alors huit pages, qui établissent ce qu'on appelle une forme *in-8º*.

On garnit ensuite sa forme avec quatre bois de tête, quatre bois de fond, deux têtières, des réglettes de petit ou gros canon, à côté de la barre du chassis; ensuite, de grands biseaux sur les côtés du chassis, et des petits biseaux au pied dudit chassis; ensuite on dispose la forme, en déliant les ficelles qui sont aux pages, et à fure et mesure qu'on dégage les ficelles, on a soin de pousser les grands et petits biseaux, de manière qu'ils fassent joindre les pages contre leurs bois de fond et de tête; enfin, lorsque les pages sont déliées, on place ses coins entre les grands et les petits biseaux, que l'on serre d'abord un peu avec les pouces, puis on taque la forme, avec un tacoir en bois et un marteau pour abaisser la lettre; on a soin également de la redresser en imposant, en taquant, pour cela, dessus avec les doigts. Enfin on serre les coins avec le marteau et un cognoir; ensuite on sonde la forme, en la soulevant un peu pour voir si rien n'y branle ; et lorsqu'on s'en est assuré, on la lève et on la porte à l'imprimeur qui doit en faire épreuve. Si en essayant de soulever la forme, on s'apperçoit que quelques lettres s'en détachent, alors il faut y remédier avec la pointe que l'on place entre les lettres pour y faire entrer des espaces, afin de les serrer, pour qu'elles ne tombent plus.

On impose la retiration, c'est-à-dire, le côté de deux et trois de la même manière. Voyez les impositions.

L'imprimeur place sa forme sous presse, de manière qu'elle soit bien droite sous la platine ; il prend ses balles, broie un peu d'encre sur son encrier, en prend avec ses balles qu'il distribue bien ; touche sa forme, prend une braie qui fait le même usage qu'une frisquette, et la place sur la forme pour en masquer les garnitures ; ensuite il pose une feuille de papier blanc sur cette braie, puis un ou deux blanchets par-dessus ; ensuite on abaisse le tympan et l'on tire bien fort, afin que l'épreuve soit bien faite et marque bien.

On relève la forme, et on en fait autant à l'autre, en observant de bien faire tomber en registre les pages ; et pour cela, on se dirige sur les *folios*.

L'épreuve finie, on la porte au prote qui la lit et la corrige, avec la copie qu'il fait tenir par un bon apprentif ou un ouvrier. Il la fait ensuite repasser au compositeur pour la corriger sur le plomb.

A cet effet le compositeur prend ses formes

et les place avec précaution sur le marbre, prend un marteau, les desserre et dégage les pages, afin de corriger avec facilité.

Il prend après cela son épreuve, sur laquelle il doit jeter un coup-d'œil pour étudier les corrections et les bien faire ; il lève ensuite sa correction dans son composteur, page après page, en commençant par le côté de première et quatre, ou par celui de deux et trois.

Il met des espaces dans une petite boëte et va corriger avec une pointe bien acérée, en observant de piquer la lettre par son talu pour la soulever ; et de ne pas appuyer sur les lettres voisines, parce qu'il en abîmeroit l'œil.

Lorsque le compositeur aura corrigé ses deux formes, il les serrera, comme auparavant, distribuera sa correction dans sa casse, et mettra au sabot les mauvaises lettres, et fera faire une nouvelle épreuve pour l'auteur. Cette épreuve devra se faire avec beaucoup de soin.

Lorsque cette seconde épreuve revient à l'Imprimerie, le prote la relit et la fait corriger de nouveau.

On la met après cela sous presse, et l'imprimeur donne sa tierce au prote qui, sur la seconde épreuve, d'abord vérifie les corrections, puis relit la tierce, afin de corriger ce qui pourroit être échappé dans les deux corrections précédentes.

## FONCTIONS DE L'IMPRIMEUR.

L'imprimeur aura d'abord le soin de tremper son papier deux ou trois fois la main, selon qu'il sera plus ou moins collé, et qu'il prendra par conséquent plus ou moins l'eau.

Il comptera son papier par cinq mains, ce que l'on appelle par *marques*.

Il aura de l'eau très-propre, il prendra un ais, sur lequel il placera des maculatures; puis prenant les mains de papier les unes après les autres, il les trempera dans l'eau, en les couchant sur le flanc et en les y promenant, puis les déploiera sur l'ais, deux ou trois fois chaque main, en appuyant fortement sur la côte du papier pour l'écraser. Il fera une marque à chaque cinq mains, en ployant une feuille de papier, de manière qu'il déborde une oreille du papier sur les côtés. Ensuite il couvrira son papier d'autres maculatures, sur lesquelles il jettera de l'eau; puis laissera ainsi reposer son papier deux ou trois heures, afin qu'il prenne bien l'eau et qu'elle se répande sur toutes les feuilles; ensuite il le chargera en plaçant dessus un ais avec des poids ou des grosses pierres. Lorsque le papier aura ainsi passé une nuit ou une journée sous le poids, alors on le déchargera pour le remanier, c'est-à-dire, diviser les mains en en transposant les feuilles, afin que celles qui sont bien mouillées se trouvent dessus celles qui l'auroient été peu, en observant de ne pas déranger les marques; alors le papier est bon à tirer.

Cette opération essentielle étant bien conduite, on peut répondre d'avance d'une belle impression, parce que c'est de la manière dont le papier est trempé qu'elle dépend.

L'imprimeur prépare ensuite ses balles. Il

trempe dans l'eau, la veille, des cuirs de mouton, qu'il corroie le lendemain fortement avec son pied, tant pour en extraire l'eau qui y est renfermée que pour leur donner une certaine chaleur, un certain corps qui les rende propres à recevoir l'encre sur toute leur surface ; pour cela, l'imprimeur prend ses cuirs en sortant de l'eau, et les foule fortement avec le pied sur le plancher, en les y promenant avec ses souliers, auxquels, par parenthèse, il ne faut pas qu'il y ait de cloux, pour ne pas déchirer les cuirs.

Lorsqu'il les a bien foulés ainsi, il presse avec l'ongle de son pouce le cuir, pour savoir s'il peut en extraire de l'eau; s'il en sort encore, c'est une preuve que le cuir n'est pas bien corroyé ; alors il passe son cuir entre une corde attachée aux jumelles de la presse, et il le tire bien pour en extraire cette humidité, enfin, lorsqu'il a bien corroyé ce cuir, et qu'il sent, en terme d'Imprimerie, *l'ail*, c'est-à-dire, qu'il est bien échauffé, il prend de la mauvaise huile ou du cambuis de la grenouille de la presse, qu'il étend dessus, et le reploie pour lui donner encore un nouveau coup de pied avant de s'en servir. On met cette huile sur la fleur du cuir et non sur la chaire.

On ne sauroit prendre trop de précautions pour bien disposer ses cuirs de balles, car lorsqu'on a de bonnes balles bien préparées, bien montées, on est assuré de faire une belle impression ; ce sont des plumes qu'il faut bien tailler pour bien écrire.

Lorsqu'on a ainsi préparé ses cuirs et ses doublures, alors on monte ses balles.

On commence par prendre ses bois de balles que l'on huile sur les bords, afin de nourrir le bois; ensuite on prend de la laine bien cardée, on étend bien le cuir et la doublure dessus le montoir, on attache avec un clou, l'une et l'autre au bois de balle en un seul point.

On étend ensuite la laine sur le cuir, et lorsqu'on en a mis une quantité suffisante, on ramène sur la balle avec la laine la partie du cuir opposée à celle qui est déjà attachée : on la cloue, puis en partant du dit point donné, soit de gauche, soit de droite, on attache avec des clous la doublure et le cuir, en faisant des plis bien serrés et bien étendus, afin que la laine ne sorte point. On se sert d'un pied-de-chèvre pour planter les clous, on a aussi une petite planche pour faire cette opération, afin de ne pas gâter ni un banc, ni un marbre, ni la presse.

On peut monter ses balles avec sept clous chacune.

Il faut les faire bien rondes.

Lorsqu'elles sont ainsi montées, on met un peu d'huile sur chacune, et on les ratisse avec un couteau pour en extraire les ordures qui y sont restées par l'effet du corroyement.

On a le soin de tenir l'encrier bien propre. On prend de l'encre avec la palette, et on la broie sur le bord avec un broyon bien légèrement; ensuite on en prend avec les balles que l'on distribue jusqu'à ce qu'elle se répande également par-tout, et en petite quantité pour ne pas faire une impression *pochée*.

Le papier, les balles et l'encre étant ainsi

bien disposés, l'imprimeur s'occupe alors d'arranger sa frisquette qu'il a dû également coller la veille avec deux ou trois doubles de papier. D'abord il met sa forme en train, la garnit de bois, fait sa marge, en ployant une feuille de papier en deux, et en la plaçant sur la moitié de sa forme, précisément au point ou les crénures de la barre du chassis doivent recevoir les pointures, observant toutefois de bien compasser les marges de tête et pied, et de les mesurer avec un compas.

Lorsqu'il s'est assuré par cette opération que la marge est bonne, alors, il met un peu de cole sur son tympan, il jette un peu d'eau sur la feuille avec une éponge, ensuite il abat son tympan, et passant la main dessus, il l'appuie assez fortement, pour que la feuille s'attache après, ensuite il retire son tympan après lequel la feuille se trouve attachée, puis prenant un peu de cole, il en met aux quatre angles de ladite feuille pour la fixer enfin au tympan; puis il écorne un peu l'angle de la feuille qui se trouve en bas du tympan du côté des balles, afin qu'en levant les feuilles à imprimer, on n'arrache pas la marge, parceque c'est à cet endroit que se prend la feuille pour être enlevée de dessus le tympan.

La marge une fois faite, on place les pointures de cette manière, en les mettant sur le chassis à l'endroit même des crénures où elles doivent entrer, et la pointe en l'air, ensuite on abaisse le tympan, on presse un peu avec la main à cet endroit des pointures; cette pression les fait attacher après le tympan; ensuite les trous qu'elles ont fait indiquent où l'on doit les placer.

Cette opération finie, on touche la forme avec les balles, puis on abaisse la frisquette; on tire dessus, et la forme ayant marqué son empreinte sur ladite frisquette, on la découpe soit avec des ciseaux, soit avec un canif. Enfin les pages se trouvant démasquées, on imprime, après qu'on s'est assuré de son registre en blanc.

A la retiration, on change de formes et on retourne son papier sur le banc pour l'imprimer. Si le format est imposé dans les mêmes principes que l'*in-4º*., il faut retourner son papier *in-4º*. Si le format est imposé comme un *in-12*, on retourne son papier *in-12*; mais dans tous les cas, l'imprimeur doit avoir un soin extrême de vérifier si son papier est bien tourné, en examinant aux premières feuilles qu'il imprime, si les *folios* des pages se correspondent tous.

Lorsque la feuille est totalement tirée, on l'étend sur des cordes pour la faire sécher. L'imprimeur lave ses formes avec de la lessive ou de la potasse, en frottant avec une brosse dessus; ensuite il les rince avec de l'eau. Le compositeur, après cela, s'en empare pour la distribution. Ainsi se terminent toutes ces opérations, qui se répètent continuellement.

## ABAISSER.

*Abaisser la frisquette*, c'est l'action que fait l'imprimeur lorsqu'il veut couvrir la feuille qui est sur son tympan pour la faire passer sous presse; après avoir abaissé la frisquette, il
abaisse

abaisse le tympan sur lequel est posé sa feuille ; puis ce tympan, couvert et masqué par la frisquette, à l'exception des pages à imprimer, abaissé une fois sur la forme, on le comprime avec la platine par le moyen du barreau que l'on tire à soi, avec une force proportionnée à la dureté ou à la légèreté de l'ouvrage.

Il faut avoir soin en abaissant la frisquette, de ne point la faire vaciller, et pour cela de la serrer contre le tympan, parce que ce vacillement occasionne des morsures, indépendamment qu'il abîme et la frisquette et le tympan : cela fait pécher encore le registre. Il faut qu'une presse soit maniée délicatement, pour ne pas la déranger.

Celui qui *abaisse la frisquette*, c'est-à-dire, celui qui est au barreau, doit prendre garde en apprenant, à faire le *moulinet*, à ne point frasser les pages avec les bords de sa frisquette ; et si le cas arrivoit, il doit avertir le compositeur d'y remédier, toutefois après avoir desserré sa forme. L'imprimeur qui s'expose à faire des *chevalets*, c'est-à-dire à frapper le caractère avec sa frisquette, et à l'abîmer, doit, pour éviter ce défaut, pincer la frisquette, et en l'abattant promptement, la serrer de même contre le tympan ; alors il ne fera point de chevalets.

S'il arrive, par exemple, que la frisquette batte contre un des bois qui servent à retenir la forme sur la presse, alors il faudra changer ce bois, et en mettre un plus long, afin que la frisquette puisse glisser dessus, et ne point frapper contre.

*Tr. de l'Impr.* par A. F. MOMORO. C

## ABATTEUR.

Un abatteur, en terme d'imprimerie, est un homme qui fait beaucoup d'ouvrage, *un grand rouleur, un compositeur habile*.

L'ouvrier à la presse qui est un grand abatteur, doit faire, avec son compagnon, entre trois et quatre mille par jour.

Un bon compositeur, grand abatteur, doit faire un tiers d'ouvrage de plus que les compositeurs ordinaires.

Les grands abatteurs et les grands rouleurs, ne sont pas toujours les meilleurs ouvriers, ni les plus assidus; ils ont cependant leur mérite; et généralement ils rendent plus de service que les compagnons qui ne travaillent que par compas et par mesure, font toujours moins d'ouvrage.

## ABATTRE.

Abattre le tympan. Voyez *Abaisser la frisquette*. On doit abattre le tympan délicatement, et ne pas faire comme ces compagnons, qui la laissent tomber sur la forme au moment de rouler. Un fort abattage occasionne des doublemens. On dit d'un imprimeur qu'il a un bon abattage, quand il sait bien abattre son tympan, qu'il tire bien le barreau.

## ABRAHAM.

Caractère d'Abraham : c'est un alphabet chaldaïque que les rabins attribuent à ce patriarche. On peut en voir la figure dans le

*Manuel Typographique* du célèbre M. Fournier le jeune, pag. 247 tom. 2.

## ACCENTS.

Les lettres accentuées sont de plusieurs sortes : on distingue les graves, les aiguës les circonflexes et les tréma : il y a aussi des lettres d'abréviation.

Ce sont les voyelles qui sont accentuées.

Il y a trois voyelles tréma : ë, ï, ü.

Les lettres d'abréviation aujourd'hui en usage, sont : ē m̄ ñ ō ū.

Les cinq voyelles graves sont : à è ì ò ù.

Les cinq aiguës sont : á é í ó ú.

Les circonflexes sont : â ê î ô û.

On ne conçoit pas aisément comment des compositeurs, puissent ignorer leur français jusqu'au point de confondre l'article *à* avec la troisième personne du présent du verbe *avoir*, qui fait *a* ; c'est une faute dans laquelle tombent beaucoup de compositeurs.

Dans la partie supérieure de la casse, se placent les lettres accentuées. Les circonflexes se mettent immédiatement au-dessous de capitales dans les cinq premiers cassetins : au-dessous des circonflexes, se placent les voyelles aiguës ; au-dessous des aiguës se placent les graves.

Les lettres d'abréviation, se placent assez ordinairement dans des cassetins au-dessous des petites capitales, à la volonté du compositeur qui est dans le cas d'en faire usage.

Les lettres tréma se placent également dans les derniers cassetins qui sont du côté des petites capitales, à commencer du côté des doubles ff. Ces lettres-tréma sont faites pour placer dans les mots où il y a deux voyelles de suite qui ne se prononcent pas ensemble; la dernière est tréma : cependant il est des mots où il se rencontre deux voyelles, qui ne se prononcent pas ensemble et dont on ne fait cependant pas la seconde tréma, comme dans poésie, où elle est simplement aiguë, ce qui vaux mieux que l'ë; dans poëte on met l'ë.

Les lettres d'abréviation sont plutôt faites pour le latin que pour le français, à moins qu'on ne les emploie dans des *usages d'Église*, à deux colonnes, où l'on est souvent bien gêné; mais on les a retranchées totalement des autres ouvrages.

### ACCOLADE.

Les accolades sont des crochets faits dans ce goût }, qui servent sur-tout dans les généalogies, dans les ouvrages à filets, dans les listes, et dans des combinaisons de chiffres : l'accolade, accolé plusieurs noms, ou choses ensemble, les embrasse, les met dans le même ordre, les présente sous le même point de vue. On donne aussi aux accolades le nom de *mannequin*. Les accolades sont fondues sur tous les corps d'usage courant, pour pouvoir les y adapter, et faire servir les cadrats de ces corps à lier les accolades avec la matière. Il y a des accolades de diverses grandeurs, depuis le corps du Saint-Augustin, graduellement jusqu'aux corps les plus forts: mais pour faciliter le compositeur dans les ouvrages à filets, où il faut quelquefois des accolades de huit pouces et même plus ; on en a fondu des morceaux, savoir, les extrémités et le milieu qui se joignent à des filets simples de telles longueurs qu'on peut les désirer.

## ACROSTICHE.

L'acrostiche est une espèce de poésie dont chaque lettre initiale des vers qui le composent, contribue à faire un sens d'un ou de plusieurs mots ; ces lettres initiales se placent sur le côté des vers, de manière qu'en faisant faire un demi-tour à l'acrostiche, on puisse lire ce qui en fait le sujet. Lorsqu'un acrostiche est composé de plusieurs mots, chacun de ces mots formé par les lettres initiales, doit être distingué par une grosse capitale, et pour cela toutes les autres lettres sont en petites capitales.

Si l'acrostiche n'est composé que d'un mot, alors toutes les lettres initiales doivent être en grosses capitales.

## ADDITION.

Les imprimeurs appellent les *additions* des *manchettes* : les additions sont de petites notes mises à côté des pages sur la marge.

Les additions se font d'un caractère inférieur du double au moins à celui du texte : quelquefois il ne lui est qu'inférieur, quand le texte est par lui-même petit.

Sur un caractère gros romain, les additions doivent au moins être de cicero ; sur un saint-augustin, elles doivent être de petit romain ; sur un cicero, elles doivent être de petit texte ;

sur un petit romain, on les fait aussi de petit texte, quelquefois de nompareille : sur un petit texte, il les faut de nompareille ; quelquefois on les fait de petit texte aussi, et cela se supporte d'autant plus volontiers, que le caractère est par lui-même le caractère des additions.

On sépare les additions de la matière d'une page par un petit réglet de bois dit feuilleton.

Les ouvrages à additions sont toujours plus chers que les autres. Les astériques ou étoiles indiquent les additions; quelquefois on y met des lettrines. Ces astériques ou lettrines doivent se trouver dans la matière, vis-à-vis du commencement des additions.

Quand il y a plusieurs additions dans une page, on met à la première une astérique; à la seconde, deux; à la troisième, trois; mais si les additions surpassent le nombre de trois, on ne met qu'une astérique à chaque addition. Quand on emploie des lettrines, on suit l'ordre alphabétique, à raison de la quantité d'additions qui se trouvent dans la page.

Dans les ouvrages où les additions ne sont point indiquées par des astériques ou lettrines, il faut remarquer qu'alors ces additions sont une espèce de résumé succint de la matière contenue dans l'alinéa ou la section ; alors ces additions se placent en face de la première ligne de l'alinéa, ou deux ou trois lignes après, au goût de l'auteur et du compositeur. Quand on est obligé de hacher des additions à raison de leur longueur et de leur multiplicité, on compose le reste de l'addition à longue ligne, y compris la justification de l'addition, et on place le restant d'addition immédiatement après la fin de l'alinéa où elle se trouve. Mais quand la fin de l'alinéa est éloignée, on hache dans l'endroit convenable pour faire entrer l'addition dans la page, sans s'embarrasser que le sens du texte soit divisé et interrompu; mais ce sont des cas rares, car on préfère alors de mettre ces additions en note.

Les additions se coupent encore, et se portent d'une page à l'autre sans inconvénient, pourvu qu'il y ait de la matière qui y ait rapport.

## ADJOINT.

*( Cet article, inutile par la suppression des corporations, rappellera ce qu'étoit l'Imprimerie avant la révolution. )*

C'étoit une charge de la chambre royale et syndicale de la librairie et imprimerie de Paris. Le syndic avoit plusieurs adjoints pour l'aider dans ses fonctions. Le tems de l'exercice des uns et des autres étoit limité.

Le titre XI de l'édit, pour le réglement des imprimeurs et des libraires de Paris, registré en parlement le 21 août 1686, dit, article 53: » Il sera procédé toutes les années le 8 Mai à l'élection d'un adjoint imprimeur et d'un adjoint libraire, en la place de ceux qui après deux années de service et fonctions dans lesdites charges d'adjoints, en devront sortir; et sera procédé audit jour, de deux ans en deux ans, à l'élection d'un syndic, qui sera pris indifféremment du nombre des imprimeurs ou de celui des libraires. Et seront, lesdites élections, faites en la chambre de la communauté, en la présence du lieutenant-général de police, et de notre procureur au châtelet, à la pluralité des voix, par les syndic et adjoints en charge, les anciens syndic et adjoints, huit imprimeurs et huit libraires mandés, et celui des imprimeurs ou libraires qui aura le plus de voix, sera le premier des adjoints et tiendra la première place; et ladite élection ainsi faite, lesdits nouveaux syndic et adjoints prêteront serment à l'instant, de bien et fidèlement se comporter en leur charge, de quoi leur sera donné acte.

Par un autre édit, arrêté au conseil d'état, le 28 février 1723, titre XII, article 78, il est dit : qu'après avoir procédé, suivant l'usage, à l'élection de deux adjoints, en la place de ceux qui, après deux années de fonctions, en devront sortir, il sera audit jour procédé, de deux ans en deux ans, à l'élection d'un syndic, qui sera pris dans le nombre des anciens adjoints, à condition néanmoins, qu'alternativement il sera élu pour syndic un desdits adjoints libraire, ou libraire-imprimeur, ou que du moins le syndicat ne pourra être rempli que deux fois de suite, par des sujets pris dans le nombre desdits anciens adjoints libraires, ou desdits anciens adjoints libraires-imprimeurs; et lorsque le syndic sera libraire-imprimeur, il n'y aura qu'un adjoint, exerçant l'Imprimerie, en charge, en sorte que des cinq officiers qui composent le bureau, il y ait toujours deux libraires exerçans l'Imprimerie.

Le syndic et les quatre adjoints forment un corps compétent pour décider des différens qui surviennent entre les maîtres imprimeurs et leurs compagnons, sur des prix d'ouvrage, ou pour obtenir des billets qui donnent à ces derniers la liberté de travailler dans telles Imprimeries que bon leur semble. Pour voir terminer de pareils débats, le maître et le compagnon doivent se présenter à la chambre, et exposer chacun leurs raisons, avec toute l'honnêteté possible, et sur-tout avec beaucoup de candeur, et se soumettre, sans murmures, l'un et l'autre à la décision de la chambre. Il seroit bon que l'on fît toujours un peu pencher la balance du côté des compagnons, parce que leurs juges sont leurs maîtres, et les parties mêmes avec lesquelles ils ont affaire. Ceux qui voudroient en savoir davantage sur ce qui regarde la chambre syndicale, les syndics et les adjoints, peuvent consulter un petit recueil d'édits du roi, concernant la librairie, imprimé à Paris, chez le Mercier père, en 1731, petit *in-12*.

## ADMIRATIF.

Le point admiratif sert à marquer l'exclamation, la surprise, l'étonnement, le désespoir, la rage, la fureur, enfin tout ce qui peut exprimer une passion vivement sentie.

Cette ponctuation se place ordinairement à la fin de la phrase ou du membre de phrase où elle se trouve.

On la place à la fin de la phrase, quand il ne se rencontre pas une interrogation qui exige qu'elle soit placée devant; mais si l'interrogation l'exige, alors on place le point admiratif où il doit se trouver. Par exemple: *ô mon père! que faut-il que je devienne ?* On placeroit mal le point admiratif à la fin de cette phrase. Autre exemple: *quoi! tu l'ordonnes ? je dois mourir: ô désespoir affreux !* Dans cette dernière phrase les points admiratifs et interrogans se trouvent chacun à leur place

Le point admiratif se place dans le haut de casse, du côté des petites capitales, dans le cassetin au-dessus des points interrogans ; et ce cassetin se trouve à l'extrémité de la casse, le dernier du troisième rang, en remontant par le bas.

## ADRESSES.

*(Article de l'ancien régime.)*

Les adresses qui sont au frontispice d'un ouvrage, se mettent assez ordinairement dans cette forme en caractères italiques, par exemple:

*A PARIS*, etc. On les met aussi en romain.

Mais il faut observer qu'il n'étoit pas toujours permis à un imprimeur de mettre son adresse sur un livre qu'il avoit la permission de faire.

Quand il n'y avoit qu'une permission tacite, alors il mettoit une adresse étrangère, comme A LAHAYE, A LEIPSICK, A LONDRES, etc. etc.

Voilà pourquoi il ne faut pas strictement s'en rapporter aux adresses des livres; car tel livre qui a été imprimé dans quelque coin d'une province, prend hardiment l'adresse de Paris.

Il y avoit des réglemens qui en joignoient

expressément aux maîtres imprimeurs de mettre leur adresse et celle de la ville où ils résidoient sur leurs impressions; mais actuellement tout est changé.

Un imprimeur curieux de se faire une réputation, est jaloux de mettre strictement son adresse sur ses ouvrages. Comme on estime beaucoup les bonnes impressions, on recherche avec soin celles qui sont à l'adresse des imprimeurs connus pour s'être fait une réputation dans l'art Typographique, par la beauté de leurs impressions.

### ÆOLIEN.

Æolien, attique et dorique, sont trois sortes d'alphabets grecs, qu'on a distingués par ces mots. Voyez *Man. Typ.* pages 217 et 218, tome prem.

### AFFICHES.

Les affiches se font sur une ou plusieurs feuilles, suivant la quantité de matière, et la quantité des objets à mettre en affiches.

On emploie pour faire les affiches les plus gros caractères que l'on a, quand la matière le permet. Les titres se font des plus grosses lettres possibles, quand on a de la place.

Les affiches qui se font sur une simple feuille, se composent à longues lignes, à moins que la matière demande qu'on compose en petit caractère; cela se fait alors en colonne: celles qui ne peuvent contenir sur une seule feuille et qu'on nomme *placard*, (telles sont les affiches de *criée*,) se composent à plusieurs colonnes ; alors on prend sa justification sur la largeur du papier ( marge observée toutefois) ; on fait deux ou trois colonnes de front ; on les sépare par des lignes de blanc. On doit aussi mettre des réclames ou signatures pour indiquer à l'afficheur dans quel ordre les feuilles doivent être placardées.

Les affiches se font ordinairement par des gens de conscience, routinés à cette sorte de besogne.

## AFFRICAIN.

C'est le nom d'un alphabet arabe ; voyez le *Manuel Typographique* de M. Fournier, page 245.

## AJOUTÉ.

Un *ajouté*, est quelque chose que l'on ajoute à une copie, ou à une épreuve. Ajouté est ordinairement un sujet de discussion entre les compagnons imprimeurs et leurs bourgeois. Le compositeur se refuse souvent à composer les ajoutés qu'il plaît à un auteur de faire dans ses épreuves, parce que ces ajoutés occasionnent des remaniemens, et conséquemment des pertes de tems ; mais pour rémédier à cet inconvénient, on prend ordinairement le parti de faire corriger les épreuves où il y a des *ajoutés* à des gens de conscience, ou de les payer à part au compositeur qui fait l'ouvrage. voyez *Secondes*.

## ALDE-MANUCE.

C'étoit un savant imprimeur, et un imprimeur savant, de Venise; il imprima le premier le grec. Il mourut en 1516.

## ALGÈBRE.

Comme on fait assez souvent des ouvrages où il y a de l'algèbre, il est bon qu'un compositeur en connoisse les signes et sache le composer. Les plus grandes difficultés que l'algèbre présente dans la composition, viennent des fractions sur fractions, qui exigent un parangonage avec le texte de l'ouvrage où se rencontre l'algèbre.

Les signes d'algèbre se fondent sur plusieurs corps; c'est-à-dire, qu'il y en a sur le corps de petit texte, de petit romain, de cicero, etc. et les fractions proportionnées à ces corps.

Le signe $+$, signifie *plus*; celui $-$, signifie *moins*; celui $=$, signifie *égal*; celui $\times$, signifie *multiplié par*; celui $>$, signifie *plus que*; celui $\sqrt{\ }$, signifie *radical*; celui $\sqrt{\ }$, signifie *racine*; celui $:$, signifie *est à*; celui $::$, signifie *comme*; par exemple, pour dire, *A est à C, comme D est à F*, je m'exprime ainsi en termes d'Algèbre, A:C::D:F. Les fractions se parangonnent sur le corps de l'algèbre; par exemple,

$$\frac{m}{n} \times 2by + \frac{2bdy}{c} + dy + \frac{ddx}{c} + \frac{ddq}{2c} +$$

$\frac{2bdq}{3c} + \frac{dt}{3} = ap$, d'où dégageant l'inconnue, il vient

$$y = \frac{\frac{m}{n} \times ap - \frac{dt}{3} - \frac{2bdq}{3c} - \frac{ddq}{2c} = 3840}{2b + \frac{2bd}{c} + d + \frac{dd}{c} = 8\frac{1}{2}}.$$

*Exemple d'une opération indiquée.*

$$a = \frac{b+c}{q} \times \frac{d-e}{q} = p.$$

On peut encore joindre à la connoissance des signes algébriques, celle des signes géométriques dont voici la figure, avec leur explication :

∥ signifie *parallèle*.
⊥ signifie *égalité*.
⊥ signifie *perpendiculaire*.
< signifie *angle*.
△ signifie *triangle*.
▭ signifie *rectangle*.
⌐ signifie *angle droit*.
∨ signifie *angles égaux*.
▫ signifie *carré*.
◯ signifie *cercle*.
° signifie *degré*.
′ signifie *minute*.
″ signifie *seconde*.

## ALINÉA.

L'alinéa se nomme aussi paragraphe, quoique ce terme lui soit impropre ; car le paragraphe est un signe de caractère, qui sert à indiquer et représenter la section d'un chapitre, ou de telle autre chose que ce soit. L'alinéa, est un discours coupé, qui se fait pour reposer le lecteur, faciliter l'intelligence d'un ouvrage et en couper à propos le sens. On met un cadratin, en tête des alinéas, puis on commence le premier mot par une capitale ; comme il faut que les alinéas ressortent le plus qu'il est possible, et ne soient pas confondus avec la matière, on doit ménager pour la dernière ligne de l'alinéa au moins la moitié de blanc.

Les italiens qui n'ont pas un goût décidé pour l'Imprimerie, commencent leurs alinéas par des lettres de deux points, et sans enfoncer, ce qui produit un effet ridicule, et une masse de composition qui fatigue l'œil, et ne repose point l'esprit, qui croit ne voir que des chapitres où il ne doit y avoir que des alinéas.

## ALLEMAND.

Les allemands, pour avoir inventé l'art Typographique, sont ceux qui y ont fait jusqu'ici le moins de progrès. Ils sont dans l'usage d'espacer les titres faits du caractère *bas de casse*, ce qui n'est point agréable à l'œil, parce que ces lettres doivent être liées les unes avec les autres.

## AMENDE.

Les compagnons imprimeurs se sont assujettis

à plusieurs sortes d'amendes, pour maintenir parmi eux la police et le bon ordre.

1°. Tout compagnon qui en frappe un autre à l'imprimerie, doit payer 3 liv. d'amende, quand il est l'agresseur; si celui qui est attaqué riposte à l'agresseur, en le frappant à son tour, il paye trente sols d'amende.

Il est des imprimeries où l'on ne souffre pas des gens qui se respectent assez peu, pour s'y battre en présence des autres compagnons que de pareilles scènes ne manquent jamais de scandaliser; et on les renvoie.

2°. Tout compagnon qui, dans le tems qu'on prend la chandelle, néglige d'éteindre la sienne le soir avant de quitter, ou qui, sans quitter, sort de la maison, ne fût-ce que pour un demi-quart d'heure, paye cinq sols d'amende.

Si le maître imprimeur oublioit d'éteindre la sienne à l'imprimerie, il doit payer le double.

Ces amendes se partagent à la St.-Jean ou à la St.-Martin, avec les autres bons de chapelle, entre les compagnons.

Il est encore des autres sortes d'amende, mais qui ne sont point adoptées dans le plus grand nombre des imprimeries; telle est celle, par exemple, qu'encourt celui qui fait allusion des fonctions de son état à celles du bourreau en se servant des expressions propre à exprimer celles de ce dernier, etc.

## ANGLAIS.

Ce caractère, dit *court-hand*, ou *main de cour*,

…our, a été en usage en Angleterre dans les …rchives et dans les procédures : un autre carac-…re anglais, presque semblable à celui-ci, se …omme *common chancery*, ou *secretary-hand* ; …n l'employoit dans des requêtes. Voyez *Man. …yp.* page 200, tome II.

## ANTIMOINE.

C'est une matière qui entre dans la compo-…tion des caractères. Le nom d'antimoine vient …e ce que Basyle Valentin, moine, en avoit …onné pour remède à ses confrères ; mais comme …n ne prit pas les précautions nécessaires pour …e leur administrer, il leur fut très-contraire ; …t de-là vient le mot d'antimoine, composé de …eux mots grecs αντι μονος, opposé à moine. …'antimoine est un minéral métallique que l'on …xtrait, par la fusion, des morceaux de mine et …es pierres blanchâtres et chrystallines, dans …esquelles il est renfermé. Le meilleur antimoine …st celui qui est le plus dur et qui renferme le …lus de ces filets brillans comme du fer poli. …eux qui sont curieux de voir et de connoître …a manière dont on fait l'antimoine, n'ont …u'à consulter le *Manuel Typographique* de …. Fournier, pages 115 et suiv., tome I.

## APOLLONIUS.

Cet alphabet, que l'on peut voir dans le *…anuel Typographique*, page 222, tome II, …t attribué à Apollonius de Tyane, célèbre …nposteur et philosophe de la secte de Pytagore, …é quelques années avant Jesus-Christ.

*Tr. de l'Impr.* par A. F. Momoro.

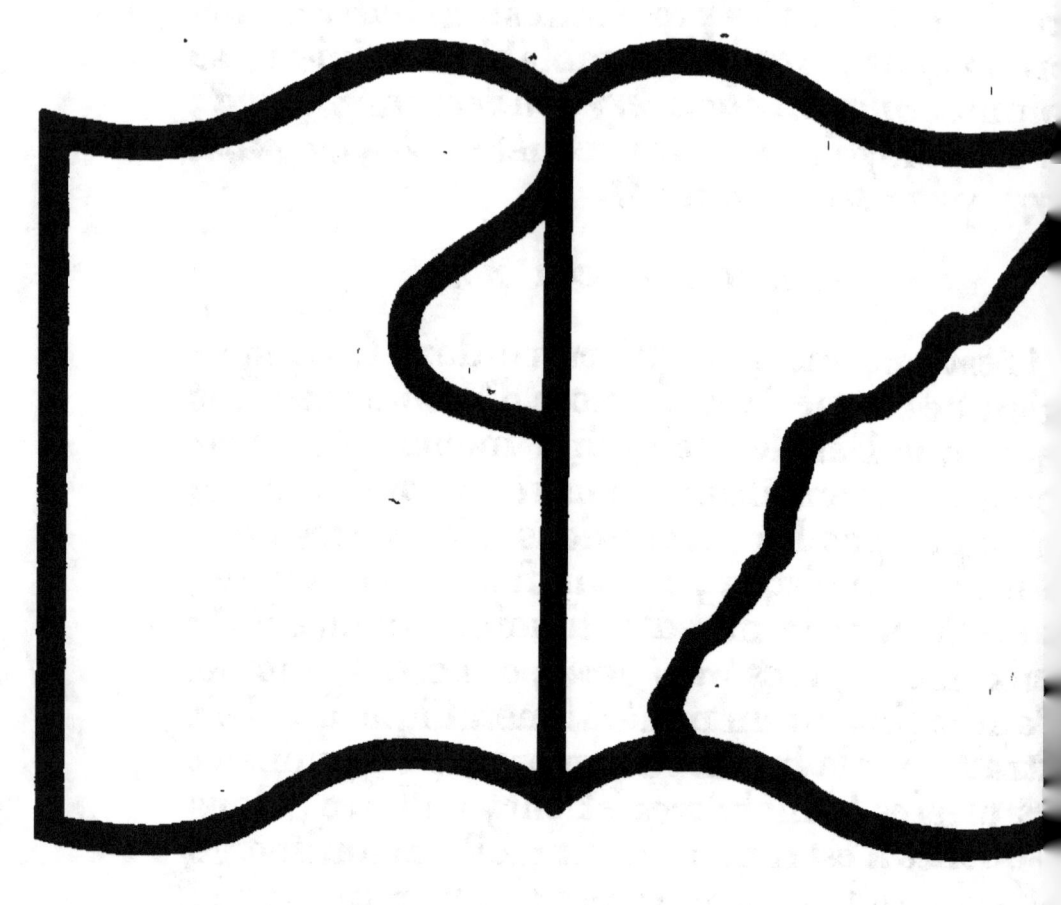

Texte détérioré — reliure défectueuse

**NF Z** 43-120-11

## APOSTROPHE.

Les apostrophes se placent dans le bas de casse à côté des divisions. Elles s'emploient devant les mots qui commencent par des voyelles et qui sont précédés d'un article; par exemple *l'amour*, *d'avoir*, *d'oser* : on place encore l'apostrophe dans le mot *quelqu'un* au singulier, et la division dans *quelques-uns* au pluriel. Dans les mots *contr'eux*, *contr'elle*, etc. L'apostrophe marque l'élision dans la langue française.

## APPRENTIF.

On distinguoit autrefois deux sortes d'apprentifs dans l'imprimerie, les alloués et les brevetés.

Un apprentif qui ne montre point de disposition pour la casse, se met à la presse, n'ayant rien de mieux à faire. Celui qui continue d'apprendre son état pour la casse, n'a pas, souvent, plus de disposition pour cette partie, que celui qu'on fait passer à la presse; mais il ne sera pas d'une taille, ni d'une force convenables pour manier les balles et le barreau, c'est pourquoi il reste à la casse, mauvais apprentif et mauvais ouvrier.

Louis XIV, qui aimoit à protéger les arts, avoit si bien senti la nécessité de faire faire de bons apprentifs imprimeurs, qu'il avoit ordonné en 1686, qu'aucun imprimeur ne pût recevoir un apprentif, qu'il ne fût congru en langue latine; le besoin d'imprimeurs a fait contrevenir à cette ordonnance : on a fait autant d'apprentifs qu'il s'est présenté d'enfans pour se livrer à cet art.

Quelles sont les fonctions des apprentifs ?

Tous les jours ils doivent se rendre à l'Imprimerie avant les gens de conscience, donner un coup de balai entre les rangs, mettre de l'eau dans les bassines, puis aller chercher le déjeûner des ouvriers ; ensuite ils doivent se présenter au cabinet du prote, pour savoir de lui quel parti il en peut tirer, ce qu'il doit leur faire faire, etc. Indépendamment de cela, ils doivent aller chercher de l'encre, faire de la lessive, porter les épreuves, etc. faire les *pâtés*, et travailler, quand ils en ont le tems, au profit de leur maître. Ils doivent avoir beaucoup de soumission pour les ordres du prote, être obligeans et honnêtes envers les ouvriers, et se faire aimer d'eux, s'ils veulent s'instruire.

Il est des endroits où les apprentifs ont beaucoup plus de besogne, comme par exemple d'étendre et de détendre le papier, quelquefois le tremper, le remanier, monter et démonter les balles ; en hiver ils doivent allumer les poêles. Voy. *la Misère des apprentifs*, opuscule en vers.

## APPROBATION

(*Ancien régime.*)

Je laisse cet article, ainsi que bien d'autres, pour faire connoître de quelle manière la liberté de la presse étoit entravée sous l'ancien régime.

Les approbations se placent au commencement d'un livre, après les avertissemens, introductions, préfaces, etc., ou à la fin, avant ou après la table. Ces approbations se composent d'un caractere plus gros que celui du texte, ou plus petit, à raison de la place que l'on a.

C'étoit des censeurs qui donnoient les approbations. Les ouvrages qui n'en étoient pas revêtus, s'appelloient *marons*. Voyez l'article *Maron*.

## APPROCHE.

L'approche, en terme d'Imprimerie, c'est la distance d'une lettre à une autre dans un mot. Cette distance est une faute à réparer en rapprochant les lettres. Les compositeurs qui prennent les lettres par les flancs avec leur pointe, en corrigeant, sont sujets à faire des approches, parce que la pointe y fait un trou qui laisse à son orifice de la matiere saillante, qui ne touche pas, dans tous les points, le corps de la lettre voisine. Une interligne de trop, dans un ouvrage interligné, est une approche; il faut l'ôter et rapprocher les deux lignes.

En terme de fondeur en lettres, faire une approche, c'est faire une lettre plus grosse ou plus petite qu'elle ne doit être, ce qui arrive lorsque les pieces du moule se dérangent.

## ARABE.

Caracteres arabes. Les caracteres arabes, de la fonderie de M. Fournier l'aîné, frere du célèbre Fournier le jeune, ne sont plus du goût moderne des Turcs. Ainsi tout varie. Le ci-devant comte de Choiseul-Gouffier, ambassadeur à la Porte, ayant fait venir un imprimeur français, chez lui, à Constantinople, pour imprimer, tant en français qu'en arabe, crut devoir se fournir de ces caractères arabes de la fonderie de M. Fournier; mais cette fonte arrivée dans le pays, on n'a pu en tirer parti. On en a fait venir une autre de la fonderie de M. Haas, de Basle en Suisse : c'est le seul fondeur qui en soit le mieux fourni.

### ARANG.

Nom que donnent les imprimeurs aux compagnons qui font peu d'ouvrage.

Ce nom vient de l'Allemagne.

### ARBRE.

L'arbre de la presse, autrement dit *la vis de la presse*, est une pièce de fer ronde et cannelée en spiral, qui entre dans un écrou, qui est de même canelé en ligne spirale, et propre à recevoir la vis, de sorte qu'au moyen de ces cannelures, la vis et l'écrou s'engagent l'une dans l'autre. Cette pièce porte trois noms différens : savoir, celui de *vis*, depuis la partie supérieure engagée dans le sommier du dessus, jusqu'à l'endroit où sont les trous pour faire entrer le barreau : la partie dans laquelle entre le barreau, s'appelle le *milieu de la vis* et se continue jusqu'à l'extrémité qui prend le nom de *pivot*.

# MANUEL
## ARITHMÉTIQUE.

Cette partie offre des difficultés dans la composition ; quelque légères qu'elles soient, elles embarrassent souvent ; mais avec un peu d'intelligence on les a bientôt applanies.

Dans les endroits où l'on a des chiffres à placer, il faut observer de prendre la justification sur la plus grande quantité de chiffres qui doit entrer dans la ligne ; séparer par des cadratins, plus ou moins, les livres d'avec les sous ; les sous d'avec les deniers ; bien placer les uns sous les autres, les centaines, les dixaines, les unités et les mille, dizaines de mille, millions, etc. Séparer les totaux des chiffres additionnés, par un filet de la longueur de la totalité des chiffres.

Des exemples rendront plus sensibles ces préceptes.

*Addition par livres, sous et deniers.*

|  | 23422$^\text{lt}$ | 4$^\text{s}$ | 6$^\text{d}$ |
|---|---|---|---|
|  | 8731 | 2 | 6 |
|  | 4122 | 1 | 9 |
|  | 2431 | 3 | 6 |
| Total . | 38706 | 12 | 3 |

*Soustraction.*

| Titius doit à Caïus . | 4224$^\text{lt}$ | 12$^\text{s}$ | 6$^\text{d}$ |
|---|---|---|---|
| Titius a payé à Caïus . | 2300 | 6 | 3 |
| Reste à payer à Caïus . | 1924 | 6 | 3 |
| Preuve . . . . | 4224 | 12 | 6 |

Si ces sortes d'arrangemens de chiffres doivent se faire en lignes perdues; il faut, autant que l'espace le permet, les mettre au milieu de la ligne, c'est-à-dire, d'observer au commencement et à la fin des lignes le même blanc. Lorsqu'il s'y trouve des chiffres de moins dans des lignes que dans d'autres, il faut y mettre des demi-cadratins pour chaque chiffre, les chiffres étant fondus sur le corps du demi-cadratin, en doivent faire la force. Si les cadratins et demi-cadratins n'étoient pas de la force des chiffres, il faudroit les justifier avec de fines espaces, et même avec des cartes. Il faut aussi mettre au commencement et à la fin des filets des cadrats ou bouts d'interlignes de la même force que le filet, et avoir attention que les filets tombent bien juste sous les chiffres.

Lorsqu'on a des passages de chiffres divisés en colonnes, il faut prendre la justification sur la plus grande quantité de chiffres, afin que toutes les colonnes ou soient égales, ou que tous les différens chiffres qui doivent entrer dans une colonne, y soient exactement renfermés: par exemple, si dans une colonne on a des lignes de trois, quatre, cinq et même six chiffres ou plus, il faut prendre la justification sur ces six chiffres ou plus, et mettre des demi-cadratins aux autres lignes où il y auroit moins de chiffres.

Quant à tous les ouvrages de chiffres, il faut suivre la copie que l'on a, lorsqu'elle est bien rédigée, ou la rectifier lorsqu'il y manque quelque chose.

## ARMÉNIEN.

Il y a plusieurs sortes d'alphabets portant le nom d'arménien. Voyez *le Manuel Typographique*, pages 161, 231 et 232, tom. II. Ces alphabets, qui sont de figures différentes, ont néanmoins la même valeur. Le premier, qui est en lettres majuscules, sert à orner le frontispice des livres, et est encore employé pour les inscriptions publiques, d'où il a pris le nom d'arménien lapidaire. Le second étoit principalement destiné pour les beaux manuscrits; c'est pour cela que l'Imprimerie l'a adopté pour l'impression de cette langue. Le troisième modèle représente deux alphabets de lettres cursives, d'usage ordinaire : la première lettre est majuscule, la seconde minuscule. L'épreuve que l'on en voit dans le *Manuel Typographique*, à la page indiquée ci-dessus, a été gravée d'après des livres imprimés.

On peut consulter aussi Antoine Vitré, qui a fait un alphabet des langues orientales, imprimé en 1636.

## ARRÊTS DU BERCEAU.

Les arrêts du berceau d'une presse, sont deux battemens placés de chaque côté, et qui tiennent la planche sur laquelle est attaché le coffre dans son arrêt. ( Le battement est une tringle de bois qui cache l'endroit où les ventaux d'une porte se joignent. ) Ces battemens ou arrêts du berceau, doivent être de l'épaisseur d'un demi-pouce, et il ne doit y avoir que l'épaisseur d'un cadrat de gros romain de distance entre lesdits arrêts et le bois du chassis du coffre, afin que le bois dudit coffre ne frappe point contre lesdits battemens, lorsque les pattes ou bandes de fer viennent à s'user.

## ASSEMBLAGE.

L'assemblage est l'action d'assembler les feuilles de papiers imprimée, pour en faire des volumes.

L'assemblage se fait par parties, suivant la grosseur des volumes; il se commence par la première feuille, signature A, et se continue par signatures.

L'assemblage d'une presse, est la réunion des différentes parties qui la composent.

## ASTÉRISQUES.

Les astérisques, que l'on nomme *étoiles*, parce qu'elles leur ressemblent quoiqu'imparfaitement, servent à marquer les notes ou additions qu'un auteur fait dans son ouvrage.

Dans les livres de chant, elles en indiquent les poses, ou marquent les renvois brefs de quelque chapitre.

On en fait quelquefois des signatures que l'on place dans les premières feuilles d'un ouvrage, comme avertissement, préface, etc. au lieu d'y employer les signatures de caractères italiques, si celles du corps de l'ouvrage sont en caractères romains, ou de caractères romains, si celles de l'ouvrage sont en caractères italiques, ce qui se fait rarement.

Les astérisques servent encore à remplacer le nom de quelqu'un que l'on ne veut désigner que par la première lettre, et alors on y joint trois étoiles : par exemple, M. L***.

## AVERTISSEMENT.

Les avertissemens sont des espèces de préliminaires qui se mettent au commencement d'un livre; ils doivent se faire d'un caractère différent que celui des épîtres dédicatoires. Par exemple, si l'épître dédicatoire est en italique, comme il est d'usage de les faire, on composera en romain l'avertissement, d'un caractère plus ou moins gros, au goût de celui qui dirige l'ouvrage, ou pour mieux dire, suivant le goût le plus universellement adopté. Les avertissemens se placent immédiatement après les épîtres dédicatoires.

## BAISSER LA POINTURE.

Baisser la pointure, expression d'un imprimeur qui fait son registre.

L'usage qu'on doit faire des pointures dépend des circonstances. Quand on est en retiration, et que le registre n'est pas juste, on examine de quel côté il pèche, et on y remédie par les pointures. Par exemple si en retiration, les têtes d'un *in-4º*, d'un *in-8º* débordent également par-tout, soit du côté de l'imprimeur, soit du côté opposé, alors on recule ou on avance les pointures, jusqu'à ce que les folios du papier blanc se trouvent justes et parfaitement correspondans à ceux de la forme à imprimer.

Quand les têtes ne péchent pas également, mais qu'elles sont un peu de travers, on doit regarder d'abord si la forme est bien droite sur le marbre, si on a mis en train suivant les règles de l'art ; si la forme est bien droite, après avoir vu de quel côté les têtes penchent, on baisse ou on lève la pointure ; par exemple si elles péchent du côté qui vous est opposé, que les pages de la retiration débordent celles du papier blanc par en-bas, alors il faut lever la pointure du côté de ces pages, et baisser celle qui est de votre côté. Si c'est par en-haut, il faut faire le contraire, c'est-à-dire, baisser la pointure du côté de ces pages, et lever celle qui est de votre côté.

Si les têtes péchent de votre côté, faites la même chose que je viens d'indiquer, en observant de faire de votre côté ce que vous feriez du côté opposé, si le cas arrivoit, tel que je viens de le décrire.

Si les pages péchent dans les côtés également, le remède est facile à apporter : on met la forme droite ; c'est-à-dire, on la recule, ou on l'avance, suivant le cas.

On ne peut pas donner des principes positifs pour l'usage des pointures ; parce que les causes qui font pécher un registre sont trop multipliées, et que souvent les pointures ne peuvent y remédier ; sur-tout quand les garnitures ne sont pas justes, que les chassis sont plus forts les uns que les autres dans la barre du milieu; que les pages sont plus ou moins longues, plus ou moins larges; c'est à l'imprimeur à apprendre à faire un registre d'après les renseignemens d'un bon ouvrier qu'il aura pour compagnon, et qui lui expliquera les raisons qui le font agir dans toutes les opérations qui regardent le registre, voyez au surplus l'article *Registre* de cet ouvrage.

*Manière de placer les pointures pour l'in-4º. l'in-8º. et autres formats qui se retournent in-4º.*

Les pointures doivent être placées d'une manière correspondante bien précisément au point qui divise la feuille de papier en deux parties égales, parce qu'à la retiration, le papier se retournant de bas en-haut, pour avoir un registre juste, il faut que la partie du bas reportée en-haut, corresponde absolument à celle du haut portée en bas; et je le démontre par un exemple; je suppose qu'une feuille de papier ait 24 pouces de largeur, il faut que chaque pointure tombe précisément au point du milieu qui est la distance exacte de douze pouces, de manière qu'en retournant la feuille de bas en haut, ou de haut en bas, elle ne couvre jamais un espace plus grand ni moindre que celui de 24 pouces, correspondant à celui que tient la forme dans sa disposition sur le marbre de la presse. Il importe peu que les pointures soient à une distance inégale, correspondante à la hauteur du papier, pourvu qu'elles soient placées comme je viens de l'indiquer.

*Manière de placer les pointures pour les formats* in-12. *et ceux qui lui correspondent ; c'est-à-dire, ceux où l'on est obligé de retourner le papier* in-12.

Il faut, en suivant les mêmes principes indiqués pour les *in-4°*. et *in-8°*., placer ses pointures bien également sur la hauteur du papier ; c'est-à-dire, à une distance égale et précise des deux côtés ; et pour cela, il faut que les deux pointures soient de même longueur, si la marge est bien directement placée dans le milieu du tympan ; et dans le cas contraire, il importe qu'elles soient de grandeur inégale, ainsi qu'à l'*in-4°*.

*Exemple*. Je suppose que le papier ait en hauteur, (main de papier fermée,) 16 pouces, alors, si la pointure placée au côté correspondant au barreau, empiète de deux pouces sur la marge, il faut que l'autre pointure, qui est de votre côté, n'avance également sur la marge que de deux pouces ; et cela se mesure ordinairement au compas.

## BALAYER.

Les apprentifs doivent balayer l'Imprimerie une fois au moins chaque semaine, indépendamment du coup de ballai qu'il faut qu'ils donnent de tems en tems dans les rangs des compositeurs.

Quand on a balayé l'Imprimerie, on doit réunir les ordures en un endroit, puis en extraire les caractères, et les laver ensuite, pour pouvoir remettre en casse ceux qui sont bons.

Comme l'Imprimerie est un attelier curieux, il convient qu'il soit tenu propre. Les compagnons eux-mêmes, et pour eux-mêmes, doivent en être jaloux; aussi j'en ai vu plusieurs qui avoient grand soin de tenir leur rang propre, et ne dédaignoient pas de le nettoyer eux-mêmes. Ce sont des gens qui aiment l'ordre et la propreté. Mais combien y en a-t-il qui laissent entasser les ordures dans leurs rangs, plutôt que de prendre la peine de les nettoyer eux-mêmes?

## BALLOTS.

Ce sont des ouvrages en feuilles, emballés, pour être mis en magasins, ou envoyés aux libraires.

Ces ballots se font lorsque les ouvrages sont achevés et prêts à être emmagasinés.

## BANC.

Le banc des imprimeurs est une espèce de coffre de trois pieds et demi de haut, couvert d'une planche, et prenant son ouverture en devant. Ce banc est séparé en deux parties, par une planche qui sert à recevoir les différens commestibles des imprimeurs; et dans le bas, on y met du papier gris, des mauvaises feuilles, etc. Sur le banc, les imprimeurs placent d'un côté leur papier à tirer sur un ais dressé en pente, et de l'autre, le papier tiré sur un ais placé horisontalement ou sur de fortes maculatures.

## BANDE.

Les bandes d'une presse sont des pièces de fer qui règnent dans la longueur de la presse. Elles sont attachées sur le berceau. Il y en a une de chaque côté. Elles servent à soutenir le train, composé du coffre et de ses accessoires. En-dessus du coffre règne une planche sur laquelle il y a des crampons de cuivre ou de fer de chaque côté, qui entrent dans les bandes, et qui y sont jointes de manière que le train, en roulant et déroulant, ne vacille point. On doit de tems en tems nétoyer ces bandes, les graisser avec de l'huile d'olive; cela les entretient, et en outre, l'imprimeur a beaucoup moins de peine à rouler. Les bandes sont saillantes de près d'un pouce, pour que les crampons, qui sont enchâssés dedans, ne frottent point sur le bois, ce qui empêcheroit de rouler et dérouler facilement.

Il faut une grande justesse dans ces crampons; car s'il y en avoit un plus haut que les autres, cela occasionneroit un très-grand accident à l'impression; car quand cela arrive, le train est sujet à faire des bonds et des sauts, ce qui fait doubler en plusieurs endroits.

On peut connoître si les crampons sont d'une hauteur parfaite entr'eux, en mettant une réglette dessus. Si la réglette les touche dans tous les points, alors ils sont justes; si elle ne les touche pas, on y remédie: il est bon que les crampons soient près les uns des autres, et que les deux derniers enchassent totalement les bandes, quand le train est déroulé.

Il faut aussi avoir soin, quand les crampons sont usés ou cassés, de les faire raccommoder.

## BANQUE.

La banque est le paiement que l'on fait aux imprimeurs, toutes les semaines, de l'ouvrage qu'ils ont fait.

On écrit sur un livre, appellé livre de banque, le nom de chaque compagnon qui vient compter, puis ce qu'il a à compter, en spécifiant les titres des divers objets qu'il énonce, et le prix au bout de chaque article ; puis sur une colonne plus éloignée, on met le total de chacun de ces articles, et de tous les totaux : après la banque faite, on en exprime un total général, dont on remet la somme à celui qui a fait la banque, et qui répartit cette somme à tous les ouvriers, à raison de ce qu'ils ont compté.

C'est le prote ordinairement qui fait la banque. Chaque compagnon à la presse, qui vient compter, doit apporter ses tierces et les présenter, pour certifier de ce qu'il compte. Les compositeurs doivent apporter leurs épreuves.

Faire la banque, demander sa banque, recevoir sa banque, sont les termes techniques de l'art.

Faire banque *blèche*, en termes typographiques, c'est ne point faire de banque, ou en faire une si médiocre, qu'il ne vaut pas la peine d'en parler.

*Première banque* ; c'est un droit que doivent les apprentifs dès qu'ils commencent à travailler en qualité d'ouvriers. La première banque se paie neuf livres : tout compagnon qui n'a pas satisfait à ce droit, n'a pas celui de partager avec les autres compagnons, aux bons de la Saint-Jean ou de la Saint-Martin.

## BARBE.

Prendre la barbe, en termes d'imprimeurs, c'est se saouler : avoir un extrait de barbe, c'est être à demi-ivre. Cette expression est triviale, mais bien connue et par pratique et par théorie de la plupart des imprimeurs

## BAQUET.

C'est une pierre creusée qui sert à laver les formes.

Il doit y avoir un trou pour laisser échapper la lessive quand la forme est lavée : et quand on la lave, on y met un bouchon, afin qu'elle ne s'écoule point.

Ce baquet doit être, autant qu'il est possible, uni comme un marbre, et assez large pour pouvoir y mettre à l'aise les plus grands chassis. Il suffit que les rebords soient de quatre pouces de hauteur. Il y a des baquets qui sont recouverts en lames de plomb ; et ce pour ne point abîmer la lettre par le pied, comme la pierre est dans le cas de le faire, quand on ne prend pas la précaution de couler doucement sa forme dans le baquet.

*Tr. de l'Impr.* par A. F. MOMORO.

Pour retirer plus facilement sa forme du baquet, on y passe deux bouts de cordes, par le moyen desquelles on la lève.

Après avoir bien lavé sa forme, après l'avoir convenablement frotté avec une bonne brosse, on la rince avec de l'eau propre, pour enlever l'huile de la lessive.

## BARDEAU.

C'est une casse de grandeur, surpassant celle des casses ordinaires qui sert à contenir les sortes survidées du caractère auquel elle est destinée; ainsi il y a des bardeaux pour tous les caractères; c'est-là qu'on va puiser ou vider les sortes.

On dit qu'une casse est un bardeau, quand il y a des cassetins qui regorgent de lettres, d'autres où il n'y a rien du tout.

On donne aussi le nom de casseau au bardeau.

## BARBOUILLER.

Ce terme signifie maculer : une feuille barbouille quand des cadrats levent d'une forme, ou même quand les garnitures ou les biseaux sont trop haut, ou la frisquette trop découverte. Quand quelque chose barbouille, on doit coller, ou abaisser ce qui cause le barbouillage. On colle après la frisquette pour masquer ce qui barbouille.

## BARRE DE CHASSIS.

La barre d'un chassis est une pièce de fer

qui traverse le chassis dans sa largeur, dans sa hauteur, ou dans sa partie supérieure aux deux tiers de la hauteur du chassis.

1°. Dans les chassis que l'on nomme *in-4°*. la barre les traverse directement dans le milieu. Le serrurier même doit prendre tellement ses proportions pour placer cette barre dans le milieu qu'il n'y ait pas à y redire de l'épaisseur d'une carte seulement : c'est de cette justesse que dépend un bon registre. Ces chassis *in-4°*. servent à imposer les *in-8°.*, *in-16*, et autres petits formats.

Dans les chassis à l'hollandaise, les barres se détachent; alors ils servent à imposer des placards, en ôtant la barre, ou des *in-12*. en la remontant, comme on le verra ci-dessus. A ces sortes de chassis, on doit faire les mortaises en queue-d'aronde, bien justes, afin que les barres n'entrent qu'avec force dans leurs entailles, et qu'elles ne puissent sortir hors de leurs mortaises, en serrant la forme, et qu'elles ne fassent point faire le cercle au chassis.

2°. Quand la barre d'un chassis le traverse dans sa hauteur, alors on nomme ces chassis, des chassis *in-12.*, c'est-à-dire, propres à y imposer les formats *in-12*.

Ordinairement la barre tient avec le chassis; mais quand elle s'en enlève, il faut observer, pour la force des tenons et la perfection des mortaises, ce qui vient d'en être dit plus haut.

3°. Quand la barre traverse le chassis aux deux tiers de sa hauteur, on peut également y imposer des formats *in-12.*; ce sont des chassis à l'hollandaise. La barre se monte et se démonte. Placée dans le dessus, on y impose le petit carton d'un *in-12.*, et au-dessus le grand.

Il faut aussi remarquer que les mortaises de la barre, dans toutes ces différentes sortes de chassis, doivent être d'une égale distance des deux côtés; car si on manque d'observer cette justesse, et que la barre ne soit point en droite ligne, elle fera aller de travers les pages renfermées dans le chassis, et cela empêchera de faire un bon registre.

Les barres doivent être d'une épaisseur égale, non-seulement séparément dans toute leur longueur, mais entr'elles; c'est-à-dire, que si l'on fait faire plusieurs paires de chassis *in-4°.*, il faut que la même justesse règne dans toutes les barres; si ce sont des chassis *in-12.* également.

La grosseur des barres doit être celle des bords du chassis.

Dans les barres des chassis *in-4°.* ou *in-12.* à l'hollandaise, sont des crénures propres à recevoir les pointures. Ces crénures doivent être de deux ou trois pouces de long; il y en a une à chaque bout de la barre; elles doivent de plus, être percées d'outre en outre.

## BARREAU.

C'est une pièce de fer qui est recourbée et qui tient à la vis de la presse; au bout il y a un long manche de bois. Le barreau sert à faire tourner la vis pour presser sur la forme.

Un barreau doit être de bon fer, et renforci

à l'endroit du coude, parce qu'il y fatigue le plus. Il doit s'en retourner tout seul, et s'arrêter dessus ou dessous le chevalet, qui sert à le retenir. Quand il ne s'en retourne pas facilement, c'est un défaut qui vient, ou de ce que la vis et l'écrou sont neufs, de ce qu'ils ont peu servi ; alors il faut y mettre force huile d'olive ; de ce qu'il y a trop de crasse, alors il faut le nettoyer, et pour cela le démonter ; de ce que les filets de la vis ou de l'écrou sont usés entièrement ; alors il faut une autre vis, un autre écrou ; s'ils ne sont usés que d'un côté, défaut qui vient de ce que le trou du sommier n'est pas perpendiculaire, il faut les faire recharger du côté qu'ils sont usés.

C'est un travail pénible quand on est obligé de reconduire son barreau. Il ne s'en retourne pas non plus facilement, quand le grain du pivot est rongé, usé ou cassé.

S'il arrive qu'un imprimeur casse trois fois son barreau, il est passé en dicton, qu'il doit avoir la fille de l'imprimeur en mariage ; parce qu'on suppose, au compagnon qui casse ainsi son barreau, beaucoup de force et de nerf.

## BASSINE.

C'est un vase de fonte très-évasé, où l'on met de l'eau, qui sert à se laver les mains, à y tremper une éponge pour mouiller la lettre lorsqu'on veut distribuer, et à rincer les formes.

Les apprentifs doivent tous les matins vuider et remplir les bassines.

## BALLES.

Ce sont deux morceaux de bois, en forme de poires, creusés en dedans, dans lesquels on met de la laine, et recouverts de deux cuirs imprégnés d'encre, par la distribution continuelle qu'on en fait. Le premier cuir, que l'on nomme doublure, et qui sert d'enveloppe à la laine doit toujours avoir une certaine fraîcheur. Ces bois de balles ont un manche par où on les empoigne; et ce manche est fiché dedans et arrêté par une cheville de bois.

Les bois de balles doivent être préparés avant de les employer : on met de l'huile sur les bords pour faire resserrer les pores, parce que les cloux font fendre ces bois, ou y entrent trop facilement.

### Manière de monter les balles.

1°. Avant de monter les balles, il faut bien essuyer les cuirs et doublures, de manière qu'il n'y reste point d'eau, et les frotter par le revers, afin de les rendre plus souples ; autrement les balles seroient teigneuses, refuseroient de prendre l'encre, et dans peu de tems, rempliroient la forme.

2°. Si les balles étoient trop sèches, il faudroit mouiller les cuirs et les doublures, les frotter avec les mains, principalement autour des bords, afin de les rendre souples, pour qu'elles prennent bien également l'encre partout.

3°. Pour avoir de bonnes balles, il faut que la laine soit bien cardée, et que l'on ait le soin, tous les soirs, d'étendre les pains pour les faire sécher, et en faire évaporer, par ce moyen, l'humidité qu'elles ont acquise pendant la journée.

4°. Il ne faut pas mettre plus de laine qu'il ne convient dans ses balles, autrement on les rendroit trop dures. Si on en met moins qu'il doit y en avoir, on fait de mauvaises balles, on s'expose à toucher avec les bois, quand on ne tient pas ses balles droites.

5°. Il faut bien allonger les cuirs et doublures des balles quand on les monte, et clouer les plis les uns dessus les autres; afin d'empêcher la laine de sortir. Il faudra faire ses balles bien rondes, et écraser les petites bosses qui s'y trouvent avec le bout du pied de chèvre, prenant garde toutefois d'endommager le cuir.

6°. Quand les balles sont montées, on doit verser un peu d'huile de noix dessus, et l'étendre par-tout, en frottant l'une contre l'autre les deux balles; ensuite on les ratisse avec un couteau; on essuie le couteau sur du mauvais papier.

6°. Si les balles se trouvent trop moites, comme il arrive sur-tout en hiver, il faudra les frotter sur le plancher, pour en exprimer l'eau, puis les ratisser; on les présente au feu d'un peu loin, en les distribuant, de crainte de les brûler.

Le crin qu'on met dans les balles en bien des endroits, vaut toujours moins que la laine. Il est plus dur, fait sauter les balles, et les rend lourdes; et on ne touche jamais si bien qu'avec celles où il y a de la laine.

## BÂTARDE.

Bâtarde coulée, bâtarde brisée, bâtarde ancienne. Voyez le *Manuel Typographique* de M. Fournier le jeune, *imprimé par lui-même d'après la permission qu'il en avoit obtenue des magistrats de Paris.*

Bâtarde brisée est une écriture du dernier siècle, employée dans l'Imprimerie par Pierre Moreau, qui joignit à ces deux caractères, une troisième sorte d'écriture dite *bâtarde*, qui imitoit l'écriture ordinaire : il en fit faire les poinçons et matrices : il en présenta et dédia les épreuves à Louis XIII, qui lui donna pour récompense de son travail le titre d'imprimeur ordinaire du roi.

La bâtarde ancienne étoit d'usage en France dans le XIV$^e$ et le XV$^e$ siècle ; elle est nommée *bâtarde*, parce qu'elle dérive des lettres de forme, caractere plus figuré, et dont on a retranché les angles en quelques traits. Il suppléa quelque tems en France au caractère romain, trouvé par Jeanson, français. Un allemand, nommé Heilman, demeurant à Paris, rue S.-Jean-de-Latran, en grava les premiers poinçons.

## BERCEAU.

On appelle le berceau d'une presse la partie où sont les bandes de fer qui supportent le coffre qui roule sur les bandes, au moyen de ses crampons et d'une corde attachée après un rouleau en-dessous, à sens contraire, afin de rouler et dérouler.

Cette partie, où reposent les bandes de fer, est composée de deux longues pièces de bois qui sont attachées tout le long de la presse, et posées sur le sommier d'en-bas, lesquelles sont faites en forme de coulisse, pour faire glisser le coffre sans vaciller.

Il faut bien avoir soin du berceau de sa presse, c'est une partie qui fatigue beaucoup, et qu'il faut entretenir et nettoyer quand les bandes ont déchargé leur crasse sur ces petites poutres.

Le berceau de la *presse Anisson* est fait de trois bandes d'acier, de onze lignes en quarré et évidées de la longueur de quatre pieds et demi dans la moitié de leur épaisseur : ces barres portent sur le sommier d'en-bas et la plaque de cuivre dont il est recouvert : elles y sont assujetties par de fortes vis ; l'autre moitié est enchâssée dans trois traverses, et les désafleure de deux lignes. Ces trois traverses sont emmanchées d'un bout à doubles queues dans le sommier d'en-bas, et de l'autre dans la traverse que supportent les colonnes. Les trois barres d'acier sont aussi attachées par des vis sur cette même traverse.

## BIENVENUE.

C'est un droit que doivent les compagnons qui entrent dans une Imprimerie. Le droit de bienvenue se paie trente sols. Il se perçoit en entrant, ou à la S.-Jean, ou à la S.-Martin, et il se partage entre les chapelains avec les autres bons de chapelle. On appelle aussi ce droit, les *quatre heures*.

Les allemands ont des usages bien plus bisarres, des droits beaucoup plus forts, et sont moins humains pour les compagnons étrangers, que les étrangers le sont pour eux.

Qu'un imprimeur allemand vienne travailler en France, il est bien reçu par-tout ; il travaille librement, ne paie aucuns droits que celui de bienvenue de 30 sous, et celui de première-banque de 9 liv. ; une fois ces droits modiques payés, il participe à tous les bons de chapelle. Mais qu'un français aille en Allemagne pour y travailler dans les imprimeries, on ne le regarde pas ; on le moleste, on l'oblige à travailler tête nue, tandis que messieurs les allemands ont leurs bonnets ou chapeaux sur la tête ; il ne participe à aucuns bons, n'est admis à aucuns conseils ; et si on a quelque chose à délibérer dans l'imprimerie, on le fait sortir ; et pour ne pas être exposé à cet insultant mépris, on est contraint de payer une somme de cinquante écus dans certains endroits, d'un peu moins dans d'autres, mais toujours exorbitante pour des compagnons qui ne sont jamais trop pécunieux. Quelle différence de nos mœurs douces, honnêtes, à celles de ces germains qui auroient bon besoin d'une forte dose de notre urbanité française !

## BILBOQUET.

On appelle bilboquet, ces petits ouvrages de rien, tels que sont les cartes, les affiches sur un carré, les billets de mariage, de mort, bout-de-l'an, et autres, parce qu'ils demandent peu de tems et peu de soin à composer. Ces petits bilboquets sont ordinairement d'un bon bénéfice au maître imprimeur. Ils se font en conscience.

## BILLETS.

(*Cet article appartient encore à l'ancien régime.*)

Les billets sont des attestations en forme de congé, que l'on donne aux compagnons qui veulent sortir d'une imprimerie pour aller travailler dans une autre. Ces billets doivent être signés du maître imprimeur, ou de son prote pour lui. On dit *demander son billet, donner le billet.*

Un compagnon qui a un ouvrage en page, ne peut aller travailler ailleurs : il faut qu'il le finisse s'il veut avoir un billet. Si par un événement ou cause légitime le maître faisoit interrompre le labeur de son ouvrier, il seroit tenu de lui en donner un autre équivalent, ou son billet au bout de quinze jours.

Tout compagnon qui n'a point de mise en page, et qui est à ses pieces, doit avertir huit jours d'avance que son intention est de quitter, sans quoi il ne lui est point donné de billet.

*Billets de mort.* C'est une espèce d'invitation aux obsèques du défunt, en forme de lettre sur une grande feuille de papier.

Les compagnons imprimeurs ont le droit

d'avoir des *billets de mort*, sans les payer : de sorte qu'un ouvrier venant à décéder, les autres compagnons font son billet d'enterrement, au nom des plus proches parens du défunt et de l'imprimerie où il travailloit.

## BIS-BLANC.

Ce mot se donne au papier qui n'est pas bien blanc, et qui tire sur le gris.

## BISEAUX.

Ce sont des morceaux de bois d'une certaine longueur, coupés en biais d'un côté. Ils se placent dans un chassis autour des pages, et se serrent avec des petits morceaux de bois taillés de biais des deux côtés, et que l'on nomme coins.

Dans chaque forme en chassis, on distingue les grands et les petits biseaux.

Les grands sont ceux qui occupent les côtés du chassis.

Les petits sont ceux qui se placent aux pieds des pages.

Les biseaux doivent être de bon bois, et de la hauteur des coins, et autant qu'il se peut de la hauteur du chassis, cependant si les biseaux étoient tant soit peu plus hauts, ce ne seroit pas là un grand défaut ; car aujourd'hui on se met sur le pied de faire des garnitures qui n'ont guère qu'une ligne ou deux de moins en hauteur que la lettre.

Quand on garnit une forme de ses biseaux, on doit prendre garde que les uns débordent plus que les autres, parce qu'alors ils tiennent les coins en prison, et en voulant les en retirer, on les casse, étant obligé de se servir de quelque ferraille à cet effet. Il faut encore avoir soin d'employer les biseaux dans leur couche naturelle, et ne jamais les changer.

Il y a des biseaux de la couche droite, et des biseaux de la couche gauche. Les biseaux de la couche droite se placent du côté droit de la forme ; ceux de la couche gauche se placent du côté gauche.

Il faut avoir attention de ne pas employer de biseaux qui ne seroient pas parfaitement dans leur équerre, car ils feroient casser la forme.

Quand un biseau n'est pas d'équerre, on le fait rabotter du côté ou il péche.

Du côté de la couche du biseau, on fait ordinairement le rebord arondi, pour que l'ouvrier ne s'y trompe pas en imposant.

## BLANC.

Ce sont les distances que l'on met entre les pages. Mettre de grands ou de petits blancs. Dans un *in-12.*, on distingue les grands et les petits blancs. Les grands blancs sont au petit carton, composé de huit pages. Dans le grand blanc aux deux côtés de la feuille, sont deux petits trous que forment les pointures à l'impression pour indiquer que l'on doit y couper.

*En blanc.* On dit laisser ou mettre en blanc quelque chose que l'on doit écrire à la main, comme dans les assignations, procurations, et autres choses semblables.

On dit aussi mettre en blanc, laisser en blanc, dans une composition de mots qu'on n'a pas pu lire et que l'on remplace par des cadrats, jusqu'à ce qu'on puisse les savoir.

## BLANCHE.

*Page blanche.* Les pages blanches se placent au commencement ou à la fin d'un ouvrage, pour suppléer à celles qui manquent à la feuille, ou pour mettre derrière les titres. Les pages blanches se font de bois, ou en gros cadrats, et de la même largeur que les autres pages de matière.

Quand on se sert de bois pour faire une page blanche, il faut mettre entre chacun une ligne de cadrats justifiée, parce que ces bois n'étant pas d'une largeur égale, ne peuvent nécessairement pas remplir la place d'une autre page de matière, et occasionneroient un mauvais registre.

Les pages blanches sont le bon d'un compositeur. On ne doit jamais en mettre au milieu d'un ouvrage ; l'ouvrage fut-il même composé de petites pièces que l'on voudroit toujours bien faire tomber, c'est-à-dire, en belle page, *recto*, il vaut mieux alors commencer en page *verso*. Il ne faut pas non plus qu'il y ait trop de pages blanches à la fin d'un ouvrage : en outre que ce n'est point le profit de l'imprimeur ou de l'auteur, c'est que cela ne se souffre pas. Ordinairement on garde les premières pages pour la fin de l'ouvrage, où on les place relativement aux pages blanches qui restent ; et par ce moyen on perd moins de papier : si indépendamment de cette précaution, on avoit encore trop de pages blanches, alors on les supprime, et on fait des demi-feuilles ou des cartons de la matière qui reste à imprimer.

## BLANCHET.

Les blanchets sont des pièces d'étoffe de laine douce ou de molton, de la grandeur du tympan dans lequel on les met pour faciliter le foulage de l'impression. On en met ordinairement deux doubles, quelquefois plus, quelquefois moins, suivant la bonté de la presse et le passage du tympan sous la platine. Quand on a de bons blanchets, il est facile de faire une belle impression, un bon foulage. On doit avoir soin d'étendre ses blanchets dans le tympan, de manière à ce qu'ils couvrent également la forme, et ne fassent point de plis.

Quand on démonte le tympan, en quittant l'ouvrage, on doit avoir soin de faire sécher les blanchets en les étendant sur son papier, ou en les mettant sur la ficelle, ou au-dessus de sa presse. Le matin quand on monte son tympan, on doit froisser entre les mains un peu fortement les blanchets, pour leur donner du corps, du moëlleux, et que le foulage soit plus facile à se faire.

Il est bon d'avoir autant de blanchets que l'on a de formats différens à tirer.

## BLANCHIR.

Ce mot s'emploie parmi les compositeurs pour désigner qu'on doit mettre du blanc entre les titres d'un ouvrage, les alinéas, etc. On ne doit pas blanchir trop un titre, ni pas assez. Le trop comme le pas assez sont un défaut. Il y a ordinairement des interlignes fondues sur les formats que l'on fait: ces interlignes servent à proportionner les blancs, parce qu'on en jette entre chaque titre, pour les rendre égaux, ou on en met de plus dessus ou dessous les lignes de titres qui ne portent point de blanc, pour les rendre égales à celles qui en portent, et où on ne met pas d'interlignes.

Les premières pages d'un ouvrage doivent être élaguées avec grace, et non écrasées; quelquefois, pour pouvoir y mettre un fleuron convenable au sujet, mais trop gros; dans ces cas il vaut mieux sacrifier l'utile à l'agréable.

Blanchir se dit encore des espaces qu'on met en trop grande quantité entre les mots. *Cette composition est trop blanchie*, pour dire qu'elle est trop large, trop espacée; c'est encore un défaut de trop espacer les mots; et il est moins ridicule d'aller serré, que d'aller au large.

On doit espacer plus ou moins les caractères à raison de leur grosseur, ou de leur petitesse: on espacera davantage un caractère de parangon ou de gros romain, tels que sont les
livres

livres de dévotion, les missels etc., les ordonnances, réglemens, etc. que des ouvrages de petit romain, de petit texte, parce que le caractère de parangon comporte plus de distance entre les mots, à raison de sa grosseur, et le petit romain, moins, à raison de sa petitesse : c'est une règle fondée sur les principes de l'art, et sur ceux de la perspective.

Une affiche, un placard, les annonces, enfin tout ce qui se placarde le long des murs, doit être plus espacé entre les mots pour en faciliter la lecture.

*Blanchir.* En termes d'ouvriers à la presse, c'est faire une impression trop blanche, c'est prendre trop peu d'encre avec ses balles, ou négliger d'en prendre toutes les fois qu'il le faut : c'est le défaut des paresseux, des gens sans goût et des étourdis. Une impression trop blanche est aussi désagréable à la vue, indépendamment de ce qu'elle fatigue beaucoup les yeux, qu'une impression trop noire. Il faut toujours tenir le milieu entre l'une et l'autre. Pour cela faire, l'imprimeur qui est aux balles, doit bien broyer son encre sur le bord de son encrier, et en très-petite quantité, puis prendre de l'encre légèrement avec le bord de la balle, la bien distribuer et toucher ; répéter cette opération après trois ou quatre feuilles de tirées, et rebroyer de l'encre, dès qu'il s'apperçoit qu'il n'y en a plus guères. Par ce moyen, il fera une impression ni trop blanche ni trop noire, et telle enfin qu'on peut la desirer.

*Tr. de l'Impr.* par A. F. MOMORO.

Une impression trop noire, macule; et une impression trop blanche, s'efface par la suite.

## CADRATINS.

Ce sont des corps à quatre faces parfaitement quarrées, tête et pied, unis par le rabot. Ils sont de 2 lignes moins haut que les lettres. Leur usage est d'être employés en tête de chaque alinéa, à espacer les titres, à remplir les vuides ou les espaces entre les chiffres.

Le cadratin fait la force de corps du caractère dont il est. Le demi-cadratin est la moitié de la force de corps. Les demi-cadratins s'emploient souvent dans les ouvrages où il y a beaucoup de chiffres, parce qu'ils sont fondus juste sur leur épaisseur.

## CADRATS.

Ce sont des morceaux plats et carrés de matière, fondus en proportion, et de l'épaisseur des lettres, mais de moindre hauteur; ils servent à remplir le vuide d'une ligne qui termine un alinéa; à répandre des blancs dans un ouvrage, à faire des lignes de pied, etc. Il y a aussi les cadrats de grosse de fonte, qui servent à faire des pages blanches et autres remplissages de blancs.

## CADRE.

C'est un encadrement de vignettes que l'on met autour d'une page. Souvent les cadres sont simples, alors ils se font avec des filets simples ou doubles.

## CALER.

On dit caler une presse, quand on l'étançonne, qu'on l'assure, ou qu'on met des morceaux de feutre au sommier supérieur.

*Caler* signifie aussi *faire le paresseux.*

## CALES.

On appelle de ce nom des petis morceaux de bois ou de chapeaux coupés en quarré, qui se mettent dessus et dessous les tenons du sommier supérieur, emboîté dans les mortaises des jumelles. Ces cales servent à raccourcir ou allonger le coup du barreau, en les plaçant dessus ou dessous le sommier, comme il convient.

## CALEUR.

Ce terme s'applique aux compagnons indolens ou ivrognes qui n'aiment point le travail, qui ne font que niaiser dans une imprimerie, détourner les autres du travail, en jasant avec eux, en leur contant des *piaux*. Voyez *Piaux.*

## CANANÉEN.

Ce caractère porte aussi le nom de chaldaïque; il a été conservé par une nation de la Mésopotamie, nommé Bagadet, qui vit sous la domination des Turcs. Voyez *Manuel Typographique*, page 244.

## CANTONNIÈRES.

Ce sont des morceaux de fer qui sont attachés aux quatre coins du coffre, sur sa superficie, afin de tenir la forme dans sa même situation, par le moyen des coins de bois qu'on serre entre la cantonnière et le chassis de ladite forme.

Ces cantonnières ne doivent point être plus élevées que les bords du chassis dans lequel on impose les formes.

Il faut aussi avoir soin de poser les deux cantonnières de devant, de manière que les couplets de la frisquette ne tombent point dessus; car s'ils tomboient dessus, cela rendroit le passage, sous la platine, plus difficile.

## CAPITALES.

Les capitales sont les lettres majuscules que l'on met au premier mot d'une phrase, aux noms propres de personnes, de lieux, etc. On distingue les grosses et les petites capitales: leur forme est la même; mais ces dernières sont un diminutif des premières. L'œil des petites capitales est égal en hauteur à l'œil des lettres bas de casse. On les emploie au commencement de tout article, chapitre, section, etc. qui commence par une lettre de deux points, quand le premier mot est composé de plus de deux lettres; mais s'il n'étoit composé que de deux lettres, la seconde qui marche immédiatement après la lettre de deux points, se met en grosses capitales.

Chaque corps de caractère a ses grosses et petites capitales ; elles occupent le dessus de casse : à gauche sont les grosses capitales ; à droite les petites.

## CARACTÈRE.

C'est le terme générique des différentes espèces de lettres en usage dans l'imprimerie.

On dit *gros caractère*, *petit caractère*.

La matière du caractère doit être bonne et cassante ; quand elle est foible, elle ne vaut rien ; l'œil de la lettre s'écrase bien vite sous la platine de la presse.

On distingue le caractère romain du caractère italique : le caractère romain est celui dont les lettres sont droites, *tel qu'on l'a sous les yeux* ; et le *caractère* italique est celui dont les lettres sont penchées, ainsi qu'on le voit dans ces mots : *caractères italiques*.

On trouvera, dans cet ouvrage, le nom de tous les caractères en usage dans l'Imprimerie, et en outre, ceux des anciens, dans presque toutes les langues.

Tous les caractères ont entr'eux une proportion respective.

## CARRÉ.

Le carré est le nom qu'on donne à une espèce de papier qui sert à l'impression des ouvrages : c'est celui même dont on fait le plus d'usage à Paris.

## CARTES.

On se sert des cartes dans les ouvrages à filets pour rendre les blancs égaux, ou pour boucher les petits vuides que les cadrats ne peuvent remplir, de sorte que dans ces cas, les cartes deviennent un supplément à la force du corps des cadrats.

On a fait des *cartes géographiques* avec des caractères mobiles à Basle. M. Haas, fondeur, en est l'auteur.

## CARTON.

On distingue dans les *in-12*. le grand et le petit carton. Le grand est composé de seize pages, et le petit de huit. Dans d'autres impositions on peut placer des cartons, soit pour séparer, dans une dernière feuille, ce qui doit être au commencement de l'ouvrage, de ce qui reste pour la fin ; dans ce cas, on les distingue par des bouts de filets qu'on met en tête des pages à séparer.

Les cartons sont aussi des feuillets qu'on imprime de nouveau, pour être substitués à d'autres.

Les Imprimeurs se servent de morceaux de carton pour caler leur presse, comme je l'ai dit au mot *Sommier*.

Ils font aussi un grand carton qu'ils mettent dans leur tympan, pour chaque espèce de formats d'ouvrage qu'ils ont à imprimer, de sorte qu'ils se font des cartons *in-4º. in-8º. in-12*. etc.... Ces cartons facilitent le foulage.

## CASSE.

On prononce, et on écrit *casse* en terme d'imprimerie, quoique l'académie écrive *case*. La casse est d'une figure carrée, et se divise en deux parties, que l'on nomme casseau supérieur, et casseau inférieur. Ces deux pièces de même hauteur, largeur et profondeur, sont un assemblage de plusieurs cassetins ou petites cases où l'on place chaque sorte de lettres, de manière qu'il y a un cassetin pour contenir les *a*; un autre pour les *b*, et ainsi de toutes les autres lettres et signes d'usage dans l'impression.

Dans le casseau du haut, on met du côté gauche les grosses capitales sur trois rangs de cassetins, chaque rang étant de sept cassetins, ce qui fait 21 lettres; comme il en reste encore deux qui sont: l'Y et le Z, on les place sous le V et l'X, au bout des cinq voyelles circonflexes.

Sous les cinq voyelles circonflexes, on place les cinq voyelles aiguës; et dans les deux autres cassetins qui restent, on y met les points-virgules et les ffl.

Sous les cinq voyelles aiguës, on place les cinq voyelles graves, et ensuite les parenthèses et les fl.

Sous les cinq voyelles graves, on place de suite les guillemets, les ct, les U d'hollande, les

J capitaux d'hollande, les j longs du bas, les st, et les doubles ss.

Cette partie gauche du casseau supérieur est composée de sept rangées de cassetins, de sept chacun ; ce qui fait quarante-deux cassetins. Une bande épaisse en bois de la même hauteur que les cassetins, et de la même force que le contour de la casse, sépare le côté gauche d'avec le côté droit des deux parties de la casse.

Le côté droit du casseau où sont les capitales, renferme les petites, disposées dans le même ordre que les grandes, à l'exception que l'J d'hollande et l'U se placent ordinairement sous le P et le Q. Dans les autres cassetins on met les Æ, les OE grosses, petites capitales, les voyelles tréma, les points admiratifs et interrogans, les double w, etc...

Dans le bas de casse sont toutes les lettres de l'alphabet, mais placées dans un ordre différent et non de suite comme les capitales. Cette différence d'ordre qui paroît aux personnes étrangères à l'art typographique, un ordre mal entendu et difficile à saisir, est précisément ce qui donne la facilité au compositeur de bien composer et de bien distribuer, et de ne point se tromper de cassetins, comme on y seroit exposé si les lettres se suivoient.

Mais on ne se trompe pas en composant ou en distribuant des capitales qui se suivent ; pourquoi se tromperoit-on plutôt dans le bas de casse rangé dans le même ordre ? Pourquoi ? parce qu'on y porte sept ou huit mille fois la main dans un jour, tandis que dans les capitales, on ne l'y met peut-être pas deux cent fois.

Les cassetins qui contiennent les cinq voyelles, sont beaucoup plus grands que les autres, parce qu'on emploie d'avantage de ces lettres dans notre langue, et même dans le latin : les cassetins des m, des n, des c, des d, des s rondes, des t, des r, sont aussi grands que ceux des voyelles. Celui de l'e muet est plus grand que tous les autres, parce que, dans le français, c'est la lettre qui court le plus dans les mots.

Les chiffres se placent aussi dans le bas de casse, et occupent les cassetins supérieurs du côté droit, depuis un jusqu'à huit : dessous le sept et le huit sont le 9 et le zéro.

Les cadrats, les cadratins et demi-cadratins occupent aussi leur place du côté droit, ainsi que les points, les virgules à côté des cadrats, et les deux points qui se placent à côté des fi : on y met aussi les doubles ssi, les doubles ffi, les si, et les fi dessous.

Chaque caractère a son romain et son italique ; et il faut autant de casses de l'un et de l'autre, qu'on peut y mettre de caractère.

Quant à ce qui concerne la casse grecque, aujourd'hui on ne se sert presque plus des ligatures, de manière qu'étant moins compliquée, il est facile de l'apprendre.

## CASSEAU.

*Casseau*, voyez *Bardeau*. Les casseaux sont aussi des tiroirs remplis de cassetins, où l'on place les lettres de deux points, les lettres ornées, ombrées, frisées, et les vignettes. Ces tiroirs se mettent ordinairement au-dessous des marbres, entre des coulisses.

On nomme aussi casseaux les deux parties de la casse.

## CASSETINS.

Ce sont de petits compartimens carrés qui forment les casses, et dans lesquels on met chaque sorte de lettre.

On dit d'un compositeur ignorant, qu'il ne connoît pas le *cassetin aux espaces*, pour dire qu'il est borné et peu instruit.

## CÉSAR.

Le caractère de César, est une sorte de cursive romaine. Cet alphabet a été pris sur une feuille de papier d'Egypte d'un pied de large sur cinq de long, qui portoit pour titre sur le revers: *le Testament de Cneius Julius César*, qui fut lu par son beau-père Pison, dans sa maison, les Ides de septembre. Cette écriture est du sixième siècle. Voyez le *Manuel Typographique* de M. Fournier, page 198, tome 2.

## CHAÎNETTE.

C'est un conduit de fer blanc fait en forme de chaînette qui est attaché au pied du chevalet du tympan, de manière que l'eau que l'on jette sur le tympan pour le ramoittir, découle dedans cette chaînette, et ne pourrit point la planche. On y met une éponge imbibée d'eau pour s'en servir au besoin.

### CHALDAÏQUE.

C'est un ancien caractère hébreu, que l'on croit être du tems de Moïse, et dont les autres alphabets chaldaïques sont dérivés. Voyez *Manuel Typographique*, page 249, tom. 2.

### CHANDELLE.

Les imprimeurs prennent la chandelle à la Notre-Dame de septembre, et la quittent à la S.-Jean-Porte-Latine.

### CHAPEAU DE LA PRESSE.

C'est la pièce de bois qui est assemblée au-dessus des deux jumelles pour leur donner de la fixité et de la solidité; on l'appele aussi chapiteau.

### CHAPELAIN.

Les chapelains sont ceux qui ont payé leurs droits, et qui ont celui de participer aux bons que l'on partage à la St.-Martin. (Voyez *Bon*.)

### CHAPELLE.

La chapelle est le corps des chapelains.

### CHAPERON.

Le chaperon est du papier que l'on tire d'excédent du nombre indiqué; par exemple, une main par rame.

Le chaperon sert à completter les exemplaires défectueux, et à en faire de complets. Combien de maisons bâties avec des chaperons !

## CHAPITEAU.

Voyez *Chapeau*. M. Annisson prétend que le chapiteau n'est que pour donner de la grace ; mais on peut lui observer qu'il a aussi son utilité.

## CHARLEMAGNE.

Caractères de Charlemagne. Voyez le *Manuel Typographique* de M. Fournier, pages 206 et 207, tom. 2.

Charlemagne, le restaurateur des lettres en Italie, en France et en Allemagne, fit plusieurs ordonnances pour enjoindre aux écrivains de bien former les lettres latines, abatardies depuis long-tems sous la forme du lombard, du saxon, du franco-galle. Les lettres prirent une forme plus agréable : elle furent nommées *Carolines*, *Gallicanes* et *Françaises*.

On attribue à Charlemagne ces trois alphabets qui portent son nom ; ils ont été composés vers le commencement du huitième siècle.

## CHARNIÈRE.

Ce sont des petits tubes de fer réunis et coupés ; dans lesquels on met les clavettes : les charnières servent à faire marcher librement et la frisquette et le tympan, auxquels elles sont attachées. Voyez *Couplets*.

La charnière du tympan de la presse Annisson a vingt-trois pouces de long sur quinze lignes de diamètre : sa figure est cylindrique ; cette pièce entièrement d'acier occupe toute la largeur du coffre et du tympan. Elle a dix-neuf charnons. La partie d'en-haut porte de chaque côté un retour d'équerre de huit pouces de long, par lequel elle est attachée au cadre du tympan, et à sa traverse de cuivre, auxquels elle est unie par onze boulons à oreilles. La partie d'en-bas, appliquée sur la traverse de derrière du chassis du coffre, y est maintenue par cinq boulons à têtes larges. Cette pièce est invariable. On peut la remonter ou descendre à volonté, de trois lignes.

## CHASSER.

Ce terme s'emploie en parlant de caractères, pour exprimer les différentes forces de corps d'un même caractère, ou leurs différences entre les uns et les autres.

On dit ce cicero deux crans chasse plus que celui un cran ; c'est-à-dire, que les lettres sont plus épaisses, et que dans une ligne il y en entre moins qu'on en fait entrer de celles un cran, quoique la justification soit la même.

Ainsi par la raison inverse, un caractère foible et mince chasse moins qu'un autre plus fort.

Les caractères qui ne chassent point, ne sont jamais avantageux aux compositeurs, à moins qu'on ne leur en tienne compte; mais ils le sont pour l'imprimeur qui fait l'ouvrage à son compte, ou pour l'auteur qui fait également imprimer à son compte.

Il y a des compositeurs qui chassent en espaçant beaucoup, pour attraper de vilains bouts de lignes aux dépens de la propreté, avec laquelle on doit faire un ouvrage; mais il ne faut pas absolument le souffrir, et faire remanier la composition ainsi mal faite.

Nous allons d'abord donner ici la proportion des caractères entr'eux, puis une table de ce que les uns regagnent sur les autres.

*Noms des Caractères qui ont entr'eux des proportions.*

1°. Deux gros romains font la force de corps de deux points de gros romains.
2°. Deux Saint-Augustins font celle de petit canon.
3°. Deux ciceros font celle de deux points de cicero ou de la palestine.
4°. Une philosophie et un petit romain font celle du gros parangon.
5°. Deux petits romains ou trois nompareilles font celle du petit parangon.
6°. Un petit romain et un petit texte font celle du gros romain.
7°. Un petit texte et une nompareille font celle du Saint-Augustin.
8°. Deux nompareilles font celle du cicero.
9°. Une mignone et une sédanoise ou parisienne font celle de la philosophie.

10°. Une nompareille et une parisienne font celle du petit romain.

11°. Deux parisiennes font celle de la gaillarde.

Il n'y a plus de proportion pour le petit texte, la mignone la nompareille et la parisienne : mais on a fait des fractions qui vont sur le corps du petit texte, ce qui est tout ce qu'on a pu graver et fondre de plus petit.

*Petite table de ce que différens caractères les plus en usage dans l'imprimerie, chassent les uns sur les autres, relativement à leur force de corps, ou ce que l'on gagne en hauteur de pages ; par exemple.* (\*)

### In-folio.

| L. de g. rom. | l. de S. Aug. | l. de ci. | l. de phi. | l. de p. r. |
|---|---|---|---|---|
| 55..font.. | 68..font.. | 78..font.. | 83..font.. | 96 |
| 54 1/2 | 67 1/2 | 77 1/2 | 82 1/2 | 93 |
| 53 1/2 | 66 | 75 1/2 | 80 1/2 | 93 |
| 52 1/2 | 64 1/4 | 74 1/2 | 79 1/2 | 91 1/2 |
| 52 | 64 | 73 1/2 | 78 1/2 | 90 1/2 |
| 55 1/2 | 63 1/2 | 72 1/2 | 77 1/2 | 89 1/2 |
| 50 1/4 | 62 | 71 | 76 | 87 1/2 |
| 49 | 60 1/2 | 69 1/2 | 74 | 85 1/2 |
| 48 | 59 1/2 | 68 | 72 1/2 | 83 1/2 |

---

(\*) On peut prendre des m ou des cadrats pour avoir ces proportions et les comparer entr'eux. Si 55 cadrats ou force de corps de gros romain équivalent à 68 S. Augustin, ou force de corps de S. Augustin, combien 68 S. Augustin ou force de corps de S. Augustin feront-ils de cicero ?

Si les caractères étoient fondus portant une interligne de blanc, cette proportion n'auroit plus lieu, à moins qu'elle ne soit faite en supposant une interligne de blanc à tous les autres caractères.

## In-4º.

| Gros rom. | S. August. | Cicéro. | Philosoph. | Petit rom. |
|---|---|---|---|---|
| 34 | 42 | 48 | $51\frac{1}{2}$ | 59 |
| 33 | $40\frac{1}{2}$ | $46\frac{1}{2}$ | $49\frac{1}{2}$ | $57\frac{1}{2}$ |
| $31\frac{1}{4}$ | 39 | $44\frac{1}{2}$ | $47\frac{1}{2}$ | 55 |
| 30 | 37 | $42\frac{1}{2}$ | $45\frac{1}{4}$ | 52 |

## In-8º.

| G. rom. | S. Aug. | Cicéro. | Philos. | Pet. rom. | P. Texte. |
|---|---|---|---|---|---|
| $27\frac{1}{2}$ | 34 | 39 | $41\frac{1}{2}$ | 48 | $59\frac{1}{2}$ |
| 27 | $33\frac{1}{4}$ | 38 | $40\frac{2}{3}$ | $46\frac{3}{4}$ | 58 |
| 26 | $32\frac{1}{2}$ | 37 | $39\frac{2}{3}$ | 45 | $56\frac{1}{3}$ |
| $25\frac{1}{2}$ | $31\frac{1}{2}$ | 36 | $38\frac{1}{2}$ | $44\frac{1}{4}$ | 55 |
| $24\frac{1}{2}$ | $30\frac{1}{2}$ | 35 | $37\frac{2}{3}$ | 43 | $53\frac{1}{2}$ |
| 24 | $29\frac{2}{3}$ | 34 | $36\frac{2}{3}$ | $41\frac{2}{3}$ | 52 |

## In-12.

| Gros rom. | S. Aug. | Cicero. | Philoso. | Petit rom. | Gaillarde. | Petit Texte. | Mignon. | Nompareil. |
|---|---|---|---|---|---|---|---|---|
| $21\frac{2}{3}$ | 27 | 31 | 38 | 38 | $42\frac{1}{4}$ | $47\frac{1}{2}$ | 61 | 62 |
| $21\frac{1}{4}$ | 26 | 30 | 32 | $36\frac{1}{2}$ | 41 | $45\frac{2}{3}$ | 59 | 60 |
| $20\frac{1}{2}$ | $25\frac{1}{2}$ | 29 | 31 | $35\frac{1}{2}$ | $39\frac{1}{2}$ | 44 | 57 | 58 |
| $19\frac{2}{3}$ | $24\frac{1}{2}$ | 28 | $29\frac{1}{2}$ | $34\frac{1}{2}$ | $38\frac{1}{4}$ | $42\frac{2}{3}$ | 55 | 56 |
| 19 | $23\frac{1}{2}$ | 27 | $28\frac{1}{4}$ | $33\frac{1}{4}$ | 37 | 41 | 53 | 54 |

## CHASSIS.

Les chassis sont des pièces carrées composées de quatre bandes de fer, unies ensemble, et d'une autre bande placée dans le milieu, que l'on nomme *la barre du chassis*.

Les chassis servent à contenir les pages que l'on impose dedans.

Pour qu'un chassis soit bon, il faut qu'il soit extrêmement juste, un peu fort, et bien d'à-plomb.

Il faut que la barre du chassis soit d'une égale épaisseur avec les autres barres des chassis servant à imposer les mêmes formats, parce que c'est de cette égalité dans les barres que dépend en partie un bon registre.

Les bords du chassis seront moins hauts de trois lignes que la lettre. Les bords intérieurs doivent être bien unis et bien d'équerre, surtout dans les quatre coins ; autrement on seroit exposé à *casser* les formes en les levant.

Si les barres des chassis se détachent, pour employer ces chassis soit à l'*in-12*, soit en forme de ramettes pour l'imposition des placards, on aura soin que les mortaises faites en queue-d'aronde, soient bien justes aux entailles des barres, afin que lesdites barres n'y entrent qu'avec force ; sans cela, c'est-à-dire, si les barres se dégageoient trop facilement de leurs entailles, on pourroit s'exposer à briser les formes en les levant ; il faut encore que la barre du chassis soit bien juste dans le milieu ; que les entailles ne soient pas plus hautes ou plus basses d'un côté que de l'autre ; autrement la barre ne seroit plus droite, et les pages iroient de travers.

Il y a plusieurs espèces de chassis.

1°. Les chassis *in-4°.* qui servent aussi à imposer les formats *in-folio*, *in-8°*, *les in-16*, *in-18*, *in-24*, *in-32*, *in-36*, *l'in-64*, *l'in-72*, *l'in-96* et *l'in-128*.

Quand ces chassis *in-4°.* sont employés à *l'in-12*, au moyen de ce qu'on transporte la barre plus haut, alors on y impose encore *l'in-18* en deux cahiers sur une feuille, et la

*Tr. de l'Impr.* par A. F. MOMORO. G

barre du chassis sert de bois au carton; de *l'in-36* par feuilles de trois cahiers séparés; *l'in-48* par feuille entière de six cahiers séparés, *l'in-48* par demi-feuille de trois cahiers séparés.

2°. Les chassis *in-12*, lesquels servent à imposer toutes sortes d'*in-12*.

3°. Les ramettes, qui sont des chassis sans barre, et dans lesquelles on impose les placards, les affiches.

4°. Les petits chassis qui sont sans barres, et qui servent à imprimer de petits bilboquets, des cartes, etc.

### *Chassis, ou coffre et train.*

C'est un cadre de bois, avec fond, dans lequel on place le marbre. Aux quatre angles de ce coffre, se trouvent quatre cantonnières. Voyez *Cantonnières*. Sur le derrière de ce coffre est attaché un chevalet qui sert à soutenir le tympan; sous ce coffre sont des crampons qui le font rouler sur des bandes de fer. Le coffre, garni de ses cornières, son marbre, ses crampons et son chevalet, se nomme *train*.

Dans la presse Anisson, le *chassis, coffre* et *train*, est composé d'un chassis de fer de deux pouces de large; au niveau duquel est le marbre, et qui ne forme avec celui-ci qu'une seule et même surface. Dans le prolongement de toute la largeur du grand chassis, est appliqué la moitié de la charnière du grand tympan, qui y est attachée par cinq boulons : les trous ovales qui y sont pratiqués, laissent la liberté à l'ouvrier de la remonter ou descendre de trois lignes. On a ménagé dans l'intérieur de ce chassis, une feuillure de même profondeur que celle du marbre, pour l'y recevoir. Le chevalet du tympan n'est point attaché au coffre. On a adopté au chassis trois bandes de cuivre récoui; chacune desquelles est évidée dans toute sa longueur, à la réserve de trois parties angulaires de neuf lignes de long; ce qui fait neuf points de frottement, qui glissent dans trois barres d'acier qui ont la même forme en creux, mais de manière que les frottemens se font dans le fond à l'exclusion des parties latérales. Aux deux bouts du chassis, se trouve un cylindre à encliquetage: son usage est de tendre les cordes qui font rouler le train, et de fixer la manivelle.

## CHEMISES.

On appelle chemises les enveloppes des rames de papier; elles servent de maculatures. Quand on trempe le papier, on en met dessous, et quand il est trempé, on en met dessus, pour conserver les feuilles; c'est-à-dire, que ces chemises servent de lit et de couverture.

## CHEVALETS.

Il y a plusieurs sortes de chevalets, celui du tympan, celui de la presse, et celui que l'on fait sur une forme.

1°. Le chevalet du tympan est une petit barre de bois longue de la largeur du tympan, assemblée en travers sur deux petites barres de bois qui tombent perpendiculairement dans des mortaises derrière le tympan, dans la planche du coffre. Ce chevalet sert à soutenir le tympan, un peu courbé, en forme de pupitre. Quand ce chevalet est trop bas, on l'élève en y ajoutant quelque chose dessus. A la presse Anisson, le chevalet est en fer; il porte à-plomb sur deux colonnes du berceau; il fait partie du berceau, et ne suit pas le mouvement du train.

2°. Le chevalet de la presse est un morceau de bois, en forme de biseau, qui sert uniquement à soutenir le bareau, toutes les fois que l'imprimeur l'a tiré, pendant qu'il lève sa feuille imprimée de desus son tympan, et qu'il en place une autre: ce chevalet s'attache avec une vis qui traverse la jumelle.

S'il arrive que le chevalet ne puisse retenir le barreau, parce qu'il aura été graissé, ou qu'il sera glissant à force d'avoir essuyé des frottement, alors il faut passer dessus du blanc de Troie ou de céruse, pour le dégraisser.

Le troisième genre de chevalet est celui qui se fait sur une forme en attrapant les pages avec le fer de la frisquette; ce qui arrive surtout aux commençans qui n'osent par hardiment faire le moulinet. Le fer de la frisquette attrapant les lettres, les fracasse; c'est précisément là ce qu'on appelle un chevalet.

Le chevalet du tympan sert encore à arrêter la corde du grand rouleau attachée à un petit rouleau qui est joint aux deux montans de ce chevalet, par le moyen duquel on resserre la corde quand elle vient à se lâcher.

## CHEVAUCHER.

Ce terme s'emploie pour désigner que des lignes d'une page, ou la page même, sont de travers; que les lettres qui composent les lignes se confondent les unes avec les autres. Dans ce cas, il faut redresser avec grand soin, reporter chaque lettre à sa place.

## CHEVET.

*Droit de chevet.* Tout compagnon imprimeur qui se marie doit un droit de chevet qui est évalué à six livres; il est obligé de le payer s'il veut partager dans le bon.

## CHEVILLES.

Ce sont de petites brochettes de fer, qui servent à maintenir la frisquette avec le tympan, au moyen de ce que l'on les passe dans les charnières ou couplets qui se trouvent au grand tympan et à la frisquette. Voyez *Brochettes.*

## CHÈVRE.

Prendre la chèvre, c'est se fâcher. Cette expression est ancienne. Les imprimeurs l'ont adoptée, et disent *gauber la chèvre.*

## CHIFFRES.

On fait usage de deux sortes de chiffres dans

l'Imprimerie, savoir, les chiffres arabes et les chiffes romains. Les chiffres arabes sont ceux-ci : 1, 2, 3, 4, 5, 6, 7, 8, 9, 0. Ces chiffres peuvent être romains ou italiques. S'ils sont romains, il faut les employer avec le caractère romain ; s'ils sont italiques, avec le caractère italique, à moins qu'ils ne s'emploient dans certains cas de citation, comme on emploie le caractère italique ou le caractère romain.

Les chiffres arabes servent pour les folios des livres.

Les chiffes romains sont des capitales de caractère romain ou italique, et du bas de casse, romain ou italique ; ils servent pour les folios, préfaces, épîtres dédicatoires, etc; tout ce qui précède, dans un livre, la première page cotée par un chiffre arabe.

*Valeur des chiffres romains.* I signifie un. V vaut 5. X vaut 10. L vaut 50. C vaut 100. D vaut 500. M vaut 1000. On met encore mille de cette manière CIƆ. Cette sorte de millésime se trouve dans les anciennes éditions. 2000 s'écrit II CIƆ. 3000 III CIƆ, etc. Dix mille se met ainsi X CIƆ, ou CCIƆƆ. ƆMC. IMI. 100000 — CCCIƆƆƆ ou C. M. 200000 — CC. M. etc. 900000 — DCCCC. M. — Un million ou 1000000 s'écrit CCCCIƆƆƆƆ.

*Autre exemple, avec la valeur au-dessus, en chiffres arabes.*

1 2 3 4 5 6 7 8 9 10
I, II, III, IV, V, VI, VII, VII, IX, X,

11, 12, 13, 14, 15, 16, 17,
XI, XII, XIII, XIV, XV, XVI, XVII,
18, 19, 20, 29, 30, 40, 50,
XVIII, XIX, XX, XXIX, XXX, XL, L,
60, 70, etc.
LX, LXX, etc.

Dans les millésimes, il faut mettre des points entre chaque chiffre romain qui désignent mille, cent ou les unités.

*Exemple.* 1 7 87
M. DCC. LXXXVII.

## CICERO.

Nom d'une sorte de caractère fort en usage dans l'Imprimerie : on prétend qu'il porte ce nom, parce qu'on imprima, pour la première fois, avec ce caractère, les *Œuvres de Ciceron*.

Ce caractère est entre le saint-augustin et la philosophie : son œil est agréable.

Pour mieux connoître la beauté des différens caractères, je renvoie au *Manuel Typographique* de M. Fournier, qui est un ouvrage très-estimable, tant par l'étendue des connoissances, des principes, des instructions et des chefs-d'œuvre qu'il contient, que parce que M. Fournier fut un véritable homme à talent, un graveur adroit et parfaitement instruit, qui a opéré une révolution avantageuse dans l'Imprimerie, en subtituant aux mauvais italiques anciens les nouveaux qu'il a gravés, et adoptés aujourd'hui généralement.

Cette petite digression m'a conduit à rendre hommage à un artiste dont l'orgueil du succès ne corrompit jamais le cœur. Il marcha à grands pas dans le chemin de la fortune ; mais il respecta toujours son état, et n'oublia jamais, au sein de la prospérité, qu'il devoit sa fortune à ses travaux. Je m'honore d'être son parent.

## CYLINDRE.

C'est une machine propre à lisser le papier, au lieu de le battre avec le marteau ; on a trouvé le moyen de le passer au cylindre, de sorte que cette opération le rend plus beau.

## CLAVETTES.

*Voyez ce que j'en ai dit à l'article* BROCHETTE *dont ce nom est synonyme.*

## CLEF DE LA VIS.

C'est un morceau de fer plat, plus large en tête que par le bout, lequel se met au trou de l'arbre qui est au bas de la boëte ; c'est ce qui soutient la platine qui est attachée aux quatre coins de la boëte.

*Clefs de la tablette.* Ce sont deux morceaux de bois en forme de biseaux, qui servent à arrêter la tablette entre les jumelles.

## CLOUX DE BALLES.

Les cloux de balles servent à attacher les

cuirs après les bois de balles, sur le contour extérieur. Les clous doivent être d'un fer mêlé d'acier. On se sert des mêmes clous que les cordonniers emploient pour monter leurs ouvrages.

On commence par attacher la doublure en faisant des plis, puis ensuite le cuir par-dessus en faisant pareillement des plis. Il est des imprimeurs qui mettent en outre une ficelle à leurs balles pour empêcher que la laine n'en sorte.

## COFFRE.

C'est un assemblage de quatre pièces de bois de quatre doigts de hauteur et de trois doigts d'épaisseur, dans lequel est enchassé le marbre. Cet assemblage ressemble à un chassis de fenêtre; il doit être d'un bois sec et avoir un peu plus de profondeur que l'épaisseur du marbre qu'on veut mettre dedans, afin qu'on y puisse mettre un lit de son, pour recevoir le marbre, qui se casseroit s'il reposoit sur un corps dur.

Ceux qui emploient du papier ou du sable pour faire le lit du marbre, ne raisonnent pas suivant les règles de la saine physique. Le papier est trop dur; le sable ne l'est pas moins; en outre, s'il se trouvoit quelques fentes dans le fond du coffre, le sable couleroit sur les bandes et empêcheroit le train de rouler. Le son vaut mieux.

Quand à la largeur du coffre, il doit y avoir l'épaisseur d'un cadrat de petit canon de distance de chaque côté, entre ledit coffre et les deux jumelles, afin qu'il ne puisse toucher contre les jumelles; ce qui arriveroit s'il s'y trouvoit trop d'ouverture entre les arrêts du berceau et la planche sur laquelle le coffre est attaché ; et par cet accident, le tympan pourroit se jetter contre la platine, et feroit frisotter ou doubler le bout des pages les plus proches du coup.

La planche qui supporte le train doit être au moins de l'épaisseur d'un pouce, égale par-tout et bien unie. Elle est d'un pied plus longue que le coffre ; sa largeur doit égaler celle de la distance de l'enfoncement du berceau, de façon qu'il n'y ait qu'un peu d'espace des deux côtés des arrêts dudit berceau, afin que le train soit plus libre.

### COGNOIR.

C'est un morceau de bois dur, de buis, par exemple, de la longueur de six à sept pouces, mince par le bas et gros par la tête, qui sert à chasser les coins avec lesquels on serre les formes ; c'est-à-dire, les pages garnies de biseaux, dans un chassis de fer.

Il ne faut jamais se servir d'un morceau de fer pour desserrer des coins trop serrés ; on les casse ; à moins qu'ils ne soient en prison.

### COINS.

Ce sont de petits morceaux de bois de diverses grosseurs qui servent à serrer les formes. On les chasse entre les biseaux et le chassis. Il faut toujours prendre garde d'engager ses coins, c'est-à-dire, en terme technique, de les mettre en prison ; il arrive que quand on le fait, on ne peut plus les dégager qu'en les brisant, parce qu'on est obligé de se servir d'un fer pour cet effet.

Tous les objets de consommation dans une Imprimerie sont à ménager. Les bons ouvriers peuvent à cet égard servir d'exemple. J'en ai vu beaucoup qui ayant une fois mis en train plusieurs feuilles de leur labeur, faisoient servir les mêmes coins qui serroient chaque forme, jusqu'à la fin de leur ouvrage.

J'en ai vu d'autres, et c'est le plus grand nombre, qui ne peuvent jamais parvenir à garnir trois fois de suite une forme avec les mêmes coins : ils les changent, ils les brisent en serrant ou desserrant.

### COLLET.

Bandes de fer plates qui entourent le haut et le bas de la boëte de la vis ; c'est entre ces collets que passent les queues des crochets après lesquels on lie la platine, et c'est au collet du dessus que ces queues recourbées s'arrêtent.

### COLONNE.

Les colonnes sont des petites lignes réunies dans une même page à côté les unes des autres.

On appelle par cette raison un ouvrage à colonnes, un livre dont les pages sont partagées et séparées par un filet ou une ligne de blanc. Ces sortes d'ouvrages ont quelquefois deux justifications différentes ; par exemple, dans les usages d'église, la colonne latine est plus petite que celle du français.

## COMMA.

C'est ce qu'on appelle deux points l'un sur l'autre. Les commas servent à marquer un sens fini dans une phrase qui ne l'est point. Ils se placent encore devant ces mots : *par exemple*; ils servent à indiquer quelque choses que l'on cite : par exemple, il dit à ses soldats : Braves guerriers, mes compagnons, volons à la victoire, elle déploie devant nous ses aîles. Dans ces cas, après les deux points on met la capitale.

## COMPAGNONS.

Nom que prennent les imprimeurs dès qu'ils ont fini leur apprentissage.

## COMPAS.

Instrument dont se servent les imprimeurs pour faire leur registre, pour monter leur presse, prendre enfin des mesures.

Le compositeur qui fait des garnitures doit en avoir un aussi.

## COMPOSER.

Manière d'arranger les lettres les unes à côté des autres dans un composteur, pour en faire des mots, des lignes.

## COMPOSITEUR.

C'est celui qui compose. Le compositeur a plusieurs devoirs à remplir, pour parvenir à une bonne composition ; et je lui suppose le talent d'être bon compositeur. Je ne veux point parler de ces mauvais compositeurs qui n'ont pas le sens commun, et dont on ne se sert que parce qu'on en a un grand besoin. Cependant les devoirs et obligations que je vais décrire sont communs aux uns et aux autres.

1°. Avant la distribution, le compositeur doit bien nettoyer sa casse, ce qu'il fait en se servant d'un soufflet destiné à cet usage.

Quand on veut nettoyer une casse sur laquelle on n'a point travaillé depuis long-tems, il faut la souffler hors de l'imprimerie, par rapport à la trop grande quantité de poussière qui s'y trouve.

Les casses se remplissent souvent d'ordures par la faute de certains compositeurs qui mangent leur pain dessus en travaillant, et dont les miettes se mêlent avec la lettre.

2°. Quand l'imprimeur a lavé sa forme, c'est au compositeur à en avoir soin dès ce moment. C'est à lui à prendre garde qu'elle ne se desserre en restant trop long-tems sans être employée à la distribution, et qu'elle ne se mette en pâte. Si le compositeur veut ne distribuer qu'une partie de sa forme, il n'en desserre que la moitié sur un demi-ais, et laisse l'autre moitié en chassis, après toutefois l'avoir bien resserrée.

En desserrant un forme, il faut avoir bien soin des garnitures, les placer par ordre et ne point les confondre, afin qu'à l'imposition il n'y ait point de difficultés, et qu'il n'arrive point qu'on soit obligé de changer les garnitures pour faire son registre.

Pour dégager sa distribution et la rendre plus expéditive, il faut ôter toutes les lignes de tête, de pied, et les titres, les placer séparément dans des gallées, et ne garder que ce qui est utile et peut resservir.

Ensuite on prend les poignées de distribution de manière qu'elles ne soient point trop grosses, car elles fatigueroient la main. On se sert de deux réglettes, une dessous les lignes qui appuient sur le premier doigt de la main, étendu orisontalement; et l'autre, qui se place dans la hauteur de la poignée, et qui règne le long du pouce étendu perpendiculairement, et qui sert de point d'appui, d'étançon à la poignée; de la main droite, on prend chaque mot, l'un après l'autre, qu'on lit et que l'on distribue à fur et mesure.

Il faut sur-tout prendre garde de faire des coquilles; c'est-à-dire, de jetter les lettres dans les cassetins qui ne leur sont point destinés : il faut, de plus, avoir l'attention de ne pas mêler les caractères, qui doivent se connoître à la force de leur corps, à leur œil, à leur cran et à leur ancienneté ; ne pas distribuer le romain dans l'italique, ni l'italique dans le romain.

Quand on a des notes ou additions à distribuer, on les sépare de la matière avec une interligne ou un couteau, et on les distribue à part.

Quand la lettre tient trop et ne glisse pas facilement, ce qui arrive quand les formes n'ont point été rincées après avoir été lavées, ou qu'elles sont depuis long-tems lavées, le meilleur moyen est de se servir d'eau bouillante et de la jeter sur la lettre, qui, par ce moyen, se trouvera plus facile à distribuer. On y peut mêler un peu d'alun.

Il y en a qui frappent la lettre par le pied sur le marbre pour la détacher et la distribuer plus facilement; mais je dirai qu'on a tort, parce qu'on frappe si fort ordinairement qu'on écrase le pied de la lettre, et qu'elle se trouve par conséquent plus basse, ce qui est très-sensible à l'impression où l'on est obligé de mettre quantité d'hausses, et que l'on attribue souvent à une presse par cette raison, des défauts qu'elle n'a réellement point.

On peut aussi se servir d'eau de savon pour mouiller la distribution qui ne couleroit pas facilement.

On doit encore, autant qu'il est possible, distribuer le soir, pour donner à la lettre le tems de sécher, et que l'on puisse la composer plus facilement le lendemain.

S'il arrive qu'un compositeur casse des formes ou des pages, en voulant distribuer, le meilleur parti qu'il ait à prendre, c'est de se mettre après son pâté, et de le faire tout de suite, afin qu'on ne lui augmente pas en son absence.

Quand un compositeur a fini son labeur, et qu'il distribue la même lettre pour en faire un nouveau dans un format différent, ou dans le même format, mais plus grand ou plus petit, il doit avoir soin de faire serrer les garnitures; et c'est à la conscience à les lier, les envelopper, les étiqueter, et les mettre dans un endroit où l'on puisse les trouver en bon état au besoin.

Si un labeur fini ne peut se distribuer, parce qu'il doit se réimprimer dans un autre tems, alors le compositeur priera les gens de conscience de desserer les formes, lier la lettre, afin qu'ils puisse se servir ou des garnitures ou des chassis pour imposer un autre ouvrage qu'on lui aura donné à faire.

Ces paquets enveloppés doivent être étiquetés feuille par feuille, afin qu'on n'ait point un embarras extrême à les trouver quand on en aura besoin.

Si en distribuant, le compositeur voit que des cassetins se remplissent trop tandis que d'autres se remplissent moins à proportion, il doit survuider, et mettre les sortes en cornet, les étiqueter et en prendre soin.

Il est de l'avantage d'un compositeur de ne pas laisser long-tems la lettre sur les ais sans la distribuer, ou sans la garnir avec des bois, car elle tomberoit en pâte.

Il convient aussi, en rassemblant les garnitures, de mettre chaque chose dans son ordre, de ne point confondre les grands biseaux avec les petits, ni même les biseaux de deux couches; de mettre les bois de tête à part, ceux de fond
dans

dans un autre endroit, les reglettes encore séparement. etc.

Je dis aussi qu'un compositeur doit avoir beaucoup d'intelligence, afin que cette qualité supplée au moins à celles qui manquent à un grand nombre; savoir, la connoissance des principes de la langue latine et de la langue française.

Quand un compositeur a fait un bon apprentissage, il peut devenir un bon ouvrier; mais s'il a fait un mauvais apprentissage, ce n'est jamais qu'un mauvais ouvrier.

Un compositeur, jaloux d'être correct dans son ouvrage, le fait avec beaucoup d'attention; toutes les fois qu'il jette les yeux sur sa copie, il doit en retenir plusieurs mots, les composer et ne point regarder à chaque mot, comme font ceux qui ne savent point l'orthographe, qui perdent un tems infini à jetter successivement les yeux sur tous les mots les uns après les autres, et les composent tels qu'ils sont sur leurs copies.

En outre, quand on n'est point attentif à son ouvrage, on fait beaucoup de fautes. Le correcteur envoie le compositeur à Saint-Jacques, en Germanie, en Gallilée.

Aller à Saint-Jacques, signifie avoir fait des bourdons. *Voyez* BOURDONS. Autrefois le correcteur, à l'endroit omis, formoit avec sa plume un bourdon, et c'étoit au compositeur à réparer l'omission, et à la placer à l'endroit indiqué par le bourdon.

Aller en Germanie, c'est lorsqu'on est obligé

*Tr. de l'Impr.* par A. F. MOMORO. H

de remanier pour faire entrer un bourdon ou omission.

Aller en Gallilée, c'est quand les corrections vous obligent à mettre les pages dans la gallée pour les remanier et y faire entrer tout ce que l'on avoit omis.

Il faut, en justifiant sa ligne dans le composteur, jetter les yeux dessus pour en ôter les coquilles et corriger les fautes qu'on y auroit faites et qu'on appercevroit : c'est bien là un des grands moyens d'être correct.

Quand on a composé une page dans sa gallée, il faut la corriger en la relisant.

## COMPOSITION.

Arrangement de lettres pour former des lignes, des pages, des feuilles.

## COMPOSTEUR.

Instrument de fer composé de trois pièces, d'un petit écrou et d'une vis. Il y a des composteurs de différentes longueurs et largeurs. Il en est aussi en cuivre.

Les uns sont à la flamande, les autres à la française; ceux à la flamande portent plusieurs lignes de hauteur. J'en ai vu qui portoient sept lignes de petit romain. Ceux à la française ne portent que deux lignes de Saint-Augustin au plus.

Les composteurs se montent et démontent, afin de prendre différentes justifications; de sorte qu'en approchant ou reculant l'écrou et les têtes ou languettes, on a les justifications qu'on désire.

On place les lettres dans ces composteurs pour en faire des lignes, que l'on met dans une gallée à fur et mesure qu'on les compose. Puis de ces lignes on en fait des pages, et de ces pages des formes.

Pour composer les affiches, on se sert ordinairement de composteurs de bois, ainsi que pour corriger.

Pour qu'un composteur soit bon, il faut que son intérieur soit bien juste, bien d'équerre.

Quand une fois on a pris sa justification, il faut bien serrer la vis du composteur, afin qu'en justifiant trop fort, comme il arrive à plusieurs de le faire, la justification ne s'agrandisse point. Si c'est un défaut de justifier trop fort, c'en est encore un plus grand de justifier trop foiblement ; car il arrive que plusieurs compositeurs ayant travaillé sur une même feuille, les uns justifiant fort, les autres foible, les compositions ne se trouvent plus d'une égale largeur, et qu'en imposant, les lignes justifiées foiblement sont dans le cas de tomber et de faire des sonnettes. Voyez *Sonnettes*.

On pourroit ajouter aux composteurs un degré d'utilité fort avantageux pour les compositeurs. Je voudrois qu'on les graduât, sur la partie où reposent les languettes, par pouces et par lignes, comme des quarts-de-cercle : ce seroit un moyen fort commode pour déterminer d'abord les différentes justifications que l'on peut prendre, et pour que plusieurs compositeurs travaillant en page ou en paquet sur le même labeur s'y rapportassent exactement : on ne verroit plus dès-lors des compositions plus ou moins larges, défaut qui vient ordinairement des justifications mal prises. Ce seroit de plus un moyen pour déterminer la fixité des différens prix à raison des différentes justifications.

Une justification déterminée a trois pouces.

## CONFRÈRE.

Dénomination que se donnent les compagnons imprimeurs, non pas cependant qu'ils forment corps ou confrérie, mais apparemment parce qu'ils vivent ensemble et sont obligés d'y vivre.

## CONSCIENCE, HOMMES DE CONSCIENCE.

La conscience, dans une imprimerie, est composée de gens payés à tant par jour pour travailler et avoir soin de mettre en ordre l'imprimerie, d'empêcher le désordre, les cabales, et obligés d'en prévenir le bourgeois ou le prote. Les gens de conscience sont censés des hommes de confiance à qui on donne ces places pour les remplir avec toute l'honnêteté et le zèle possibles.

Indépendamment des gens de conscience, on y met quelquefois, dans le besoin, et pour quelques jours, dans des momens pressans, des ouvriers qu'on estime, et en état de remplir la place, et de répondre à la confiance qu'on leur donne.

Enfin, on appelle homme de conscience ces personnes auxquelles on confie ces places, parce qu'on leur suppose la conscience de les remplir, et qu'ils doivent les remplir avec conscience.

Le sous-prote est le chef des gens de conscience.

### CONTREFACTION.

Ouvrage contrefait : c'est de ce nom dont on doit appeler les livres contrefaits, et non contrefaçon, qui seroit un contresens.

### CONTRE-FORT.

C'est un morceau de bois qui soutient le contre-sommier, et porte sur le plancher. Cette pièce est employée, ainsi que la suivante, dans la presse de l'invention de M. Anisson.

### CONTRE-SOMMIER.

Pièce de bois carrée qui soutient le sommier. M. Anisson est le premier qui l'ait employé dans sa belle presse. Il l'a fait faire de la même longueur que le sommier d'en-bas, et de la largeur de cinq pouces : cette pièce soutient le sommier d'en-bas, et porte elle-même sur la plate-forme.

### COFHT.

Nom d'un caractère dont on peut voir la figure, dans le *Manuel Typographique* de M. Fournier, page 160.

### COPIE.

La copie manuscrite ou imprimée est ce qui sert de modèle au compositeur.

Une copie est bonne ou mauvaise, suivant qu'elle est bien ou mal écrite, plus ou moins raturée, plus ou moins chargée de renvois.

Quand une copie est mauvaise, il faut la donner à un bon compositeur, parce qu'il s'en retirera mieux qu'un compositeur médiocre qui n'y comprendroit rien.

Tenir la copie, c'est suivre à haute voix ou des yeux celui qui lit l'épreuve, et la corrige.

La personne chargée de tenir la copie doit bien avoir attention de lire comme il est écrit, et de ne laisser rien passer.

*Copies de chapelle.* Ce sont des exemplaires qu'on lève sur tous les ouvrages qui se font dans une imprimerie. On lève ordinairement six copies; une pour le prote, deux pour le bourgeois, et trois pour les ouvriers; et cela se partage à la Saint-Jean ou à la Saint-Martin.

Le compositeur met sa copie à son *visorium*, et la fait retenir avec son mordant, quand il veut composer; et pour ne point faire de bourdons ou de doublons, il fait suivre son mordant à fur et mesure qu'il compose. Voy. *Bourdons.*

## COQUILLES.

Ce sont des fautes dans la distribution, qui se retrouvent à la composition. Les coquilles se font en causant, en badinant: ce sont des lettres les unes pour les autres, que l'on jette dans les cassetins qui ne leur conviennent point.

## CORDES DU ROULEAU.

Les cordes du rouleau servent à faire avancer

et reculer tour-à-tour le train de la presse; elles se posent de deux façons.

1°. Quand on se sert d'une seule corde, on prend le bout de la corde qui est attachée au petit rouleau du chevalet, et on le passe par le trou de la table du coffre, qui est derrière la goutière du tympan; ensuite on commence à le passer par-dessus le rouleau, du même côté d'où elle vient, en faisant cinq à six tours; et après s'être assuré que la manivelle est dans une bonne position, c'est-à-dire, ni trop haute, ni trop basse, on arrête ce bout de corde au crampon qui est attaché au milieu du chassis du coffre, et on arrête l'autre bout avec une cheville de fer, qui se met dans le trou du petit rouleau.

2°. Quand il y a deux cordes au rouleau, on doit faire un nœud à celle du derrière, lequel doit entrer à moitié dans le trou qui est au bord du grand rouleau, par lequel on doit passer la corde; ensuite on passe le bout de cette corde par-dessus le rouleau, en commençant par le côté du sommier de la presse, et en continuant par trois fois de suite; après quoi on fait passer cette corde par le trou de la table, pour l'arrêter au petit rouleau du chevalet.

A la seconde corde on fait un semblable nœud, et on commence à passer celle-là par-dessus le rouleau, du côté du chevalet, qui est à l'opposition de l'autre, par trois ou quatre fois, suivant que le rouleau sera gros; et on l'attache au crampon qui est sur le devant

H 4

du coffre, en observant, sur-tout, la bonne situation pour la manivelle.

Pour concevoir plus clairement la situation de cette corde, on n'a qu'à observer que celle qui est du côté du chevalet doit toujours passer par-dessus le rouleau; du côté de la presse, à son dernier tour.

Quand on veut se servir de deux cordes, il faut avoir un rouleau à trois rebords, afin qu'elles ne se mêlent pas ensemble, et ne roulent pas l'une sur l'autre.

### CORDON.

C'est un ornement de vignette, composé d'un milieu, des côtés et de deux bouts. Ordinairement les cordons se font avec des triples filets. On place ces cordons à la tête des préfaces, des avertissemens, des chapitres et autres titres d'une importance peu considérable.

### CORNIÈRES.

Ce mot est synonyme de cantonnières. Voyez *Cantonnières*.

### CORPS DE CARACTÈRE.

Le corps de caractère est la force du caractère, c'est-à-dire, la distance qui se trouve dans l'intervalle pris entre deux lignes, depuis le dessus des lettres de la première ligne jusqu'au-dessus pareillement des lettres de la seconde ligne. Celles qui ont tête et queue, comme *ff*, occupent tout le corps. Chaque caractère est fondu sur un corps qui lui est propre. Le corps du saint-augustin, par exemple, est plus fort que celui du cicero, parce que l'œil du saint-augustin étant plus gros, il convient que le corps soit plus fort.

Au mot *Caractère*, j'ai donné une table propre à faire connoître ce que les caractères gagnoient les uns sur les autres en hauteur de page; je vais donner ici celle des proportions de tous les différens caractères entr'eux. Cette proportion est établie par points et par nombre de nompareille, auquel peut équivaloir chaque caractère.

| Noms des caractères, corps | Nombre de points que fait chaque corps. | Multiplier les points de chaque corps. | Points, quantité. | Nompareilles, résultats. |
|---|---|---|---|---|
| 1°. Perle | 4 points | 3 perles f. | 12 points f. | 2 nomp. |
| 2°. Parisienne | 5 | 6 parisie. | 30 | 5 |
| 3°. Nompareille | 6 | 1 nompar. | 6 | 1 |
| 4°. Mignonne | 7 | 6 migno. | 42 | 7 |
| 5°. Petit texte | 8 | 3 p. texte | 24 | 4 |
| 6°. Gaillarde | 9 | 4 gaillar. | 36 | 6 |
| 7°. Petit rom. | 10 | 3 p. rom. | 30 | 5 |
| 8°. Philosoph. | 11 | 6 philos. | 66 | 11 |
| 9°. Cicero | 12 | 1 cicero | 12 | 2 |
| 10°. S. August. | 14 | 3 S. Aug. | 42 | 7 |
| 11°. Gros texte | 16 | 3 g. texte | 48 | 8 |
| 12°. Gr. romain | 18 | 1 g. rom. | 18 | 3 |
| 13°. P. parango | 20 | 3 p. para. | 60 | 10 |
| 14°. Gr. parang. | 22 | 3 gr. par. | 66 | 11 |
| 15°. Palestine | 24 | 1 palesti. | 24 | 4 |
| 16°. Petit canon | 28 | 3 p. can. | 84 | 14 |
| 17°. Trismégiste | 36 | 1 trismé. | 36 | 6 |
| 18°. Gr. canon | 44 | 3 g. can. | 132 | 22 |
| 19°. Doubl. can. | 56 | 3 d. can. | 168 | 28 |
| 20°. Triple can. | 72 | 1 tr. can. | 72 | 12 |
| 21°. Gr. nompa. | 96 | 1 g. nom. | 96 | 16 |

Au moyen de cette table, on voit combien chaque corps fait de points, et combien il faut de points pour faire la force des nompareilles; combien chaque corps peut faire seul ou plusieurs ensemble de nompareilles; connoissance essentielle à un compositeur pour blanchir les titres avec une juste égalité, et pour les faire, ainsi que les premières pages, sans être obligé de recommencer, comme il arrive souvent pour n'avoir pas bien pris ses mesures, et pour ne connoître pas assez la valeur des forces de corps.

## CORPS DE GALLÉE.

C'est la partie de la gallée où se place le coulan ou la coulisse. Ce corps est formé d'une planche épaisse de quelques lignes, et de rebords propres à contenir le coulant et à retenir les lignes que l'on y place.

## CORRECTEUR.

Le correcteur d'une imprimerie est une personne de talent particulièrement chargée de corriger les épreuves en première, quelquefois en seconde.

Cette fonction regarde le prote; mais dans les imprimeries où il y a un correcteur particulier, c'est au prote à lire les secondes épreuves.

Un correcteur ne doit s'occuper que de la lecture des épreuves; et si son tems le lui permet, il peut s'occuper dans l'imprimerie s'il le veut, à composer, corriger, aider la conscience; mais s'il le fait, il en est le maître, on ne peut l'y forcer, parce que le talent qu'il a de lire les épreuves est un talent si rare parmi les imprimeurs, qu'il mérite beaucoup d'égards, et qu'un correcteur n'est pas censé un ouvrier ; car on peut être bon correcteur, sans être seulement imprimeur, puisqu'il ne faut que posséder parfaitement sa langue latine, et sa langue française, et avoir une notion suffisante de l'Imprimerie pour pouvoir être correct.

Il appartient une copie de chapelle au correcteur ; et cette copie lui est donnée pour faire les tables des matières, etc.

On lit dans un édit, pour le réglement des imprimeurs et libraires de Paris, registré en parlement le 21 août 1686, titre VIII, des correcteurs, art. 46 :

« Les maîtres imprimeurs, qui ne pourront eux-mêmes vaquer à la correction de leurs ouvrages, seront tenus de se servir de correcteurs capables ; et seront, lesdits correcteurs, tenus de bien et soigneusement corriger les livres, rendre leurs corrections aux heures accoutumées ; et au cas que, par leur faute, il y ait obligation de réimprimer les feuilles qui leur auront été données pour corriger, elles seront réimprimées aux dépens desdits correcteurs ».

On voit que cet article exige, dans les correcteurs, un talent suffisant pour corriger avec soin des épreuves ; talent qui, comme je l'ai dit, n'est pas celui des ouvriers ordinaires.

## CORRECTION.

La correction se fait par le compositeur, sur le plomb, après que son épreuve est lue; c'est la réformation des fautes, coquilles, bourdons, doublons, transpositions de mots, de pages, etc.

Le compositeur qui se sert de pointe pour corriger, doit bien prendre garde, en levant une lettre, d'écraser l'œil de celles qui sont au-dessous; ce qui n'arrive que trop souvent.

Combien de lettres gâtées par la pointe! Un mal-adroit, un étourdi est un homme coûteux à un imprimeur.

Voilà la bonne manière de procéder à la correction d'une épreuve lue.

Le compositeur doit d'abord bien étudier ses corrections, s'assurer qu'il les comprend, et lever dans son composteur la correction de plusieurs pages, sans rien omettre; ou d'une forme, s'il n'y a pas beaucoup de fautes; puis prendre des espaces des caractères qu'il a à corriger, les mettre soigneusement sur un morceau de papier; puis, après avoir desserré sa forme ou sa feuille sur un marbre bien éclairé, il procède à la correction : il élague d'abord bien les coins, pour donner du jeu à la lettre, et pour soulever facilement les lignes; ce qui se fait avec les deux premiers doigts de chaque main, en les appliquant aux deux extrémités de la ligne; on doit piquer la lettre au-dessous de son œil, à l'endroit de l'ébarbure, à son talud, parce que, si on la prend dans ses flancs, on y forme des trous, et l'orifice de ces trous est bordé d'une matière saillante, ce qui fait des approches avec les autres lettres. Ceux qui ne se servent pas de pointe, mais de pincettes ou de leurs doigts, n'ont pas à craindre ces inconvéniens.

Après avoir fait exactement toute sa correction, on serre sa forme et on la taque légèrement, avant de donner les derniers coups de marteaux aux coins; et on ne doit jamais la taquer après, parce qu'on abîme l'œil de la lettre qui résiste aux coups du marteau, qui ne peut parvenir à l'enfoncer davantage, vu qu'elle est trop serrée.

Un compositeur qui fait un labeur doit corriger toutes ses épreuves, et rendre les feuilles prêtes à tirer, à moins qu'il n'ait fait des conventions contraires auxquelles le bourgeois auroit souscrit. Dans ce cas, c'est à la conscience de corriger ou les secondes ou les troisièmes épreuves, où il y auroit des changemens considérables.

Quand on a corrigé une ligne où il manquoit un mot ou plusieurs lettres, on doit sonder avec les deux doigts, en la pressant aux deux extrémités, si elle n'est pas plus forte ou plus foible que les lignes voisines, avec lesquelles on les compare du même coup.

Il faut avoir soin aussi de bien espacer également, et de ne pas se contenter de substituer les lettres les unes aux autres, sans s'embarrasser de leur force; il faut absolument justifier avec des espaces; sans cela, les sonnettes, en levant la forme, feroient un joli carillon.

Il ne faut pas non plus justifier en paresseux, avec du papier mâché ; cela ne doit se souffrir que dans les tableaux, etc.

Les pieds-de-mouches (¶) ne sont pas des q dont l'œil soit rempli, comme il arrive à plusieurs de le croire, et de vouloir les changer.

Si on a fait un doublon, la propreté exige qu'on remanie de ligne en ligne, de page en page, jusqu'à ce qu'on rencontre un titre pour le blanchir un peu plus. Il ne faut pas faire de pages courtes pour cela ; rien n'est si désagréable à l'œil : celui qui lit un livre, et qui y voit des pages courtes sans nécessité, en est choqué, et ne devine pas pourquoi on a pu les faire.

Si c'est un bourdon, il faut également remanier jusqu'à ce qu'on trouve un titre, dont on diminuera le blanc, à proportion de la grandeur du bourdon.

On peut cependant, dans des cas de nécessité, faire des pages courtes ou longues ; mais il faut qu'elles tombent les unes sur les autres.

Si on a beaucoup à remanier à une page, à une forme, le meilleur moyen est de mettre les pages dans sa gallée, et de repasser au composteur chaque ligne ; on a encore plutôt fait que sur le marbre : pour cela, on met dans sa gallée la page à rebour, c'est-à-dire, le pied à la tête de la gallée, et la tête de la page au pied de la gallée ; ensuite on prend les lignes les unes après les autres, et on les justifie dans son composteur ; de sorte qu'après avoir arrangé une ligne, s'il en reste la moitié ou le tiers à prendre sur la gallée, c'est précisément ce qui se présente naturellement sous les doigts.

Cette manière de remanier s'observe quand on veut changer de justification, c'est-à-dire, qu'on veut réduire un grand format en un plus petit, ou d'un petit en faire un plus grand. On a soin toutefois d'ôter les divisions qui sont au bout des lignes, quand les mots se trouvent tout entiers dans une ligne, ainsi que les espaces qui pourroient, en remaniant, se trouver à la tête ou au pied des lignes remaniées.

Mais si on a à remanier des *in-12*, des *in-8º*, des *in-16*, enfin de petits formats, pour y faire entrer un bourdon ou en retrancher un doublon, on le peut faire sur le marbre, parce qu'on prend facilement et sans réglette ces lignes avec les doigts, et qu'on les peut mettre dans le composteur, sans crainte de les casser.

## CORRIGER.

C'est le devoir du prote ou du correcteur, et ensuite celui du compositeur, après que son épreuve a été lue; c'est-à-dire, de la corriger sur le plomb. Voyez *Correcteur* et *Correction*.

## CORROYER UN CUIR.

C'est le préparer pour le mettre en état d'être monté. Il faut, quand on a un cuir à corroyer, le mettre tremper dans de l'eau, jusqu'à ce qu'il devienne souple, puis le frotter avec les pieds sur un plancher uni, et prendre garde qu'il n'y ait point de cloux qui puissent le déchirer. Quand on l'a bien promené avec le pied, on examine s'il est suffisamment corroyé; pour cela, on en exprime l'eau avec les ongles, en pinçant la peau; s'il en sort encore un peu d'eau, il faut le corroyer de nouveau, jusqu'à ce qu'il n'en sorte plus, et qu'il *sente l'ail*, comme l'on dit.

Si, après l'avoir bien corroyé, on voit qu'il soit encore trop dur, il faut le remettre dans l'eau, et y mêler un peu de lessive, puis le corroyer encore; on verra qu'il sera bon ensuite à être employé, après l'avoir toutefois enduit d'un peu d'huile, comme on va le voir.

De tems en tems, il faut les tirer avec les deux mains pour les allonger, ou les passer à une corde mise exprès sur le derrière de la presse, et les tirer des deux mains, de manière que le cuir laisse son eau après la corde: on les bat aussi contre la muraille, tant pour les adoucir que pour les nettoyer des ordures qu'ils ont ramassées pendant qu'on le corroyoit.

Quand un cuir est suffisamment corroyé, il faut le frotter contre la vis de la presse pour en ramasser la crasse huileuse qui s'y trouve, ou prendre de la ratissure de balles, en enduire le cuir du côté du grain, puis on lui donnera encore un coup de pieds, afin de faire pénétrer cette huile, cette ratissure dans le cuir : ensuite on l'enveloppe dans quelque vieux linge mouillé, et on le laisse ainsi jusqu'au moment où on doit le monter.

Si on étoit pressé de monter un cuir, on peut le préparer dans moins de deux heures, en le laissant tremper une demi-heure dans une

écuelle

écuelle d'eau mêlée de lessive qu'on feroit bouillir suffisamment pour cet effet, et non pas trop, car cela le durciroit.

Les balles se montent avec deux cuirs ; le premier, de moindre qualité, s'appelle *doublure* ; le second, c'est-à-dire l'extérieur ; *cuir*. Pour que des balles soient bonnes, il faut qu'elles prennent bien, qu'elles soient amoureuses, qu'elles tirent bien. Si un cuir venoit à perdre sa vigueur, il faudroit le démonter, et le faire servir de doublure, en le corroyant pour le dégraisser et en enlever l'encre.

Quand un cuir lâche des ordures, c'est une marque qu'il n'a plus de vigueur. Au rebut. Doublure.

On se sert dans certains endroits de cuirs de chien ; et ce sont les meilleurs, ceux qui durent le plus long-tems, quoiqu'ils soient très-difficiles à apprêter.

Dans d'autres endroits, on se sert de peaux de moutons ; mais il ne faut pas qu'elles aient resté trop long-tems à la chaux, parce que les cuirs sont d'un mauvais service et d'un mauvais usage.

Enfin, il ne faut employer un cuir que quand il est aussi souple que du chamois.

Quand on veut imprimer en rouge, il faut préparer les cuirs comme pour le noir, et avoir soin de les tenir bien frais, car l'encre rouge les sèche considérablement.

## COUCHER.

Lettre couchée. C'est un grand défaut de

*Tr. de l'Impr.* par A. F. MOMORO.

ne savoir point redresser la lettre dans la gallée, en appuyant un peu fortement avec les doigts.

On voit souvent dans une impression des pages qui ne sont imprimées qu'à moitié, c'est-à-dire, que la lettre étant couchée, ne présentoit à l'impression que la moitié de son œil ou de sa surface; cela vient de ce que des compositeurs négligens ne redressent point la lettre dans leur composteur, et mettent leurs lignes sur la gallée sans avoir soin de les redresser.

Un composteur qui n'est point d'équerre, fait que la lettre se couche en composant : la lettre qui est trop forte par pied, fait aller de travers en composant.

Un compositeur, soigneux de redresser sa lettre, la presse un peu par le pied contre la branche du composteur, avec le pouce de la main gauche, à mesure qu'il la porte dans le composteur.

De même, à chaque ligne qu'il met dans la gallée, il doit la presser par le pied avec la réglette, ou avec le doigt du milieu de la main droite; par ce moyen, sa lettre se trouvera nécessairement droite.

Il ne faut pas non plus, en composant, serrer si fort la lettre avec le pouce, que cela empêche les espaces de s'abaisser.

Il ne faut pas se servir d'une gallée qui ne seroit point parfaitement d'équerre; sans cela, la lettre se trouveroit toujours couchée, malgré le soin que le compositeur apporteroit à la redresser dans son composteur.

## COULANT OU COULISSE DE GALLÉE.

C'est la partie de la gallée sur laquelle posent les pages, qui s'enlève de la gallée où elle est retenue, en la faisant glisser sous les rebords du corps de la gallée. Le coulant d'une gallée est muni d'une empoigne plate.

Comme il y a des gallées de plusieurs formats, il y a aussi des coulans de plusieurs formats. Un corps de gallée peut avoir plusieurs coulans à son usage, sur-tout pour les *in-folio* et les *in-4º*.

## COULISSE.

Voyez *Coulant*.

Dans la presse Anisson, les coulisses tiennent lieu de crampon sous le train du coffre; et l'usage en est préférable, à bien des égards.

## COUP DU BARREAU, etc.

Le coup du barreau est l'action qui fait presser la vis sur la grenouille qui couronne la platine.

Le coup du barreau est ou dur ou doux.

Quand il est dur, c'est que l'écrou est, ou chargé de crasse, ou neuf, ou placé de travers, ou les cales sont trop abondantes et mal disposées. J'ai indiqué le remède à chacun de ces inconvéniens. Voyez les mots *Barreau* et *Cales*, sur-tout ce dernier, pour remédier à un coup long ou trop court.

Quand le coup du barreau est doux, il ne fatigue point l'imprimeur.

On dit aussi, en parlant du train de la presse qui roule sur la platine, le *premier coup*, le *second coup*. Le premier coup est la partie du train qui roule la première sous la platine, et qui supporte la pression de ladite platine. Le second coup est la seconde partie du train, qui essuie la seconde pression de la platine en passant dessous.

Il y a des presses dont la platine est assez large pour couvrir tout le tympan, et ne fouler que par une seule pression.

M. Didot le jeune, digne émule de M. Didot l'aîné, son frère, en a une dans son imprimerie, qui est de son invention.

Quand un imprimeur est au barreau, il faut qu'il tire son coup sec et fort, s'il a un caractère dur à imprimer; et un coup léger, s'il n'a que ce qu'on appelle de la camelotte, c'est-à-dire, des ouvrages remplis de titres, de cadrats ou de filets.

Il faut aussi aller toujours au même coup pour ne pas s'exposer à faire doubler, ou à ne pas faire venir l'impression; pour cela, le coup une fois réglé, on le marque avec de la craie blanche, et on ne doit plus s'en écarter.

## COUPLETS.

On distingue les couplets du tympan et ceux de la frisquette. Les couplets du tympan sont des fiches à doubles nœuds ou charnières qui servent de pentures, comme pour les portes ou fenêtres, parce que ce sont deux pièces de fer qui se joignent et s'accouplent ensemble.

Ceux de la frisquette sont également deux pentures attachées au bout du grand tympan et de la frisquette, par le moyen desquels la frisquette s'ouvre et se ferme sur le tympan. Voyez à l'article *Frisquette* ce que j'en ai dit en parlant des *charnières*.

## COURONNE.

Nom que porte une espèce de petit papier, propre pour les petits formats, les factures et d'autres objets semblables. On appelle aussi couronne d'une presse, son chapiteau. C'est encore le nom d'une vignette qui représente une couronne.

## COUTEAU A RATISSER.

C'est un couteau avec un manche de bois, lequel couteau ne ferme point; il ne doit pas être tranchant, parce qu'en ratissant les balles, il couperoit les cuirs.

On se sert encore du couteau pour séparer, dans les poignées de distribution, les différens caractères qui y sont, tels que les notes d'avec le texte, etc.

## COUVRIR.

Couvrir. Ce terme s'emploie en parlant de l'encre : on dit que l'encre est mauvaise quand elle ne couvre pas assez, c'est-à-dire, qu'elle ne s'étend point et ne s'applique qu'avec peine sur la forme à imprimer. On connoît que l'encre ne vaut rien, quand on voit qu'elle rend les cuirs de balles couleur d'ardoise, quand on est obligé d'en prendre souvent avec les balles pour entretenir une couleur uniforme et un peu noire. Ce défaut dans l'encre vient de ce qu'elle a été faite avec du vernis brûlé.

## CRÉNURE ou CRAINURE.

Ce sont de petites ouvertures longues qui sont aux barres du chassis, et dans lesquelles entrent les hardillons des pointures, afin qu'elles ne s'émoussent point contre la barre. Lorsqu'on met sous presse une forme, et que l'on place ses pointures, on doit sonder avec la main sur le tympan, en la pressant un peu, pour voir si les pointures entrent bien dans les crainures. Le côté des crainures indique le bon côté du chassis, parce que le derrière des crainures n'est pas si ouvert, ou même ne l'est pas.

## CRAMPON.

*Voyez Bande* et *Patte.*

## CRAN.

Le cran d'un caractère, c'est une petite marque qui se trouve près du pied de la lettre, et qui indique au compositeur de quelle manière il doit la tourner, et la placer dans son composteur. Le cran se fait par une petite raie saillante qui est dans le moule où l'on fond les lettres, et qui forme le cran.

Les fondeurs en font aussi avec un rabot, quand on leur demande des caractères à plus d'un cran.

Ainsi, il y a des caractères à un cran, deux crans, cran dessus, cran dessous, cran milieu, cran foible, cran fort, cran haut, cran bas.

## CROCHETS.

Les crochets sont des espèces de parenthèse, mais quarrés : ils sont de cette forme [ ]. On s'en sert pour distinguer quelque chose particulièrement. On les emploie sur-tout dans les tables : on en fait usage aussi dans les livres d'église.

On s'en sert encore pour renfermer les chiffres des titres courans du haut des pages, lorsqu'on les place au milieu de la ligne; ce qui se fait quand on n'a point de matière pour faire les titres courans.

On renferme aussi dans des crochets les lettres alphabétiques du renvoi des additions, à la marge ou au bas des pages.

Ils sont encore en usage dans la composition des vers, lorsqu'on porte la fin d'un vers dans la ligne de dessus; ce qui ne se souffre que dans une grande nécessité.

On appelle aussi crochets les accolades, dont on fait usage principalement dans les généalogies, et dans les tables faites par division, où l'on renferme sous une accolade plusieurs choses qui sont censées être de la même cathégorie. Voyez *Accolade*.

### CUL-DE-LAMPE.

Sorte d'arrangement de titre aujourd'hui proscrit par le bon goût, quoique fort en considération chez nos aïeux. Un cul-de-lampe se fait de plusieurs lignes dont la grandeur va en diminuant d'un cadratin à chaque extrémité de la ligne. Tel est cet exemple, qu'il ne faut pas suivre sur-tout.

Une comédie moderne a dit que l'amour
est le roman du cœur, que le
plaisir en est l'histoire,
Vérité constante!
qui osera te
révoquer en
doute.

### CUIRS DE BALLES.

Ce sont des peaux coupées en rond, sur un modèle, et qui servent à envelopper la laine dans le bois de balle.

La doublure sert de première enveloppe, et le cuir de seconde. Voyez *Balles* et *Corroyer*.

### CUPHIQUE.

C'est un ancien caractère arabe qui a emprunté ce nom de la ville Couphah, bâtie sur l'Euphrate. Voyez-en la figure dans *le Manuel*

*Typographique* de M. Fournier, tome II, à la page 243.

### CURSIVE ALLEMANDE,

*Dite courannte ou tertia-currens.*

C'est l'écriture d'usage en Allemagne; ce caractère a servi pour l'Imprimerie vers 1695, dans la ville de Nuremberg; il a été employé depuis dans différentes villes d'Allemagne. Voyez le *Manuel Typographique*, tome II, page 194.

### CURSIVE FRANÇAISE.

C'étoit une écriture d'usage courant en France dans le seizième siècle. Nicolas Granjon, graveur français, en fit les premiers poinçons à Lyon en 1556. Le roi lui accorda pour récompense le privilége de s'en servir seul pendant dix ans. Ce caractère a été connu par la suite sous le nom de *civilité*, à cause d'un livre qui a été imprimé avec ces lettres, sous le titre de *Civilité puérile et honnête*, qu'on a réimprimé depuis avec la même sorte de lettres, pour donner des préceptes aux enfans, et leur apprendre à lire l'écriture. Voyez-en la figure, page 192, du II volume du *Manuel Typographique* de M. Fournier.

### DÉCHARGE.

Décharge ou maculature; ce sont plusieurs feuilles de papier que l'on met sur le grand tympan qu'on a rafraîchi, en jetant de l'eau dessus, pour en enlever l'excès d'humidité qui nuiroit à l'impression ; lesquelles décharges on fait passer sous la platine, et on tire dessus plusieurs coups de barreau un peu fortement.

On dit donc décharger le tympan, quand on veut en enlever la trop grande humidité.

*Décharger une forme*, c'est après l'avoir lavée pour en enlever les ordures ; ôter, au moyen de ces maculatures, l'eau qui est restée dans l'œil de la lettre et sur les bois de fond.

*Décharger ses balles*, c'est quand on a trop pris d'encre, enlever cette encre avec une maculature que l'on met sur une des balles, tandis qu'on la frotte avec l'autre, de la même manière que l'on distribue lesdites balles.

Des balles qui déchargent, sont des balles qui lâchent des ordures, soit ou parce que les cuirs sont usés, ou parce qu'ils ne valent rien par eux-mêmes.

L'encre qui décharge est mal faite ou trop limpide, parce que le vernis n'en est point assez cuit.

Ce n'est pas toujours parce qu'un cuir est usé qu'il lâche des ordures, ou parce qu'il y en a dans l'encre ; ce défaut vient aussi de ce qu'une encre trop forte arrache le grain du papier trop trempé, et le laisse sur la forme, ce qui fait autant d'ordures.

Le papier, souvent mal collé, est dans le cas de lâcher aussi des ordures.

Dans tous ces cas, il faut finir par décharger ses balles, laver sa forme et la décharger.

### DÉCOIGNOIR.

On écrit aussi cognoir. Voyez *Cognoir*.

### DÉLÉATUR.

Terme de correction, qui signifie que cela soit effacé. Il est un des tems du verbe *delere*, *deleo*, effacer. Ainsi un déléatur est un signe qui indique au compositeur qu'il doit retrancher ce qu'on lui désigne par cette marque.

### DÉMONTER.

Ce terme s'applique à la presse et aux balles des imprimeurs. *Démonter une presse*, c'est en détacher successivement toutes les parties qui la constituent.

Il est beaucoup d'ouvriers à la presse, et il en est peu qui la connoissent bien. Peu savent la monter et la démonter; beaucoup même ne savent pas attacher la corde de leur rouleau, et se trouvent très-embarrassés quand elle vient à casser.

Il y a des ouvriers qui ne peuvent passer un ou deux mois sans démonter leur presse; et pourquoi? Pour le plaisir seul de la démonter et de la remonter. C'est un défaut; une presse doit être ménagée, et les maîtres doivent y veiller.

Je ne veux point blâmer ces ouvriers intelligens qui ne démontent jamais une presse que pour y apporter un remède certain et efficace. Mais je trouve à redire que des ouvriers peu entendus s'avisent de démonter leur presse à propos de rien. Ils les abîment toujours plus qu'ils ne leur font de bien.

Quand on veut démonter une presse pour y apporter le remède convenable au défaut que l'on veut réparer, il faut commencer par dévisser la platine sur le tympan; puis ensuite ôter la tablette, le barreau, l'arbre de la vis de son écrou, décaler les sommiers, c'est-à-dire, ôter les cales qui sont dans les mortaises; dévisser le chapeau de la presse, dont les broches tiennent au sommier de l'écrou; enfin, on peut la démonter de tous points, si l'on veut et s'il est nécessaire; mais on aura grand soin, en la remontant, d'observer la plus grande justesse, l'à-plomb le plus parfait pour les sommiers, l'arbre de la vis, la tablette, etc.

Il est bon de donner ici les noms de toutes les pièces qui constituent une presse : l'explication s'en trouvera aux articles indiqués dans cet ouvrage suivant leur ordre alphabétique.

1°. Le train du derrière de la presse.
2°. Les jumelles.
3°. Le chapeau de la presse.
4°. Le sommier d'en-haut.
5°. Le sommier d'en-bas.
6°. La vis de la presse.
7°. L'arbre de la vis.
8°. La clef de la vis.
9°. La tablette.
10°. Le pivot.
11°. La grenouille.
12°. La platine.
13°. Le sabot de la platine, ou enchassure.

14°. Le barreau.
15°. Le berceau.
16°. Les petites poutres ou bandes de fer.
17°. Le rouleau.
18°. Les cordes du rouleau.
19°. La manivelle.
20°. Le coffre.
21°. La table.
22°. Les cantonnières ou cornières.
23°. Les pattes.
24°. Le marbre.
25°. Le grand tympan.
26°. Les couplets du tympan.
27°. Le petit tympan.
28°. Le chevalet du tympan.
29°. Le chevalet de la presse.
30°. Les pointures.
31°. Les vis des pointures.
32°. La frisquette.
33°. La languette.
34°. Les couplets de la frisquette.
35°. Les vaches.
36°. Les clavettes.
37°. L'arbre ou la broche du rouleau.
38°. Les pitons.

*Démonter les balles*, c'est détacher à moitié les cuirs qui sont cloués après les bois de balles. Je vais donner ici une analyse de la manière de démonter les balles, et de les apprêter pour le lendemain.

Lorsqu'on a fini la journée, on commence par démonter les balles, en enlevant trois ou quatre cloux, afin d'avoir une ouverture assez large pour en sortir la laine ou le crin, que l'on étend sur les blanchets qui couvrent le papier, après l'avoir un peu tiré: on plie ensuite le cuir par le milieu, on le roule sur lui-même; on roule après par-dessus la doublure, de manière qu'elle couvre le cuir, et qu'elle empêche l'eau, qu'on jette par-dessus pour le raffraîchir, de toucher à la partie où est l'encre, ce qui rendroit les balles teigneuses. On les met tremper ensuite un peu dans l'eau, puis on les couvre d'un mauvais blanchet mouillé, et on les place ainsi arrangées dans un endroit frais.

Pendant que celui qui démonte les balles s'occupe des fonctions analogues à cette partie, son compagnon démonte le tympan, après avoir déchargé la forme. Il ôte le petit tympan, ensuite les blanchets qu'il froisse entre ses mains, et les étend au-dessus de sa presse, ou sur son papier.

S'il a à remanier, il le fait, ou il trempe. Les fonctions des imprimeurs sont une charge commune. Cependant celui qui tient le marteau de la presse ne fait pas les ouvrages les plus rudes, tels que celui de tremper, monter son papier, et démonter les balles ou les monter.

## DÉMONTOIR.

C'est une petite planche sur laquelle on appuie les balles pour les monter ou démonter. On place, sur cette planche, les pieds-de-chèvre dont on se sert pour monter ou démonter lesdites balles.

## DÉPATISSER.

C'est nettoyer les ordures ou mettre en ordre de la lettre tombée en pâte, telle que forme, pages, ou lignes cassées; en composer la lettre, après l'avoir triée, et la distribuer dans les casses.

Dépâtisser est l'ouvrage des apprentifs ou des gens de conscience, quand ils n'ont rien autre chose à faire.

Les ouvriers aux pièces sont aussi obligés de dépâtisser les pâtés qu'ils ont faits par leur faute.

Un apprentif apprend à connoître les différentes sortes de caractères en dépâtissant; mais on ne doit lui confier le soin de distribuer les pâtés que quand on s'est assuré qu'il connoît bien les caractères, autrement il confondroit tout ; il distribueroit le romain dans l'italique, *et vice versâ*; le saint-augustin dans le cicero, etc. etc.

Pour entretenir une imprimerie proprement, il faut que l'on ait soin de n'y point souffrir de pâtés; qu'on les fasse distribuer dès qu'on s'apperçoit qu'il y en a.

Les caractères sont très-chers, et les pâtés en absorbent beaucoup. Combien de caractères, encore bons, condamnés à la fonte, parce que des pâtés en auront enlevé certaines sortes!

## DÉROULER.

Dérouler une presse, c'est l'action par laquelle

l'on fait, par le moyen de la manivelle et du rouleau à laquelle elle est adaptée, retourner en arrière le train de la presse, après avoir été en avant, et avoir essuyé la pression de la platine sur la forme.

Il ne faut jamais dérouler brusquement une presse, parce qu'on s'expose à la déranger, quelquefois à la mettre en pâte. Le rouler et le dérouler doivent être uniformes, et se faire par un mouvement dégagé et libre.

Quand on a tiré le premier coup de barreau, on roule la presse pour venir au second; de sorte que le rouler, dans les ouvrages à deux coups, se fait en deux tems; et le dérouler, toujours en un seul.

Ce qui fait dérouler la presse en tournant la manivelle, est la corde qui est du côté de la presse qui se déroule, tandis que l'autre, du côté du chevalet, se place autour du rouleau. Voyez *Cordes à rouleau*.

## DESSALER.

Se dessaler, c'est s'acquitter, se mettre au courant de son ouvrage. Prendre du salé, c'est compter à la banque plus qu'on n'a fait, et en conséquence recevoir plus d'argent qu'on n'en a gagné.

Tout ouvrier qui aime à se saler est à coup sûr un paresseux, un mauvais sujet; et si les bourgeois n'y prennent garde, ils finissent par être leurs dupes.

DESSERRER.

## DESSERRER.

Desserrer une forme pour corriger, c'est en chasser avec le marteau les coins hors de leur place, en les faisant rétrograder.

Desserrer de la lettre pour distribuer, c'est apprêter la lettre pour cet effet, et soigner les garnitures.

Quand des coins sont trop serrés, on se sert d'un décognoir pour les desserrer, sans cela on les casseroit, ou l'on abîmeroit le chassis en frappant dessus, comme il ne pourroit manquer d'arriver.

Celui qui a un ouvrage en page est obligé de desserrer la lettre à ses compagnons.

Un imprimeur qui donne tierce, doit aussi desserrer sa forme sous presse, soit pour faire les corrections de la tierce, soit pour taquer la forme, afin que toutes les lettres soient à la même hauteur.

Quand on veut démonter son composteur, il faut desserrer la vis avec la lame d'un couteau, ou avec un instrument propre à cet usage.

## DÉTRANSPOSER.

Ce mot signifie rétablir dans l'ordre naturel d'une imposition, des pages que le compositeur aura mal placées en imposant.

Quand un compositeur a transposé d'une forme à l'autre, il faut nécessairement qu'il desserre les deux formes pour détransposer. Il doit mouiller sa lettre pour ne pas la mettre en pâte; se servir d'une réglette pour enlever les pages d'un petit format, et prendre celles d'un grand format par poignée, en se servant également d'une réglette.

On transpose aussi sous presse, soit en faisant épreuve, soit en tirant l'ouvrage.

On transpose en faisant épreuve, soit en prenant une forme pour l'autre, soit en tournant mal son papier.

On transpose sous presse en tournant mal son papier. Pour éviter cet inconvénient, on peut se régler sur deux choses certaines, dont l'une est invariable.

1°. Que la première ou seconde signature se trouve toujours de votre côté, soit en blanc, soit en retiration; et pour tels formats que ce puisse être.

2°. Que les marques que l'on fait au papier se trouvent également de votre côté; alors vous serez sûr de n'avoir pas transposé.

On peut transposer un alinéa, une ligne, un mot même dans une composition, sans pour cela qu'on puisse être taxé d'ignorant ou d'étourdi: cela peut arriver aux ouvriers les plus attentifs, comme aux plus consommés dans l'art.

## DÉTRANSPOSITION.

Action de détransposer. Voyez ci-devant *Détransposer*.

## DEUX ET TROIS.

Le côté de deux et trois d'une feuille, est

celui où se trouve la seconde signature. C'est ce côté qu'il est d'usage de mettre le premier sous presse ; quoiqu'au fond il soit indifférent de mettre le côté de première ou celui de deux et trois. Il y a des imprimeurs entêtés, ignorans et bornés au point de croire que c'est une règle invariable et certaine qu'il faille imprimer le côté de deux et trois le premier.

Le côté de deux et trois se nomme aussi seconde; ainsi on dit : le côté de première, le côté de seconde.

Lorsqu'une feuille de papier est imprimée, et qu'on veut la plier, on met toujours le côté de deux et trois en-dedans ; en sorte que la première signature se trouve toujours en-dehors.

A l'imposition, le côté de deux et trois se range toujours du côté opposé à celui de première ; et la chose est sensible, puisque les pages doivent tomber les unes derrière les autres.

## DEZ.

C'est un petit morceau quarré d'acier que l'on met dans la grenouille, et dans le creux duquel tombe le pivot de la vis. Ce dez doit être d'une trempe aussi forte que le pivot, afin qu'il puisse résister à la pression.

## DISTRIBUER.

C'est mettre chaque lettre dans le cassetin qui lui est propre.

Pour distribuer habilement, il faut s'y appliquer avec soin. C'est une fonction qui soulage beaucoup la composition; c'est-à-dire, qui la hâte, en y donnant plus de tems, à raison de la vîtesse que l'on a mise à distribuer. Une bonne distribution est la première base d'une bonne composition.

Quand on a le soin de distribuer avec attention, et de ne faire aucune coquille, ou du moins de remédier à celles que l'on fait, en les cherchant tout de suite, on n'a presque pas besoin de relire ses lignes à la composition, à moins que ce ne soit pour s'assurer qu'on n'a rien omis ou rien doublé.

Pour distribuer facilement la lettre, il faut la mouiller un peu avec une éponge imbibée d'eau; cela la fait couler. Il en est qui distribuent à sec, et aussi vîte même que les autres, la lettre mouillée; c'est alors un avantage réel, parce qu'on peut distribuer à toute heure de la journée et composer tout de suite; au lieu que ceux qui distribuent la lettre étant mouillée, ne peuvent pas composer aussi-tôt que leur casse est remplie, mais il sont obligés d'attendre que la lettre soit sèche; ou s'ils la composent mouillée, ils n'avancent point du tout.

En été, la lettre est bientôt sèche; en hiver, on la fait sécher auprès du poêle.

Ordinairement, et l'usage en est très-bon, on distribue le soir pour composer le lendemain: la lettre a le tems de sécher pendant la nuit.

Quand on veut distribuer, on commence par souffler sa casse, nettoyer le cassetin aux cadrats; puis on prend la lettre, poignée par poignée, avec une réglette, pour la soutenir sur sa main gauche, avec le pouce et le premier doigt sur lequel elle repose.

Il faut tourner la lettre de façon que l'œil soit devant vos yeux, et que vous puissiez lire vos lignes aussi facilement que vous les lisez imprimées ; puis avec le pouce et les deux premiers doigts de la main droite, vous prenez les mots les uns après les autres, ou même plusieurs à-la-fois, et vous jettez chaque lettre que vous faites glisser avec le pouce, à sa place.

Il est des personnes qui distribuent d'une manière différente, mais cela revient au même quand au fond ; ils prennent facilement leurs poignées, de manière que l'œil de la lettre se trouve en dehors. Tels sont les liégeois, qui d'ailleurs sont habiles à la composition, et qui deviennent bons ouvriers, quand ils ont travaillé quelques années hors de leur pays. Tels sont aussi les flamands, les allemands, et même quelques français, qui ont contracté cette habitude chez l'étranger.

Distribuer la copie aux compositeurs, c'est leur en donner chacun une partie. On le fait ordinairement dans les cas pressans, tels que sont ceux des mémoires, édits, arrêts, sentences d'ordre, etc., pour que la composition soit plutôt faite.

Distribuer ses balles, c'est les frotter l'une contre l'autre ; c'est-à-dire, cuir contre cuir, et les tournant chacune d'un sens opposé. Cette distribution se fait pour étendre l'encre partout, afin de ne point faire des pâtés.

Toutes les fois qu'un imprimeur prend de

l'encre, il doit distribuer ses balles; il doit encore le faire, en outre, de tems en tems, dans les intervalles qu'il met à prendre de l'encre.

Distribuer l'encre sur l'encrier, c'est l'étendre avec un broyon. On doit l'étendre bien délicatement sur les bords. Voyez *Broyon*.

On doit bien prendre garde de ne rien laisser distribuer à un apprentif, à moins qu'il ne connoisse parfaitement sa casse; autrement, il brouilleroit tous vos caractères.

Pour distribuer proprement, il faut tout distribuer, texte, notes, titres, ne rien laisser sur les marbres, et ne pas imiter les paresseux, dont le nombre est très-grand, qui ne peuvent jamais desserrer une forme pour la distribuer, qu'ils ne laissent traîner les titres, les notes ou les additions. Voyez au mot *Compositeur*; là vous y verrez quels sont les devoirs d'un compositeur, avant et après sa distribution.

### DISTRIBUTION.

Action de distribuer. Voyez *Distribuer*. De la bonne distribution, c'est de la matière qui resert à merveille à composer ce que l'on a à composer.

De la mauvaise distribution, c'est une distribution qui ne rend pas beaucoup; de sorte qu'après avoir beaucoup distribué, à peine à-t-on de quoi composer.

### DIVISER.

C'est séparer un mot en deux. On divise à

la fin des lignes les mots qui ne peuvent entrer entièrement dans la ligne.

On doit éviter de mauvaises divisions, surtout celle des voyelles; cela est intolérable et contre le bon sens.

Point de divisions muettes. Voyez tous les ouvrages de goût et la nouvelle édition des *Œuvres de Voltaire*, faite à Kelh; on n'y trouve pas une division muette.

La division doit se placer entre plusieurs noms de baptême, appartenans à la même personne. Par exemple : Louis-Charles-Joseph de Rubincourt; parce que ces noms sont censés n'en former qu'un.

Il faut aussi la mettre après tous les pronoms suivis et joints au mot même: par exemple; moi-même, nous-mêmes, vous-même, toi-même, eux-mêmes, lui-même, elle-même.

Aux mots quelqu'un, quelqu'une, quand ils sont au pluriel, il faut mettre la division et écrire ainsi, quelques-uns, quelques-unes.

A tous les tems de verbe qui prennent le mot *on* ou *un* pronom, avec lesquels ils se lient, la division doit être placée entre le verbe et le mot *on* ou le pronom. Par exemple: dit-on, fit-on, apprit-on, lisoit-on, enseignoit-on, annonçoit-on; fit-il, dit-elle, osèrent-ils, apprîmes-nous, lûtes-vous, mangèrent-elles, etc. etc. etc.

Dans les verbes ou dans les tems de verbes qui se terminent par une voyelle, on y joint un *t* entre deux divisions. Par exemple: enseigna-t-on, s'amusa-t-elle, s'occupa-t-il, le fera-t-elle, apprendra-t-il, joue-t-elle, badine-t-il, a-t-elle, etc. etc. etc.

Entre tous les noms propres de personnes, de lieux, auxquels se joint le mot saint, il faut y placer la division, 1°. Pour distinguer le nom propre; 2°. pour ne pas faire d'équivoque. Par exemple : M. de Saint-Georges, M. de Saint-Lambert, M. de Saint-Hérem, etc. etc. Noms propres de lieux : Saint-Julien, Saint-Antoine, Saint-Remi, etc. Noms propres d'églises, chapelles, couvents : Saint-Sulpice, Saint-Victor, Saint-Louis, etc.....

Tous ces noms, ainsi liés par la division ou trait d'union, font assez connoître que ce sont des noms propres; et si on ne mettoit pas la division aux noms des lieux, il y auroit équivoque, en ce que, par exemple, on pourroit dire : l'église de Saint Sulpice, église qui appartient en propriété à un saint qui porte le nom de Sulpice; tandis que c'est une église bâtie par d'autres personnes et dédiée seulement à Saint-Sulpice, qu'il a plu de choisir pour patron, comme on auroit pu en prendre un autre.

Il ne faut jamais faire de division de deux lettres, à la fin ni au commencement d'une ligne, à moins que ce ne soit dans une justification étroite; car dans une justification ordinaire, deux lettres de plus ou de moins, dans une ligne, peuvent se remplacer, en jettant ou diminuant les espaces.

Après le mot *très*, joint à un adjectif, on met la division; s'il n'est suivi que d'un adverbe, on n'en met point. Par exemple : très-bon, très-bien.

On met aussi la division aux mots liés

ensemble et reçus ainsi par l'usage. Par exemple:
tout-à-la-fois; c'est-à-dire, vis-à-vis, tout-à-fait,
à-peu-près, etc. etc.

## DIVISION.

Petite lettre qui marque un tiret: il y a des divisions, sur un même corps, de plusieurs forces différentes en épaisseurs, ainsi que les espaces, pour donner plus de facilité au compositeur de justifier.

Quand on manque de moins ( ce signe est ainsi figuré —), on se sert de plusieurs divisions unies ensemble.

Les divisions, dans la casse, se placent à côté des apostrophes, au-dessus des *d*. Voyez *Diviser*.

## DOUBLE-CANON.

Nom d'un gros caractère qui est entre le gros et le triple canon. On s'en sert dans les gros ouvrages d'églises, comme livres de chants. On en fait aussi des affiches. Voyez la table des proportions des caractères, à l'article *Corps de caractère*.

## DOUBLER.

C'est composer plusieurs fois les mêmes mots, lignes ou pages; ce qui se fait par inadvertance.

Quand un compositeur est sujet à doubler; il doit apporter la plus grande attention possible à sa composition ; faire suivre son mordant sur sa copie, à fur et mesure qu'il compose des lignes ; relire ses lignes dans son composteur, et ses pages dans sa gallée.

Une composition, chargée de doublons, oblige à des remaniemens et gâte l'ouvrage.

Doubler se dit aussi d'une presse qui a des défauts et qui fait imprimer double, soit par le frottement ou heurtement du train contre les jumelles, soit par l'abattage du tympan.

Quand la platine est trop près des bords du petit tympan, elle peut toucher contre et faire doubler, soit par les secousses qu'elle fait lorsqu'on tire le barreau, ou lorsqu'il s'en retourne.

Comme il y a plusieurs défaut qui font doubler une presse, et qui échappent aux yeux du commun des ouvriers, j'ai cru devoir les détailler dans différens articles auxquels je renvoie. Voyez *Frisquette*, *Pattes*, *Languette*, *Platine*, *Pointures*, *Rouleau*, *Sommier*, *Tablette*, *Tympan*.

Enfin, tout ce qui peut occasionner une impression de doubler, c'est le frottement de la platine contre le tympan, le frottement de l'oreille de la frisquette contre les jumelles, tout frottement du train contre les jumelles, tout cahotement du train, venant des crampons plus ou moins élevés, l'abattage irrégulier et brusque du tympan, l'épaisseur inégale des chassis, de la frisquette et des pointures, le vacillement de la tablette, le frottement du rouleau, le mauvais à-plomb des sommiers, de l'arbre de la vis ; etc. etc..... C'est à un imprimeur à étudier tous ces défauts pour y remédier, à les prévoir ; et au moyen de ce que j'en ai dit, dans les différens articles auxquels je le renvoie, cela peut lui suffire pour le tirer d'embarras.

J'ai vu quelquefois des compagnons qui faisoient doubler une presse, tandis que d'autres ne le faisoient pas, alors cela les persuadoit que le doublement venoit de la main *dans tous les cas*. Leur erreur est palpable, d'après ce que je viens de dire.

L'abattage, il est vrai, est aussi une des causes qui font doubler ; mais ce n'est pas l'unique.

## Doubles Feuillets.

Ce sont des réglettes de bois, de la force d'une nompareille, dont on se sert pour placer dans les ouvrages à additions, entre les pages, dans leur longueur, et les additions.

## Doublon.

Mots ou lignes composés plusieurs fois. Voyez *Doubler*.

## Doublure.

Cuir de balle, qui sert de premiere enveloppe à la laine que l'on met dans les bois de balles. La doublure est le cuir le moins bon, que l'on emploie à cet effet. On se sert aussi, pour doublure, des cuirs qui ont servi à l'impression, mais dont le grain ou la fleur est enlevé. Voyez *Cuir* et *Corroyer*.

## EBARBER.

Ebarber la lettre, c'est couper le talud qui règne au pied de l'œil, quand il est trop haut, et qu'il marque à l'impression comme la lettre même, tandis qu'il ne doit pas venir.

Dans les ouvrages où il y a beaucoup de cadrats et peu de matière; des lignes par-ci par-là, il est immanquable qu'il n'y ait pas quelque chose à ébarber. L'imprimeur qui est soigneux de son ouvrage, ne manque pas d'y veiller de près, et ébarbe quand il a à ébarber, mais avec précaution, pour ne point abîmer la lettre.

## EBARBOIR.

Petit outil en forme de ciseau, dont les imprimeurs se servent pour ébarber les taluds de lettres qui sont trop hauts.

## EBARBURE.

C'est ce que l'on coupe avec l'ébarboir au pied de l'œil du caractère, c'est-à-dire, son talud.

## ECROU.

Pièce de cuivre dont les vis sont en spirale, et dans laquelle passe la vis de la presse qui s'y emboîte par un de ses filets, les filets de la vis étant aussi en spirale. Pour qu'un écrou soit bien juste, il faut qu'il soit fondu sur sa vis.

On doit placer cet écrou bien droit dans le sommier; pour cela le trou doit être percé bien perpendiculairement. Voyez l'article *Sommier*.

L'écrou est quarré en-dehors et rond en-dedans, tel que le demandent les vis. Il doit être arrêté par le haut dans le sommier avec des broches à vis, afin qu'on puisse le démonter à volonté.

L'écrou d'en-haut de la presse Anisson est une masse de cuivre de laiton suffisamment rendurci, dans laquelle on a taraudé les pas d'en-haut de la vis avec la plus grande et la plus scrupuleuse exactitude, de manière que lorsque la vis y est introduite, il n'y a de jeu que ce qui y est nécessaire pour faire sa révolution.

L'inclinaison des pas de cet écrou est à peu-près la même que celle des écrous ordinaires.

L'écrou d'en-bas de la presse Anisson, est un morceau de cuivre de la même espèce que celui d'en-haut, et dont les pas ont été taraudés de la même manière. Sa forme extérieure présente quatre faces exactement quarrées et polies: il est terminé par une bases de huit pouces six lignes en quarré, aux quatre coins de laquelle la platine est attachée par de fortes vis.

Quand on néglige de mettre de l'huile dans l'écrou de la vis, en outre que le coup devient dur, l'écrou et la vis s'usent, et leurs parties extérieures se réduisent en limaille fine, qui tombent sur la platine de la presse. Aussi quand on y en voit, c'est une preuve de la négligence ou de l'ignorance des compagnons qui y travaillent.

Les deux vis du chapeau de la presse ont aussi chacun leur écrou ; mais ce sont de petits morceaux de fer un peu plats et de figure quarrée, qui servent à arrêter la vis qui passent dedans.

Les pointures ont leur écrou, c'est-à-dire, ce qui sert à les serrer en-dessous. Le tympan a le sien ; les platines à l'hollandaise, les leurs, etc.

## EMBAUCHER.

C'est prendre ou recevoir un compagnon dans une imprimerie pour y travailler.

Le bourgeois ou le prote ont seuls le droit d'embaucher ou de recevoir pour travailler tel compagnon qu'il leur plaît.

Embaucher une presse, c'est y mettre deux imprimeurs. Embaucher pour la casse, c'est prendre et donner de l'ouvrage à des compositeurs.

Embaucher un labeur, c'est mettre en train un ouvrage.

Embaucher la chandelle, c'est prendre la chandelle au tems fixé par l'usage.

Embaucher la chèvre, c'est se fâcher.

Toutes ces expressions triviales sont des termes techniques de l'art typographique.

## ENCHASSURE.

L'enchâssure de la platine est une pièce de bois à laquelle on donne aussi le nom de sabot, parce qu'elle lui sert comme de chaussure.

L'enchâssure d'une platine doit être d'un bois bien sec, et sa surface parfaitement plane, pour qu'elle appuie bien dans tous ses points sur le tympan, et produise un foulage égal.

On ne met d'enchâssure qu'aux platines de fonte ou de cuivre : encore n'en n'ont-elles pas toutes. Il y a des presses qui n'ont qu'une platine de bois ; mais ce sont pour l'ordinaire de mauvaises platines qu'il faut toujours réparer, raboter ou refaire. L'huile que l'on met dans la grenouille qui y est enchâssée, s'extravase, pénétre la substance du bois, et forme une crasse qui s'attache sur le tympan, occasionne des frottemens, et rend le rouler et le dérouler difficiles.

### Encre.

L'encre d'impression est composée d'un noir très-fin et très-sec, délié dans du vernis ou de l'huile brûlée, dont les parties sont adhérentes entr'elles d'une force plus ou moins grande, à raison de la plus ou moins grande cuisson de l'huile destinée à faire le vernis.

On fait ordinairement soi-même l'encre en province. Pour cela, on prend de la meilleure huile de lin que l'on puisse trouver, et sur-tout de la plus vieille. On met sept ou huit pintes dans une grande marmite de fonte, que l'on place sur un brasier ardent que l'on a allumé dans un trou pratiqué dans la terre, d'un pied environ, à une distance suffisante des maisons, pour n'avoir pas le feu à craindre. On assure bien la marmite sur ce trou, avec des motes de gasons, on en met même tout à l'entour jusques près des bords de son orifice, de sorte que la marmite se trouve comme ensevelie dans la terre. Ensuite on entretient le feu toujours très-ardent. On jette une croûte de pain dans la marmite, pour qu'elle serve à indiquer le degré de cuisson auquel on doit l'enlever de dessus le feu; ce qui se connoît aisément; car quand cette croûte de pain est réduite en charbon, alors l'huile est suffisamment cuite, et on retire la marmite de dessus le feu. Pendant tout le tems qu'elle y est, il faut la garder soigneusement, et prendre garde que l'huile ne s'enflamme, ce qui la feroit toute perdre. Quand cet accident arrive, on a soin d'avoir des linges bien mouillés qu'on jette dessus la marmite, ce qui étouffe le feu. Quand le vernis est refroidi, on sent avec le doigt s'il est gluant; dans ce cas, il est bon et bien fait; dans le cas contraire, ou il étoit mal fait, ou l'huile ne valoit rien, soit par nouveauté, soit par sa mauvaise qualité.

À fur et mesure qu'on a besoin d'encre, on met du vernis sur son encrier avec du noir de résine, et on broie bien le tout avec le broyon : voilà l'encre faite, et cette encre est bonne.

La qualité de l'encre dont on se sert aujourd'hui n'est plus la même que celle dont faisoient usage les Aldes et les Etiennes, les Badins et les Foulis de Glascow dans nos derniers tems.

## ENCRIER.

C'est un assemblage de quatre planches de chêne, sur lesquelles l'encre se broie avec un broyon de bois. L'encrier est ordinairement de
la

la largeur de 18 pouces en quarré : ses côtés latéraux sont de la hauteur de cinq ou six pouces. Il se place à côté des jumelles sur une planche clouée sur l'assemblage du derrière de la presse, à la hauteur comprise entre la tablette et la platine : il est par conséquent à la gauche de l'ouvrier qui est aux balles, comme à celle de celui qui est au barreau. On doit avoir soin de tenir les encriers propres, et de les couvrir afin qu'il ne tombe dans l'encre aucune ordure. Il y a des imprimeries où l'on a fait des encriers avec des couvercles en bois, et qui sont attachés avec des charnières ; d'autres où les couvertures ne sont simplement qu'en carton ; mais dans tous les cas, l'encrier ne se trouve jamais couvert pendant que l'on travaille.

M. Anisson a adapté à la presse de son invention un encrier taillé dans la masse d'un bloc de marbre noir, de 18 pouces de long sur 17 de large, et de 6 pouces d'épaisseur. Le broyon est aussi de marbre. Cet encrier est recouvert en tout tems d'un carton qui l'enveloppe en entier, et qui n'en empêche pas l'usage.

## EPAISSEUR.

L'épaisseur est la différence entre les lettres minces et celles qui le sont moins. L'*i* est plus mince que l'*m*, etc.

## EPAULEMENT.

L'épaulement est un collet quarré qui enveloppe la noix de la vis sous le sommier auquel il est cloué. Les crochets tiennent à ce sommier, à côté de la noix. Il y en a deux.

*Tr. de l'Impr.* par A. F. MOMORO. L

On donne encore le nom de frette à cet épaulement ; c'est celui sous lequel le connoissent les serruriers.

## ÉPONGE.

On s'en sert pour mouiller le tympan, humecter les feuilles de papier trop sèches, mouiller la lettre pour la distribution. En été, on en met un petit morceau humecté dans un cassetin voisin des *à* graves, afin d'y mouiller de tems en tems le bout des doigts qui se sèche considérablement en composant ; c'est-à-dire, qui devient aride et qui se refuse à la sensation du tact.

## ÉPREUVES.

Les épreuves sont les premières feuilles que l'on tire de chaque feuilles de composition, pour les lire, en corriger les fautes, puis en faire de nouvelles épreuves que l'on envoie aux auteurs, qui, les ayant lues à leur tour, les renvoient à l'imprimeur, ou pour les tirer, après avoir été exactement corrigées, ou pour en demander une nouvelle épreuve, qui s'appelle seconde pour l'auteur, et troisième pour le compositeur.

Chaque ouvrier à la presse doit faire les épreuves à son tour.

Pour faire de bonnes épreuves, il faut avoir une feuille de papier bien apprêtée, ni trop sèche, ni trop mouillée ; puis après avoir mis la braie sur la forme dont on doit faire épreuve, on place la feuille de papier légèrement, sans la traîner dessus, ni appuyer, pour ne pas la faire maculer; ensuite on met une feuille de papier gris un peu humide, par-dessus cette feuille de papier blanc, que l'on couvre de deux blanchets, puis on abaisse le tympan, et on tire le barreau avec plus de force qu'on ne le tire ordinairement pour imprimer des ouvrages en train sur une presse roulante.

Il doit y avoir, dans une imprimerie, une presse destinée pour faire les épreuves; et les imprimeurs, tour-à-tour, doivent entretenir cette presse, qui leur est d'un usage journalier.

Le compositeur garde ses premières épreuves, parce qu'elles lui appartiennent de droit; il les présente toutes les fois qu'on fait la banque, à celui qui la fait, pour être portées sur le livre, et en recevoir le paiement.

Les secondes ou troisièmes épreuves qui servent à voir les tierces, doivent rester à l'imprimerie; il est des endroits, cependant, où elles sont le lot du prote; mais il est des bourgeois scrupuleux, et jaloux d'être toujours en règle, qui exigent qu'elles leur restent, pour leur propre sûreté.

## ÉQUERRE.

Espèce de niveau dont on se sert pour monter une presse, c'est-à-dire, pour mettre toutes ses différentes parties d'à-plomb, et sur-tout les sommiers.

## ERRATA.

C'est la ratification des fautes qui se sont

faites dans un ouvrage. L'errata peut se placer avant ou à la fin de l'ouvrage ; on le doit faire d'un caractère inférieur à celui du corps de l'ouvrage. Les errata se font de plusieurs manières ; mais ceux qui sont à colonnes, ont plus de clarté et de précision. On trouvera à la fin de cet ouvrage un errata à colonnes, qui pourra servir d'exemple pour ceux que l'on aura à faire : au surplus, on peut consulter le premier ouvrage qui tombe sous la main, pour apprendre de quelle manière on peut faire un errata.

## ESCLAVON.

Caractère ancien. Voyez *Manuel Typographique*, page 226, tome II.

## ESPACE.

Les espaces sont des petits morceaux de matière fondus sur le corps du caractère auquel ils servent ; ils sont fondus sur plusieurs épaisseurs différentes, afin de pouvoir justifier plus facilement la composition ; ils sont moins hauts que la lettre, parce qu'ils ne servent qu'à séparer les mots ou les lettres d'un titre.

Il ne faut pas faire des espaces, un usage contraire aux loix du bon goût, c'est-à-dire, les prodiguer dans la composition, ou n'en mettre pas assez ; ce qui s'appelle aller au large ou serré.

Une composition espacée bien également, flatte beaucoup l'œil, et annonce un bon compositeur.

On trouve dans les espaces, des fines, des moyennes et des grosses.

Les imprimeurs économes font servir d'espaces les lettres gâtées, en en coupant l'œil depuis le talud.

Au bout d'une ligne terminée par des cadrats, il faut mettre les espaces du côté de la lettre, et jamais parmi les cadrats, parce que ces derniers sont plus bas que les espaces, et que les espaces, ou viendroient à l'impression, ou courroient risque de se casser.

Il ne faut jamais espacer dans un titre, ni dans la composition, le caractère du bas. Les allemands le font; mais les français ne sont point de leur avis.

Quand on veut unir une f avec un î circonflexe, on doit mettre une fine espace entre ces deux lettres, pour que la tête de l'f n'écrase pas l'accent de l'î. On en doit faire de même pour les autres lettres dont l'accent de la seconde ou la tête de la première seroient exposés à se casser l'un par l'autre.

## ESPACER.

Mettre des espaces entre les mots. Ce terme signifie aussi mettre des blancs entre les lignes d'un titre ou les alinéas.

## ÉTANÇONS.

Morceaux de bois qui servent à consolider une presse. Ils se placent au sommet des jumelles, et s'appuient contre les solives du plancher, en forme de rayons divergens.

Il convient qu'une presse soit bien étançonnée, autrement elle vacilleroit et s'abîmeroit.

Plusieurs presses placées sur un même rang de file, peuvent s'étançonner d'une autre manière, et la voici : on fait régner des deux côtés des presses une barre forte de fer, après laquelle chaque presse est arrêtée ; et ces deux barres de fer sont elles-mêmes arrêtées à chaque bout après la muraille, ou de fortes poutres qui se trouvent à portée des extrémités des presses. Cette manière d'étançonner des presses est bonne, en même-tems qu'elle est propre et qu'elle n'expose pas les imprimeurs à voir tomber sur eux des étançons, comme il arrive quelquefois, quand ils se lâchent.

## ÉTANÇONNER.

Étançonner une presse, c'est l'assurer, la rendre solide. Quand on étançonne une presse, il faut la mettre bien droite, et ne pas serrer les étançons plus d'un côté que de l'autre : dans le cas contraire, ce seroit un grand défaut à une presse.

## ÉTENDAGE.

Action d'étendre le papier ; lieu où l'on étend les papiers : il est tendu de cordes ou de longues et étroites traverses de bois sur lesquels on étend le papier.

## ÉTENDOIR.

Machine de bois en forme de T, dont le

manche est long; c'est avec cette machine qu'on étend le papier, en le mettant dessus, plié en deux, et en le coulant sur les cordes ou traverses, observant dans les formats *in-folio*, *in-4º*., *in-8º*., de mettre les blancs du milieu du papier sur les cordes, et dans les formats *in-12*., de mettre les grands blancs du petit carton.

Il faut aussi mettre les feuilles de papier les unes sur les autres, à leurs extrémités, afin que, en détendant, on puisse les faire couler facilement avec l'étendoir, et les enlever en bloc au bout de chaque corde.

Les imprimeurs qui ont trop trempé leur papier, de manière qu'ils l'ont noyé, doivent l'étendre sur les cordes, pour le faire un peu sécher avant de le tirer.

## ÉTENDRE.

Étendre le papier est la fonction des apprentifs ou des garçons de magasins. On doit bien prendre garde de déchirer le papier en l'étendant.

## ÉTOFFES.

Les étoffes sont les objets de consommation nécessaires à l'impression. On comprend, sous le nom d'étoffes, les blanchets, les tympans, la laine, les bois de balles, les cuirs, le papier gris pour les hausses, l'huile de balle et l'huile d'olive. Sans ces objets-là, on ne peut imprimer, et ils s'usent tous les jours; il faut les renouveller souvent: ils coûtent, il est vrai;

mais ils sont de nécessité première. Avec de bonnes étoffes, on doit faire de bon ouvrage; et sans étoffes, c'est-à-dire, avec de mauvaises, on ne peut faire que du mauvais ouvrage.

Un imprimeur, curieux de voir sortir de beaux ouvrages de ses presses, n'épargne point les étoffes ; il ne permet même pas qu'on travaille avec des étoffes un peu usées. S'il voit un cuir tant soit peu effleuré, il le fait démonter; il donne des blanchets pour tous les formats : chaque presse a plusieurs frisquettes : de la bonne laine neuve et bien cardée dans les balles; des pains de laine même en réserve, etc. etc.

S'il falloit citer ici des maîtres imprimeurs curieux de bel ouvrage, et dont la réputation est faite, je nommerois MM. Didot, M. Pierres, M. Barbou, et quelques autres.

Les maîtres imprimeurs peu curieux de belle impression, et plus avides d'argent que de renommée, ou donnent des étoffes de loin en loin, ou se font tirer l'oreille pour en donner; cela coûte de l'argent.......

### ETOILES.

Ce sont des signes de cette forme * : ils servent à indiquer des notes, ou à mettre après la lettre initiale d'un nom que l'on ne veut pas faire connoître. Voyez *Astérique*.

### ETRURIEN.

Voyez ce caractère dans le *Manuel Typo-*

*graphique* de M. Fournier, tome II, page 203. Il fait partie de l'étrusque qui suit, et du toscan.

## ETRUSQUE.

Voyez *Manuel Typographique*, tome II, page 203. Je vais rapporter ici la note qui se trouve, au sujet de ces caractères, dans le Manuel Typographique. « Les toscans, connus sous la nomination d'étrusques et d'étruriens, sont les plus anciens peuples de l'Italie. Ils reçurent leurs lettres immédiatement des phéniciens, par le commerce des tyriens ou des sydoniens, qui voyageoient jusqu'en Italie par la méditerranée, ou par les colonies des pélasges et des arcadiens, peuples errans de la Grèce, qui se retirèrent en Italie. L'alphabet étrusque est pelasge et arcadien : les lettres en sont figurées à la manière grecque, dite boustrophedon, c'est-à-dire, de droite à gauche.

Indépendamment de cet alphabet latin et d'usage ordinaire, les toscans en avoient deux autres qu'ils ont composés pour cacher les secrets qui étoient réservés aux prêtres. L'un étoit de gauche à droite, et l'autre de droite à gauche. »

## FAUSSE-PAGE.

C'est une page qui représente, en deux ou trois lignes, le titre d'un ouvrage, placé au milieu.

La fausse-page marche immédiatement devant le titre. On ne met guère de fausses-pages qu'aux ouvrages de goût, et pour lesquels on ne veut pas ménager la dépense.

Le titre d'une fausse-page doit être très-dégagé et proprement fait.

Une page blanche doit suivre la fausse-page.

## FAUX-TITRE.

Voyez ci-dessus, *Fausse-page*.

## FEINTE.

Une feinte est un endroit mal touché sur la forme, et qui vient blanc à l'impression.

Les imprimeurs qui écartent trop leurs balles en touchant, s'exposent à faire des feintes ou des moines.

Ceux qui n'appuient pas fortement avec leurs balles, sont sujets aussi à faire des feintes.

Ceux qui ne passent qu'une seule fois leurs balles sur une forme, courent encore le risque de faire des feintes.

Une feinte est moins désagréable qu'un moine. On lit encore aisément une feinte, tandis qu'on ne peut pas lire un moine, puisqu'il ne marque absolument pas.

Des imprimeurs ignorans mettent quelquefois des hausses aux endroits qui viennent foiblement, sans reconnoître auparavant si ces endroits foibles ne sont pas des feintes que leurs compagnons font en touchant; de sorte que quand le compagnon appuie plus fortement, l'endroit où la hausse a été mise foule trop.

Alors il faut l'ôter, en reconnoissant qu'on a eu tort de la mettre.

## FEUILLE.

On appelle feuille d'impression, la feuille d'un ouvrage quelconque, composée de seize pages *in-8º*. ou de vingt-quatre pages *in-12*, suivant le format, etc.

Les compositeurs appellent feuilles la composition du nombre de pages qu'il leur faut pour imposer. Seize pages pour l'*in-8º*., vingt-quatre pour l'*in-12*., etc.

On paie les imprimeurs à raison du nombre de feuilles qu'ils ont tirées, et les compositeurs à raison de celles qu'ils ont composées.

Une demi-feuille s'appelle forme.

On compose par feuille ou par forme, suivant la quantité du caractère ou des sortes que l'on peut employer.

Un ouvrage imprimé à 3000 exemplaires par feuille, fait en blanc, et en retiration, six mille de tirage par feuille.

## FEUILLETS.

Les feuillets sont des réglettes minces comme des interlignes, dont on se sert dans les ouvrages à addition, pour mettre entre les pages et les additions. Les feuillets ne s'emploient dans ce cas que pour les petits formats. Ils servent aussi à mettre des blancs dans un ouvrage, quand on manque d'interlignes.

## FEUILLETONS.

Synonyme de feuillets. Voyez ci-dessus, *Feuillets*.

### FICELLE.

On se sert de ficelle pour lier les pages sur la gallée, avant de les mettre sur les porte-pages.

On lie aussi les paquets de lettre à conserver, avant de les envelopper.

On se sert aussi de ficelle pour placer un marbre dans le coffre de la presse, et on les intercalle ensuite entre le marbre et le coffre.

On lie les platines des presses avec des ficelles; mais il faut qu'elles soient bonnes, et même qu'elles aient un peu servi, afin qu'elles se lâchent moins.

Quelques imprimeurs passent une ficelle autour de leurs balles, avant de clouer le cuir.

Lorsqu'il arrive qu'une frisquette vient à se déchirer, en travaillant, et qu'on n'a pas le tems de la recoller, alors on y passe de la ficelle pour soutenir les bandes déchirées.

### FIGURES.

Comme tous les signes ou figures dont on fait usage dans l'imprimerie, ne sont pas connus aussi parfaitement des imprimeurs, parce qu'il leur sont moins familièrs, que ceux représentatifs des caractères dont ils se servent journellement, je crois devoir en donner ici une explication que l'on peut trouver dans le *Manuel Typographique*.

### *Marques algébriques.*

+ signifie *plus.*
− *moins.*
= *égal.*
× *multiplié par.*
> *plus que.*

∶ *est à.*
∷ *comme.*
÷ *proportion.*
√ *radical.*
√‾ *racine.*

### *Figures géométriques.*

∥ *parallèle.*
⊥ *égalité.*
⊥ *perpendiculaire.*
< *angle.*
△ *triangle.*
▭ *rectangle.*
∟ *angle droit.*

⩹ *angles égaux.*
□ *quarré.*
⊙ *cercle.*
° *degré.*
′ *minute.*
″ *seconde.*

### *Phases de la Lune.*

● *Pleine lune.*
☉ *Dernier quartier.*

🌑 *Nouvelle lune.*
☽ *Premier quartier.*

### *Les Planettes.*

♄ Saturne.
♃ Jupiter.
♂ Mars.
♀ Vénus.

☿ Mercure.
☉ Le Soleil.
☾ La Lune.
♀ La Terre.

## Les Aspects.

☌ Conjonction.  
✶ Sextile.  
□ Quadrat.  
△ Trine.

☍ Opposition.  
☊ Nœud ascendant.  
☋ Nœud descendant.

## Signes du Zodiaque.

♈ Le Bélier.  
♉ Le Taureau.  
♊ Les Gémeaux.  
♋ Le Cancer.  
♌ Le Lion.  
♍ La Vierge.

♎ La Balance.  
♏ Le Scorpion.  
♐ Le Sagittaire.  
♑ Le Capricorne.  
♒ Le Verseau.  
♓ Les Poissons.

## Pour la prosodie.

ă ĕ ĭ ŏ ŭ ў ǽ œ̆ *breves.*  
ā ē ī ō ū ȳ ǣ œ̄ *longues.*  
ā̆ ī̆ ō̆ ū̆ *douteuses.*

## Signes d'indication.

☞ main ☜

## Finales numéraires.

♯ ♮ £ livres.  
ſ sols.  
♭ deniers.

### Signes de Médecine.

℞ prenez.      ℨ dragme.
℔ livre.      ℈ scrupule.
℥ once.      ß moitié.

### Fractions.

$\frac{1}{2}, \frac{2}{4}, \frac{5}{6}, \frac{7}{8}, \frac{10}{100}$, etc.

### Lettres titres.

ē ō ū m̄ ñ

¶ pied de mouche.      ? point interrogant.
§ paragraphe.      ! point admiratif.
\* étoile.      ' apostrophe.
† croix.      - division.
. point.      ( ) parenthèses.
, virgule.      [ ] crochets.
; point-virgule.      ℣ verset.
: deux points.      ℟ répons.

### FILETS.

Les filets sont de longs morceaux de matière, de même hauteur que la lettre; il n'est point d'ouvrages où on ne les emploie, soit pour les notes, les sections de titres, etc.

Les filets sont simples, doubles ou triples, gras ou maigres. Dans les ouvrages qui portent des dates pour additions, on met ordinairement au-dessus de l'addition un petit filet double.

A chaque section de titres, on met des filets doubles ou simples, suivant le cas.

Dans les ouvrages à filets, il faut avoir soin d'en employer de bons, les faire bien joindre, et en massacrer le moins possible. Combien de mauvais ouvriers que l'on charge d'ouvrages à filets, et qui n'y entendant rien, en brisent dix avant d'en employer un.

Lorsqu'on place un double filet, dont un trait est gras et l'autre maigre; il faut mettre le gras au-dessus.

### FINANCIÈRE.

Sorte de caractère qui imite l'écriture. La plus belle financière qui ait été gravée, l'a été par le célèbre Fournier le jeune.

Ce caractère s'emploie pour les lettres, les billets de mariage, les factures, quelquefois pour les épîtres dédicatoires. Les petites capitales de ce caractère sont des lettres ornées dont on se sert pour les titres.

### FLAMAND.

Caractère qui imite un peu l'allemand, mais qui est moins difficile à apprendre à connoître.

### FLEURON.

Gravure en bois que l'on met au bas d'une page, quand la matière manque pour la remplir, et qu'elle finit un chapitre, un article, une section, etc.

On doit observer de mettre un peu plus de blanc au bas du fleuron qu'au-dessus; choisir, autant qu'il est possible, des fleurons analogues au sujet traité dans l'ouvrage.

Dans les ouvrages du goût anglais, on n'emploie ni fleurons ni filets.

Dans ceux où il y a des gravures en taille-douce à placer, on laisse la place des fleurons ou vignettes : c'est l'ouvrage de l'imprimeur en taille-douce.

On soutient un fleuron par des réglettes de bois, que l'on met au-dessus et au-dessous, de la justification de la matière. On met aussi, si l'on veut, et s'il est nécessaire, des cadrats ou des bois de chaque côté du fleuron.

### FOLIO.

Les folios sont les cottes des pages.

Les *in-folio* sont des ouvrages dont la feuille ne porte que quatre pages.

Pour avoir une instruction particulière au sujet des folios à mettre au-dessus des pages, il faut voir l'article *Signature*, où j'ai tracé un tableau d'une utilité reconnue.

### FORME.

Une forme est la moitié d'une feuille. Dans l'*in-8°*, une forme est composée de huit pages; dans l'*in-12*, de douze, etc.

Dans les ouvrages qui s'impriment par forme, on tire en blanc et en retiration sur chaque forme; et la feuille d'impression fait deux exemplaires.

*Tr. de l'Impr.* par A. F. MOMORO. M

## FORMAT.

Nom que l'on donne aux quantités de pages qui entrent dans une feuille. Ainsi on distingue les formats *in-8º.*, des formats *in-12.*, par la largeur des pages et par la différence des quantités de pages.

On peut reconnoître un format, dans un livre, aux signatures; et c'est la vraie marque qui les fait le mieux reconnoître, parce que nous avons des justifications *in-12.* aussi larges que des *in-8º.*, *et vice versâ*, des justifications *in-8º.* aussi étroites que certaines *in-12.*

Il en est de même pour tous les autres formats; on les reconnoîtra aux signatures.

## FOULAGE.

On appelle foulage l'impression que fait dans le papier l'œil de la lettre, serrée entre lui et le tympan par la platine. Que le foulage soit égal, l'impression est bonne.

Lorsqu'on a imprimé une feuille, on la retourne et on examine quels sont les endroits où l'œil de la lettre a moins pénétré, et alors on y met des hausses. S'il est des endroits qui foulent trop, on diminue les hausses, ou l'on retranche un peu de la marge, en grattant avec les doigts dessus.

Si une presse foule mal, et que les hausses n'y remédient point, il faut la racommoder; autrement on feroit de l'ouvrage excellent pour la beurière.

## FOULER.

Faire fouler une presse, c'est tirer avec force le barreau; raccourcir le coup quand il est trop long; mettre de bons et moëlleux blanchets dans le tympan; mettre bien d'à-plomb l'arbre de la vis; la tablette bien droite, ainsi que la platine, et sur-tout le sommier d'en-haut. Celui qui porte les ponterelles qui soutiennent le coffre, doit être bien droit aussi, et ne pas fléchir, lorsqu'on tire le barreau; autrement il empêcheroit le foulage, parce que la forme suivroit le mouvement de la platine, au lieu d'y résister.

## FRANÇAIS ANCIEN.

Caractère en usage dans le cinquième siècle, sous la première race de nos rois : on peut en voir la figure, *Man. Typog.* tome II, page 197.

## FRACO-GALLE.

Caractère d'usage sous la première race de nos rois, pour les actes publics. On l'a nommé Franco-galle, parce que les français firent un mélange de leurs lettres avec celles des gaulois qu'ils avoient vaincus. Voyez le *Manuel Typographique*, tome II, page 202.

## FRANCS.

Caractère dont se servoient les francs avant

la conquête des Gaules. Voyez le *Manuel Typographique*, tome II, page 209.

## FRISQUETTE.

C'est un chassis de quatre bandes de fer qu'on met sur le tympan, et de-là sur la feuille à imprimer. La frisquette est couverte de deux ou trois feuilles de papier collées ensemble; elle ne laisse que l'ouverture de la forme qu'on veut imprimer, et masque tout le papier qui sert pour les marges, afin qu'il ne soit point maculé par l'encre.

La frisquette s'attache après le grand tympan, au moyen de deux charnières de chaque côté, qui entrent juste dans celle de ce grand tympan, et que l'on arrête par deux petites brochettes de fer rondes. Voyez *Brochettes*.

Il faut observer, en collant une frisquette, de ne point laisser des endroits plus épais l'un que l'autre.

La frisquette sert en outre à empêcher qu'aucuns cadrats, dans les pages mêmes où il se trouve beaucoup de blanc à découvert, qui provient de plusieurs bouts de lignes qui se suivent ou de quelques chiffres additionnés, ne maculent le papier, parce qu'elle masque ces endroits, comme elle masque les marges du papier.

A la presse Anisson, la frisquette est en acier, d'une longueur et d'une largeur conformes à celle du grand tympan. Les couplets ont une justesse qui ne lui fait point craindre le vacillement. Elle se colle avec deux feuilles de papier, entre lesquelles on intercale un mince carton, qui sert à former les blancs. Le nombre multipliés des frisquettes en permet un usage varié, c'est-à-dire, que l'on peut en changer à volonté, suivant le besoin.

Les quatre bandes de fer dont la frisquette est composée, ne doivent pas être trop épaisses ; car si elles l'étoient trop, cette épaisseur, jointe à celle du chassis sur lequel la frisquette porte, empêcheroit l'impression, en gênant le foulage ; en outre, l'air qui joueroit trop librement entre la frisquette et la forme, dérangeroit la feuille de place, et elle suivroit les mouvemens de la platine ; de sorte que la feuille descendant de dessus le tympan, s'imprimeroit à la vérité au premier coup, mais dès que la platine s'éleveroit pour laisser passer le coffre au second coup, la feuille s'éleveroit également ; et en le tirant, la feuille tomberoit, et seroit exposée à être doublée : voilà quel seroit le défaut d'une frisquette qui ne retiendroit pas, dans une position ferme, la feuille de papier sur le tympan.

## GARAMONT.

C'étoit un célèbre graveur ; il a gravé le grec le plus complet qui fût jamais pour François premier ; il se trouve à l'imprimerie du Louvre.

## GAILLARDE.

Caractère qui se trouve entre le petit romain et le petit texte.

## GALLÉE.

Pièce de bois platte ayant des rebords élevés de six lignes, des deux côtés et en tête, dans laquelle on place la composition à fur et à mesure qu'elle se fait. Voyez *Coulisse*.

Aller en gallée, c'est composer des lignes autant que la gallée en peut contenir.

Il y a des gallées de plusieurs formats : savoir, gallée *in-folio*, *in-4º* et *in-12*, qui servent à la composition de ces différens formats.

La gallée se place sur le casseau supérieur d'une casse, et du côté des petites capitales: on l'y met un peu en pente, c'est-à-dire, la tête basse, afin que les lignes ne se renversent point. Trois chevilles de bois, ou trois cloux placés dans trois endroits différens, servent à l'arrêter aux cassetins.

## GALLILÉE.

Cette expression signifie, en termes de l'art, remanier en gallée. Ce qui se fait quand les bourdons, les doublons et les fautes sont si considérables, qu'on ne peut faire ces corrections sur le marbre.

## GARNIR.

Garnir une presse, c'est y mettre des cales dans les mortaises des jumelles.

Garnir un tympan, c'est y mettre les blanchets nécessaires.

Garnir une forme, c'est y mettre les bois de fond, de tête, ceux du côté de la barre du chassis, les biseaux et les coins. En garnissant une forme, il faut bien prendre garde que les bois ne se gênent, parce que cela empêcheroit la lettre de se serrer, et exposeroit à mettre en pâte.

## GARNITURE.

Bois de proportion qui entourent les pages imposées dans un chassis.

Chaque format a ses garnitures. Ainsi on distingue les garnitures *in-4°.* de celles *in-8°.*, celles-ci des *in-12.*, etc.

Chaque compositeur doit avoir soin de ses garnitures, et ne pas les mélanger, parce que cela dérange le registre.

Quand on a fini un ouvrage, c'est au sous-prote, ou celui chargé de faire les garnitures, à les soigner, les lier, les envelopper, les étiqueter, et les mettre dans un endroit où l'on puisse les trouver facilement au besoin.

Comme les garnitures de bois se jettent, c'est-à-dire, s'élargissent ou se rétrécissent à raison de l'humidité ou de la sécheresse qu'elles éprouvent, on leur a substitué, dans bien des endroits, les garnitures de fonte. Elles rendent à la vérité les formes plus lourdes, mais elles sont fort avantageuses pour le registre.

## GÉNÉALOGIE,

Sorte de tableau qui demande une grande justesse dans l'ensemble et dans les différentes justifications dont sont composées les colonnes. On se sert ou de crochets, ou de filets, ou de cadrats pour indiquer les différentes filiations. En voici un exemple.

J. B. Laraby
a épousé
M. A. Henry,
dont sont issus,

J. M. Laraby,      M. M. Laraby,
a épousé      morte sans
M. J. Deprix,      postérité.
dont sont issus.

Mar. Laraby. Ad. Laraby.

## GEORGIEN.

Caractère qui tire son nom du martyr saint Georges, qu'une partie des ibériens ont pris pour patron, et qu'ils regardent comme leur premier apôtre. Ce caractère se divise en trois sortes; savoir, en majuscules, en minuscules et caractères courans. Voyez-en les figures dans le *Manuel Typographique*, tome II, pages 228, 229 et 230.

## GERMANIE.

Aller en Germanie, expression triviale pour signifier *remanier*, quand on a fait des bourdons ou des doublons, etc.

### GLISSER.

Quand le papier glisse sur le tympan, il faut mouiller ce dernier avec une éponge, ou mettre une épingle au bas de la marge, pour retenir la feuille. Autant de feuilles qui glissent, autant de feuilles à retirer.

### GODET.

C'est une espèce d'entonnoir qui sert à introduire l'huile dans les pas de la vis. Il est incrusté dans le sommier d'en-haut, au-dessus de l'écrou. Il y a des presses ou ce godet a son couvercle; et l'usage en est bon, parce qu'il empêche les ordures de tomber dans l'écrou, et de le gâter, ainsi que les pas de la vis.

### GOTHIQUE.

Caractère ainsi appelé du nom de certains peuples qui vinrent s'établir dans la Gothie, plus de quatre cens ans avant J. C. Cet alphabet tient du Runique. On peut en voir la figure dans le *Manuel Typographique*, tome II, page 205.

### GOUPILLE.

La goupille est précisément ce qu'on appelle boulon. Voyez *Boulon*.

### GRAIN.

Le grain du pivot est l'extrémité du pivot.

C'est un petit morceau d'acier qui s'incruste dans le pivot.

Le grain de la grenouille est le petit dez d'acier qui est dans la grenouille, et sur lequel appuie le pivot, lorsqu'on tire le barreau.

Le grain du pivot, et celui de la grenouille, sont sujet à s'user et à se casser. Il faut les renouveller souvent.

On doit, de tems en tems, mettre de l'huile dans la grenouille, pour empêcher que le grain ne s'use trop vîte.

Il faut que le pivot tombe bien droit dans la grenouille, afin que le grain de l'un et l'autre ne se casse pas, en portant à faux. Aux presses à l'hollandaise, on a ordinairement un grain de pivot de relai, pour le placer aussi-tôt que celui-ci est cassé. Voyez *Pivot*.

## GRAND-AIGLE.

Nom d'un fort beau papier, plus grand que le grand-raisin.

## GRAND-RAISIN.

Nom d'un grand et fort papier, qui se trouve au-dessous du grand-aigle.

## GREAT-PRIMER.

Nom d'un caractère anglais.

## GREC.

Caractère dont on fait aujourd'hui peu

d'usage. On distingue deux sortes de grec ; savoir, le grec simple et le grec à ligatures.

Le grec simple est celui dont on fait le plus d'usage aujourd'hui.

Quand au grec à ligatures, l'imprimerie du Louvre possède le plus ample que nous ayons.

On peut voir dans le tome premier du *Manuel Typographique* de M. Fournier, la figure du caractère grec à ligatures ; il y a rassemblé 776 lettres différentes; ce qui fait 776 poinçons pour un seul caractère, et tout n'y est pas encore.

Faire du grec, signifie, en termes typographiques, dépâtisser, trier des caractères brouillés.

## GRENOUILLE.

C'est un morceau d'acier creux enchâssé dans le milieu du sommet de la platine, dans lequel le pivot entre et tourne. La pièce de fer qui reçoit ce morceau d'acier, est d'environ deux ou trois pouces en quarré. Il y a des grenouilles qui sont rondes. Le dez d'acier qui est dans la grenouille, doit être d'une trempe aussi forte que le pivot, car si l'un est moins dur que l'autre, il sera bientôt usé. On doit y mettre de l'huile de tems en tems, ainsi que dans l'écrou de la vis de l'arbre ; et lorsqu'il y a beaucoup de crasse à l'écrou, ce qui se connoît quand le barreau ne s'en retourne pas facilement, alors on doit le nettoyer.

On nomme aussi cette pièce, *grenouillère*. C'est le nom que lui donne M. Anisson dans la description du parallèle de sa presse avec celles dont on se sert aujourd'hui.

## GRIS.

Faire gris à l'impression, c'est ne pas charger d'encre la forme. La couleur grise flatte plus que la noir; mais il ne faut cependant pas faire trop gris; car le trop dans ce cas est un grand défaut.

Papier gris, papier qui sert pour des hausses et pour décharge, lorsqu'on est en retiration.

## GROS CANON.

Caractère qui se trouve entre le trismégiste et le double canon. Il sert pour les missels et les affiches.

## GROS PARANGON.

Caractère qui se trouve entre la palestine et le petit parangon.

## GROS ROMAIN.

Caractère entre le petit parangon et le saint-augustin.

## GROS TEXTE.

Caractère entre le saint-augustin et le gros romain.

## GUILLEMET.

Les guillemets servent à mettre au-devant des passages cités, quand on ne les met pas en italique. En voici la forme : »

Le premier guillemet que l'on devant un article se renverse, et le dernier se met dans son sens naturel, ainsi que les précédens.

L'étimologie de ce mot vient d'un nommé Guillemet, qui s'en est servi le premier.

Lorsque les guillemets manquent, on se sert de deux virgules jointes ensemble, qui en ont la figure.

## HANSCRET.

Caractère qui sert pour la langue savante des brahmes, espèce de religieux indiens qui ont le dépôt de la loi, dont ils n'enseignent les secrets qu'à leur famille. Voyez-en la figure dans le *Manuel Typogr.* tome II, page 211.

## HARDILLONS DE POINTURES.

Ce sont les petites pointes qui sont au bout des pointures, et qui servent à former les trous sur le papier que l'on imprime.

Comme ils sont sujets à s'émousser quand ils portent sur le fer du chassis, il faut avoir soin, en mettant en train, de bien faire tomber les pointures dans les crénures du chassis.

## HAUSSES.

Ce sont de petits morceaux de papier gris que l'on met sur la marge collée sur le grand tympan, aux endroits où l'impression ne foule pas assez.

On ne doit pas mettre les hausses d'une largeur plus grande que la place qui en a besoin, parce que l'excès de la largeur feroit fouler plus qu'il ne faut les endroits environnans, et ne remédieroit point par conséquent au défaut de foulage.

Il faut se servir d'un papier gris bien uni, et mouiller les hausses avec la salive pour les faire tenir sur le tympan.

Ceux qui placent leurs hausses en-dedans du tympan sur un carton, et qui font servir ce carton à tous les formats semblables à celui pour lequel ils l'ont fait, n'agissent pas aussi prudemment que ceux qui placent les hausses sur le tympan, à fur et à mesure qu'il en faut, parce que ce carton peut vaciller dans le tympan, et déranger le foulage. Ainsi on doit préférer de placer les hausses sur le tympan.

Ce sont les défauts du marbre qui demandent des hausses; les petites cavités qui s'y trouvent, font que les lettres sont plus basses, et exigent des hausses pour le foulage.

Un sommier qui est de travers, le grain du pivot ou de la grenouille usé, le pivot portant à faux dans la grenouille, la platine portant sur les bords du chassis ou sur la frisquette, tout cela sont autant de défauts qui demandent des hausses, et auxquels il faut remédier plutôt que d'en mettre.

## HAUTEUR.

La hauteur de la lettre est la distance prise du pied de la lettre jusqu'à l'œil : elle est fixée par les réglemens à dix lignes et demie : les cadrats, cadratins, espaces, sont beaucoup moins hauts que les lettres, parce que leur usage est différent.

*Longueur, largeur, profondeur*, nommées en imprimerie *corps, épaisseur* et *hauteur*, sont les trois dimensions géométriques des caractères, qui sont tous autant de parallélipipèdes.

## HÉBREUX.

Caractère ainsi nommé, parce que les hébreux ou juifs l'ont adopté après leur captivité à Babylone; cet alphabet est chaldéen. Esdras, chef de la nation juive, ayant eu la permission de ramener le peuple à Jérusalem, y fit écrire tous les livres de la loi en caractères chaldéens, qui ont pris le nom d'hébreux. On peut en voir la figure dans le *Manuel Typographique*, tome II, pag. 246 et 247.

## HIBÉRIEN.

Ancien georgien. Voyez le *Manuel Typographique*, tome II, page 221.

## HIBERNOIS.

Ancien caractère encore d'usage en Irlande. Voyez le *Manuel Typographique*, tome II, page 196.

## HIÉROGLYPHIQUE.

Sorte de caractère égyptien, qui servoit pour les hiéroglyphes ou choses mystérieuses. Voyez *Manuel Typographique*, tome II, page 215.

## HUILE.

On se sert dans l'imprimerie de deux espèces d'huile ; savoir, d'huile d'olive, et d'huile de noix ou de navette.

L'huile d'olive sert pour graisser les bandes sur lesquelles marche le coffre. On en met dans l'écrou de la vis, dans la grenouille, sur les boulons et dans les couplets du coffre, sur la broche de la manivelle, à l'endroit des frottemens. Cette huile est douce, facilite le jeu des endroits où on la met, et empêche qu'ils ne s'abîment. Si on y mettoit d'autre huile, en outre qu'elle ne feroit aucun bien, c'est qu'elle abîmeroit même les objets qui en seroient chargés, et formeroit beaucoup de crasse.

L'huile de noix ou de navette sert pour les balles ; on en répand un peu dessus dès qu'elles sont montées, et on l'étend bien sur toute la surface des deux cuirs, en frottant les balles l'une contre l'autre ; ensuite on ratisse les balles avec un couteau, pour enlever la crasse et les ordures que l'huile entraîne après elle. On en met aussi sur les cuirs qu'on a corroyés pour les adoucir.

## HUNS.

Cet alphabet étoit d'usage parmi les anciens huns, aujourd'hui nommés sicules, et habitans de la Transylvanie. Voyez le *Manuel Typographique*, tome II, page 209.

IDUMÉEN.

## IDUMÉEN.

Caractère que l'on nomme aussi samaritain, et dont plusieurs nations répandues dans l'Asie et dans l'Arabie se sont servies : on peut en voir la figure dans le *Manuel Typographique*, tome II, page 243.

## IMPÉRIAL.

Alphabet attribué à Charlemagne. Ce prince fut l'auteur et l'inventeur de quatre alphabets destinés à des usages particuliers. *Man. Typog.* tome II, page 207.

## IMPOSER.

C'est placer des pages dans un ordre convenu, pour être ensuite serrées avec des coins dans un chassis de fer, après les avoir garnies de bois de tête, de fond, et de biseaux.

Aussi-tôt que le compositeur a fini sa feuille, il l'impose : on la lit, il la corrige une ou plusieurs fois, et ensuite de ses mains elle passe aux imprimeurs pour la tirer.

On doit observer en imposant de bien dégager les ficelles qui lient les pages, et d'en faire passer le bout par-dessus, afin que quand on vient à desserrer, on n'ait pas la peine de déranger les garnitures pour trouver les ficelles.

En déliant ses pages d'une main, il faut que l'autre suive la ficelle, et couvre les bords des pages, afin qu'en tirant la ficelle, on n'enlève pas aussi les lettres, et que l'on ne mette pas en pâte, comme il arrive souvent quand on néglige cette précaution.

À fur et mesure qu'on délie ses pages, on doit pousser les biseaux de côté et de pied ensemble, afin que les pages se rapprochent des bois de tête et de fond, et se serrent contre la barre du milieu du chassis. Ensuite, quand on a délié un côté du chassis, on y met les coins sans les serrer, afin d'empêcher les pages de se déranger pendant que l'on fonctionne à l'autre partie du chassis; fonction qui est précisément la répétition de la première partie, ou premier côté.

Auparavant de serrer entièrement la forme, il faut battre la lettre avec les doigts pour la redresser et abaisser les espaces qui pourroient se trouver élevées. Si l'on voyoit quelques pages couchées, il faudroit en battre la lettre du côté opposé à sa pente, et par ce moyen on les redressera.

Après s'être bien assuré par tous ces moyens que la lettre n'est point couchée, que tout est bien dans l'ordre, on taque la forme avec un morceau de bois tendre; pour faire abaisser également la lettre par-tout. On ne doit pas taquer à grands coups de marteau, comme font certains ignorans ou étourdis : on doit simplement frapper avec le manche d'une manière convenable, en promenant le taquoir sur toutes les pages. Ensuite on serre la forme avec le cognoir, après avoir donné de légers coups de marteau sur les coins : on doit bien prendre garde à l'œil de la lettre. Il arrive souvent qu'en serrant les coins, on donne des coups de marteau à faux, et qu'on écrase le caractère: c'est sur quoi l'on ne sauroit trop prendre de précaution.

Si l'on serroit trop une forme, on feroit lever la lettre: il faut la serrer convenablement, de manière qu'on ne puisse rien enlever avec les balles sous presse.

Lorsqu'un chassis bombe, il faut le changer, ou l'abaisser, après avoir desserré, si ce défaut vient de ce que la forme soit trop serrée.

Quand un chassis n'est pas d'à-plomb, ce que l'on voit aisément; lorsque posé sur un marbre uni, il ne le touche pas dans toutes ses parties, alors on peut le redresser soi-même, en le faisant porter sur un morceau de bois par terre, et en appuyant fortement avec le pied sur l'endroit qui lève, tandis que l'on tient ferme de l'autre pied la partie opposée.

Dans tous les cas, il faut changer un chassis qui lève beaucoup, parce qu'il expose à mettre en pâte une forme.

On verra à l'article suivant toutes les différentes manières d'impositions. On peut le consulter dans le besoin.

## IMPOSITION.

Nous avons dit que l'imposition est l'action de placer des pages dans tel ou tel ordre particulier à chaque imposition, de les entourer d'une garniture, et les serrer dans un chassis de fer.

Il y a autant d'impositions différentes, qu'il y a de formats différens.

Bien peu d'ouvriers connoissent toutes les manières d'imposer en usage dans l'Imprimerie. Cette connoissance même s'oublie facilement, pour peu qu'on ne la mette point en pratique. Comme c'est une histoire de combinaison, plutôt que de science, il n'est pas étonnant que cela s'échappe si facilement de la mémoire.

Je vais tâcher d'expliquer, d'une manière claire, comment on doit exécuter toutes les impositions, depuis l'*in-folio* jusqu'à l'*in-128*.

Observons d'abord quelles sont les impositions hétéroclites, telles que sont celles des billets, des cartes, des placards. Tous ces différens objets s'imposent ordinairement dans des ramettes, ou de petits chassis.

Les placards et affiches s'imposent dans des chassis qui n'ont point de barres. On met en tête du placard, des bois proportionnés à sa largeur et à la grandeur de la ramette ; on en met aussi du côté droit dans sa longueur, pour soutenir le placard, et empêcher qu'il ne touche contre le fer. Puis les biseaux se mettent du côté gauche et au pied.

Dans les petits billets *in-4°*, ou sur une demi-feuille, on en use de même.

Pour les cartes, on les impose tête-à-tête, et on les sépare avec un filet, en observant de ne laisser, entre les cartes et le filet, que le blanc convenable pour la marge.

Dans ces sortes d'impositions, on tâche de mettre les bois de manière qu'ils ne nuisent en rien à la solidité de la forme.

## IN-FOLIO.

### N°. 1, *planche première*.

L'*in-folio* en une feuille contient quatre pages, tant pour le papier blanc que pour la retiration. Voyez n°. 1 pour le côté de *première* et *quatre*; et pour le côté de *deux* et *trois*, voyez n°. 3.

La barre du chassis séparera les deux pages, et les bois que l'on mettra à côté serviront de blanc du milieu. On mettra aussi des bois à la tête du chassis. Les biseaux occuperont les côtés extérieurs des pages et leurs pieds.

### *In-folio de deux feuilles en un cahier.*

Voyez (*planche première*) n°. 2, pour la première forme; n°. 4, pour sa retiration.

N°. 5, pour la troisième forme; et n°. 7, pour la retiration de cette forme. Mettez une réclame à la 2e page, une à la 6e, et enfin une à la 8e.

---

*Nota.* Dans toutes les impositions, on met la première page à côté de la dernière, et cette première page, sous la main gauche, dans le bas du chassis, excepté dans les *in*-16, les *in*-24 par demi-feuille, l'*in*-36 par feuille et demi-feuille, l'*in*-48 par feuille et demi-feuille, l'*in*-64 par demi-feuille; toutes impositions dont les pages sont placées tête contre tête, et sur le côté, dans la hauteur du chassis, c'est-à-dire, placées comme les pages *in*-4°. et non comme celles *in-folio* : dans ces impositions seules, on met la première page en tête du chassis, du côté gauche, près le biseau.

*In-folio de trois feuilles en un cahier.*

Voyez (*planche première*) n°. 6, pour la première forme; n°. 8, pour sa retiration.

N°. 9, pour la première forme de la seconde feuille; n°. 11, pour sa retiration.

N°. 10, pour la première forme de la troisième feuille; n°. 12 pour sa retiration.

Une réclame à la 2ᵉ page, une à la 4ᵉ, une à la 8ᵉ, une à la 10ᵉ, et la dernière à la 12ᵉ.

### IN-QUARTO.

L'*in*-4°. contient huit pages, tant en papier blanc qu'en retiration. On impose par conséquent quatre pages dans chaque chassis.

Les chassis *in-folio* servent à l'*in*-4°. quand ils sont plus quarrés que longs : les chassis *in*-4°. servent pour l'*in*-8°.

On impose les pages d'un *in*-4°. tête contre tête; et la barre du chassis qui est au milieu, dans les impositions à la française, sert d'appui aux têtières.

*In-quarto à la lyonnaise.*

Dans l'imposition à la lyonnaise, on met les bois de côté des pages, ou de tête du chassis, du côté de la cinquième et de la dernière page; et les biseaux du côté de la première et de la quatrième, pour l'imposition dite du *côté de première*; on observe la même chose pour la forme de retiration.

Il faut bien prendre garde d'imposer une

forme à la lyonnaise, et une autre à la française, cela occasionneroit des transpositions sous presse, parce que les imprimeurs se guidant sur les coins qu'ils mettent toujours devant eux sous presse, n'y feroient point attention peut-être, et opéreroient mal en croyant bien opérer.

### *In-quarto en une feuille à la française.*

*Nota.* Vous placerez votre chassis de façon que la barre du milieu sépare les quatre têtes des pages, et contre la barre vous mettrez les quatre bois de tête.

Voyez (*planche 3*) n°. 17, pour la première forme; et n°. 20, pour la retiration.

### *In-quarto par demi-feuille.*

Voyez (*planche 3*) n°. 18.

### *In-quarto de deux feuilles en un cahier.*

Voyez (*planche 2*) n°. 13, pour la première forme; n°. 15, pour sa retiration.

N°. 14, pour la première forme de la seconde feuille; et n°. 16, pour sa retiration.

### *In-quarto en un carton de deux pages.*

Voyez (*planche 3*) n°. 19. N'oubliez pas les pages blanches; les compositeurs les aiment autant que les imprimeurs les détestent.

## IN-OCTAVO.

L'in-8°. contient 16 pages, tant en papier

blanc qu'en retiration. On met quatre pages de chaque côté du chassis, tête contre tête, et la barre est l'endroit des grands blancs.

### In-octavo par feuille entière.

Voyez (*planche* 4) n°. 23, pour la première forme : et n°. 24, pour la retiration.

### In-octavo par demi-feuille.

Voyez (*planche* 4) n°. 21.

### In-octavo de deux cahiers par demi-feuille.

Voyez (*planche* 4) n°. 22.

## IN-DOUZE.

L'*in*-12 contient 24 pages, tant en papier blanc qu'en retiration:

Cette imposition se fait de deux manières, ou carton en dedans, ou carton en dehors.

Lorsqu'on impose carton en dedans, alors on met six signatures dans la feuille; carton en dehors, on met deux lettres différentes pour signatures; savoir la signature A, par exemple, pour les 16 pages composant le grand carton, et la signature B pour le petit carton composé de 8 pages. On se sert, pour imposer l'*in*-12, ou de chassis à la française, ou de chassis à l'hollandaise.

Les chassis à la française ont la barre dans le milieu en longueur, et non pas en travers comme les chassis *in*-4°.

Les chassis à l'hollandaise ont la barre en travers à l'endroit du grand carton, à un tiers de distance de la longueur du chassis.

Une partie des chassis *in-4°*. sert à imposer l'*in-12* à la manière hollandoise, en transportant la barre dans deux petites mortaises pratiquées plus haut, où elle entre juste, et s'y tient ferme.

*In-douze par feuille, le carton en dedans.*

Chassis à la française.

Voyez (*planche 5*) n°. 25 pour la première forme, et n°. 26, pour la retiration.

*In-douze par feuille, le carton en dehors.*

Chassis à l'hollandaise.

Voyez (*planche 5*) n°. 27, pour le côté de première, et n°. 28, pour la retiration.

Dans les *in-12*, l'imprimeur n'a pas à craindre de mal tourner son papier ; les pointures le guident.

*In-douze par demi-feuille, carton en dedans.*

Chassis à l'hollandaise ou à la française.

Voyez (*planche 5*) n°. 29.

*In-douze par demi-feuille, carton en dehors.*

Chassis à l'hollandaise ou à la française.

Voyez (*planche 5*) n°. 30.

*In-douze par feuille entière de trois cahiers séparés.*

Voyez (*planche 6*) nos. 31 et 32.

Cette imposition est peu usitée : comme elle ne se fait que pour obvier aux pages blanches qui se trouvent à la fin d'un ouvrage, et que l'on est obligé, pour remplir cette imposition, de composer deux ou trois fois les mêmes pages, on préfère d'imposer *in-8°*. la fin d'un ouvrage *in-12*, en prenant du papier plus petit. Par exemple, si la fin d'un *in-12* est de 6, 7 ou 8 pages, on impose en une demi-feuille *in-8°*. Si la feuille fait 14, 15 ou 16 pages, on impose en une feuille *in-8°*., observant de mettre les mêmes blancs de fond et de tête que dans les précédentes feuilles *in-12*. Si on a 2, 3 ou 4 pages de plus que la feuille *in-8°*., on fait un carton ou une demi-forme *in-8°*. de plus ; de manière que si l'*in-12* étoit tiré sur du grand carré, par exemple, on prendroit de l'écu pour tirer cette fin *in-8°*. etc. etc.

*In-douze par demi-feuille de trois cahiers séparés.*

Voyez (*planche 6*) n°. 33.

## IN-SEIZE.

*In-seize par feuille entière d'un seul cahier.*

Voyez (*planche 6*) nos. 34 et 35.

Dans ce format, on met huit signatures, et sous presse on retourne *in-12* son papier.

*In-seize par demi-feuille en un cahier.*

Voyez (*planche 7*) n°. 36.

*In-seize par demi-feuille en deux cahiers.*

Voyez (*planche 7*) n°. 37.

*In-seize par feuille entière, en deux cahiers séparés.*

Voyez (*planche 7*) n°s. 38 et 39.

## IN-DIX-HUIT.

*In-dix-huit par feuille entière en un seul cahier.*

Voyez (*planche 7*) n°s. 40 et 41.

Dans cette imposition, la barre du chassis sert de petit *blanc*, au moyen de réglettes que l'on met de chaque côté pour proportionner les *blancs*, et pour empêcher que la lettre ne s'abîme contre le fer.

*Autre manière d'imposer cet* in-18.

Voyez (*planche 8*) n°s. 42 et 43.

*In-dix-huit par feuille entière, en deux cahiers, le plus en usage.*

La barre du chassis sert de petit bois de fond.
Voyez (*planche 8*) n°s 44 et 45.

*Nota*. Qu'on observe bien de mettre dans toutes ces impositions, les filets indiqués par les planches; ils servent de renseignement à la pliure.

## In-dix-huit par feuille de deux cahiers sur une feuille.

La barre du chassis sert de bois au carton.

Voyez (*planche 8*) n^os. 46 et 47.

Le premier cahier de cette imposition est de 16 pages, et le second de 20.

Lorsqu'on se sert de chassis à l'hollandaise pour imposer les *in-18*, et que la barre du chassis est plus épaisse que les bois de fond, on peut en ce cas placer la barre à l'endroit des cartons, en observant de mettre ladite barre au carton d'en-bas pour le papier blanc, et de la mettre au carton d'en-haut à la retiration.

L'imprimeur placera ses pointures en-bas, en papier blanc; et les remettra en-haut à la retiration.

## In-dix-huit par feuille entière de trois cahiers séparés.

La barre au milieu du chassis, comme dans l'*in-4°*.

Voyez (*planche 9*) n^os. 48 et 49.

## In-dix-huit par demi-feuille.

Voyez (*planche 10*) n°. 50.

Cette imposition est quelquefois nécessaire, comme dans le cas où un ouvrage finit par le même nombre des pages qu'elle contient; mais il faut observer qu'il y a quatre pages à transposer à la retiration, savoir les quatre pages d'en-bas, qui sont contre la barre du chassis, lesquelles seront transposées diagonalement à la retiration.

*Instructions pour plier cette imposition.*

Premièrement on coupe la bande d'en-haut tout le long des têtières, et on la sépare en quatre parties; savoir, les deux bouts de ladite bande, chacun de deux feuillets que l'on plie comme des *in-folio*, et les deux feuillets qui restent dans le milieu de ladite bande, se partagent encore en deux, qui font deux feuillets volans, lesquels se placent dans le milieu de chaque cahier dont cette demi-feuille est composée; pour le restant de la feuille, on la sépare encore en trois parties; savoir, les deux bouts de la feuille en deux cahiers *in-4º*, et les quatre pages qui restent dans le milieu de cette feuille, se séparent encore en deux, par le milieu des têtières, que l'on plie comme deux *in-folio*; après quoi on assemble les cartons pour les ranger l'un dans l'autre, et on en fait deux cahiers de 18 pages chacun.

Cette demi-feuille s'impose dans un chassis *in-4º*. et se retourne *in-8º*.

## IN-VINGT-QUATRE.

*In-vingt-quatre par feuille en trois cahiers séparés.*

Voyez (*planche 2*) nºs. 52 et 53.

*In-vingt-quatre par demi-feuille, d'un cahier.*

Voyez (*planche 10*) n°. 51.

Cette imposition se plie sans rien couper, après avoir séparé la feuille en deux, ce qui forme deux demi-feuilles.

*In-vingt-quatre par feuille entière de deux cahiers séparés.*

Voyez (*planche 12*) n°s. 54 et 55.

*In-vingt-quatre par demi-feuille d'un seul cahier séparé.*

Voyez (*planche 13*) n°. 56.

*In-vingt-quatre par demi-feuille de deux cahiers séparés.*

Voyez (*planche 13*) n°. 57.

*In-vingt-quatre d'un cahier, par demi-feuille, en façon d'un in-16.*

Cette imposition est peu usitée.
Voyez (*planche 14*) n°. 58.

*In-vingt-quatre par demi-feuille, de deux cahiers, en forme de trois in-4°.*

Voyez (*planche 14*) n°. 59.

## IN-TRENTE-DEUX.

*In-trente-deux par feuille entière, en quatre cahiers séparés.*

Voyez (*planche 15*) n°s. 60 et 61.

*In-trente-deux par demi-feuille de deux cahiers séparés.*

Voyez (*planche 16*) n°. 62.

## IN-TRENTE-SIX.

*In-trente-six par feuille entière de trois cahiers séparés.*

Châssis à l'hollandaise; retourner *in-12* à la retiration.

Voyez (*planche 17*) n°s. 64 et 65.

*In-trente-six par demi-feuille de deux cahiers séparés.*

Voyez (*planche 16*) n°. 63.

## IN-QUARANTE-HUIT.

*In-quarante-huit par feuille entière, de six cahiers séparés.*

Voyez (*planche 19*) n°s. 66 et 67.

*In-quarante-huit par demi-feuille de trois cahiers séparés.*

Châssis à l'hollandaise.

Voyez (*planche 20*) n°. 68.

## IN--SOIXANTE-QUATRE.

*In-soixante-quatre par demi-feuille de quatre cahiers séparés.*

Retourner le papier *in-4°*.
Voyez (*planche 21*) n°. 69.

## IN-SOIXANTE-DOUZE.

*In-soixante-douze par demi-feuille de trois cahiers séparés.*

Voyez (*planche 22*) n°. 70.

## IN-QUATRE-VINGT-SEIZE.

*In-quatre-vingt-seize par demi-feuille de six cahiers séparés.*

Voyez (*planche 22*) n°. 71.

## IN-CENT-VINGT-HUIT.

*In-cent-vingt-huit par demi-feuilles de huit cahiers séparés.*

Voyez (*planche 23*) n°. 72.

## IMPRESSION.

L'impression est l'action d'imprimer; c'est aussi l'objet imprimé. On dit bonne ou mauvaise impression, relativement à la beauté ou à la défectuosité de l'ouvrage imprimé, et à sa correction.

Il faut du goût pour faire une belle impression, et du talent pour la faire bonne, c'est-à-dire, correcte.

## IMPRIMER.

C'est, en général, faire des ouvrages de tous points ; c'est-à-dire, pour la composition et l'impression en particulier. Imprimer signifie tirer les feuilles sous presse, par le moyen d'un barreau qui fait mouvoir une vis et descendre une platine qui foule sur la forme imprégnée d'encre, et dont le caractère s'imprime sur le papier.

La permission d'imprimer est bornée en France : on n'accorde qu'un certain nombre de privilèges ; et il est difficile d'en obtenir, vu la petite quantité de places, et le grand nombre de prétendans.

En pays étranger, on imprime librement : on demande une permission de lever une imprimerie au prince ou au magistrat ; et cette permission n'est jamais refusée.

## IMPRIMERIE.

Si on prend ce terme dans son acception générale, l'Imprimerie est l'art d'imprimer les ouvrages avec des caractères mobiles.

L'imprimerie est le lieu, l'atelier où l'on travaille à la composition et à l'impression des livres.

On divise en deux classes les personnes qui travaillent à l'Imprimerie; savoir, la classe des imprimeurs, ceux qui travaillent à la presse; et la classe des compositeurs, c'est-à-dire, ceux qui travaillent à la casse, et que l'on nomme *cassiers*, comme les premiers s'appellent *pressiers*.

Pour être imprimeur à la presse, ou pressier, il suffit d'avoir de la force et du goût.

Pour être compositeur, il faut du goût et du talent, ou tout au moins du talent.

Ordinairement on sépare les pressiers des compositeurs, afin que ces derniers soient plus tranquilles à leurs ouvrages; car la composition demande beaucoup d'attention; et un compositeur qui aime à causer, à badiner, est ordinairement un mauvais ouvrier, faisant beaucoup de fautes, de bourdons et de doublons.

Les pressiers peuvent causer autant qu'il leur plaît en travaillant; mais cependant il ne faut pas pousser la causerie au point de faire des fautes en touchant; savoir, des moines, des feintes, des pâtés, faire trop gris ou trop noir; défauts qui viennent souvent de la distraction.

Quoiqu'il faille réellement du talent pour être bon compositeur, nous voyons cependant beaucoup de personnes travailler à la casse, et n'en point avoir. D'où vient cela? C'est qu'on fait des apprentifs imprimeurs des premiers petits fainéans qu'on peut trouver. Le besoin que l'on a de petits commissionnaires pour porter les épreuves, fait que l'on en prend autant que l'on peut en avoir, et que ce sont presqu'autant d'imprimeurs ou de compositeurs par la suite. Quelques-uns d'eux cependant, avec du bon sens, deviennent bons ouvriers; mais on peut en croire l'expérience, c'est le plus petit nombre.

La manie d'imprimer est portée, au siècle où j'écris, au point de faire des ouvriers de tout ce qui se présente pour entrer dans cet état : et malgré la quantité considérable d'imprimeurs, on manque encore de bras.

Dans les premiers tems de l'Imprimerie, ce n'étoit qu'à des gens savans qu'on accordoit le privilége d'imprimer. Ces gens savans prenoient des personnes instruites pour apprentifs, et des gens habiles pour corriger les épreuves : aussi voyoit-on sortir des presses d'alors des chef-d'œuvres en correction ; aujourd'hui il est honteux de voir une quantité énorme d'ouvrages remplis de fautes grossières, et que l'ignorance, pour ainsi dire, ait présidé toute entière à l'impression de ces ouvrages, qui, pour leur honneur, n'auroient jamais dû voir le jour.

Les Etienne avoient raison de se plaindre de l'ignorance de certains imprimeurs de leur tems. S'ils voyoient une partie de ceux d'aujourd'hui, que ne diroient-ils point ?

Loin qu'un maître imprimeur sache la langue latine, lire le grec, et son état, le dirai-je ? quelques-uns ne savent pas leur français, leur langue naturelle.

J'ai vu des chapeliers, avec de la fortune, acheter une imprimerie, obtenir un privilège, et ne sachant faire que des chapeaux, se mettre à la tête d'un état dont ils n'avoient pas les premières notions.

D'autres, après avoir fait le métier de charlatan, de baladin, de musicien, devenir imprimeurs. O honte !

D'autres encore traiter d'une imprimerie comme d'une usine ; spéculer son produit, et non l'honneur de l'art.

Comment est-il possible qu'il sorte de beaux ouvrages, et bien corrects, de ces presses ? Comment peut-on accorder des privilèges aussi facilement ? Que ne les donne-t-on au mérite ? Pourquoi ne tient-on pas la main à ce que l'on n'admette au concours que des imprimeurs instruits, et ayant les qualités requises pour obtenir des privilèges ?

Comment avoir de bons ouvriers, puisqu'on ne choisit pas les sujets, puisqu'on en prend qui ne savent même pas écrire, qui connoissent à peine leurs lettres ; d'autres, enfin, qui ne savent ni lire, ni écrire ?

Un apprentif, qui a fait un bon apprentissage, est nécessairement un bon ouvrier ; comme un mauvais apprentif est toujours un mauvais ouvrier.

Si les jeunes gens qui entrent dans l'imprimerie, pouvoient se convaincre de cette vérité, et agir en conséquence, je répondrois, à coup sûr, qu'ils deviendroient de bons ouvriers, malgré le peu de disposition ou de talens de la plupart.

Le nombre des places d'imprimeur est fixé dans chaque ville du royaume où il y en a. On ne peut pas, par cette raison, parvenir aisément à avoir des places. Le nombre des postulans est infiniment trop grand.

## INTERLIGNER.

C'est mettre des interlignes entre les lignes d'un ouvrage.

## INTERLIGNES.

Ce sont des morceaux de fonte minces et plats, de différente longueur, et de hauteur moindre que la lettre, qui servent à écarter les lignes entr'elles. Il y a des interlignes minces, des foibles et des fortes ; des quatre au cicero, des huit, et même des douze. On les fond de telle longueur qu'on les desire : il y en a petit *in-folio*, *in-4°.*, *in-8°.*, *in-12*, etc.

Les interlignes servent aussi à blanchir les titres, à justifier les premières pages, les pages de titres, etc.

Lorsqu'on a un ouvrage à interligner, et que l'on n'a pas d'interlignes justes à la justification de cet ouvrage, alors on y supplée ou par des espaces ajoutées aux interlignes ; savoir, au bout et au commencement de l'interligne alternativement, ou par des bouts d'interlignes qui puissent remplir la justification.

Les ouvrages interlignés ont toujours plus de grace que ceux qui ne le sont pas.

Il convient que les interlignes soient fondues avec justesse, autrement elles font aller de travers la composition, lorsqu'elles se trouvent plus épaisses à un bout qu'à l'autre. Il ne faut pas non plus qu'elles forcent la justification, parce qu'elles empêchent la lettre de tenir, et l'exposent à tomber.

### Interrogant.

Point interrogant : c'est une ponctuation qui se met après une phrase qui exprime une question.

Dans la casse, on trouve le point interrogant au-dessous du point admiratif, du côté des petites capitales.

### Ionique.

Sorte de caractère phénicien ou sarrasin. Voyez-en la figure au *Manuel Typographique*, tome II, page 212.

### Irlandois.

Caractère ancien, encore d'usage en Irlande. Voyez *Manuel Typogr.*, tome II, page 196.

### Isiac-Egyptien.

Alphabet attribué à Isis, reine d'Egypte. Voyez *Manuel Typogr.*, tome II, page 214.

### Italique.

Sorte de caractère qui est couché, et imite imparfaitement l'écriture. Chaque caractère a son italique.

L'italique sert pour les titres, les citations, les passages latins, les épîtres dédicatoires, etc. Beaucoup d'ouvriers font ce terme *italique* du genre féminin ; mais je crois qu'on doit le faire masculin, parce qu'on sous-entend le mot *caractère* ; *caractère italique*.

Les anciens italiques étoient mauvais, mal gravés. M. Pierre-Simon Fournier leur a donné une nouvelle forme plus agréable à l'œil. On eut bientôt rejetté partout les anciens italiques, pour leur substituer les siens.

Je dois rendre ici un hommage à ce célèbre graveur, à cet homme d'esprit et de génie, qui nous a laissé un ouvrage rare et curieux, de sa composition, qui est le *Manuel Typographique*, en deux volumes *in-8°.*, avec planches et gravures ; un recueil de toutes sortes de caractères ; la description de l'art de la gravure en caractère, et celle de les fondre. On lira sûrement avec plaisir ce qu'a publié de cet homme célèbre, l'*Année Littéraire* 1768, tome VIII, page 265.

« Pierre-Simon Fournier, né à Paris en
» 1712, est mort dans la même ville, le 8
» octobre 1768. Il possédoit, au degré le plus
» éminent, la théorie et la pratique de son
» art. Les éditions faites avec ses caractères
» sont déjà recherchées comme celles des Elzé-
» virs, et son nom, célèbre dans toute l'Europe,
» ne périra jamais. Aux talens d'un habile ty-
» pographe, il joignoit l'érudition d'un savant
» consommé dans cette partie. Personne n'a
» répandu plus de lumière et de vérité sur
» l'origine et les progrès de l'Imprimerie. Nous
» avons un recueil *in-8°.* de traités extrême-
» ment curieux à ce sujet ; qu'il a publiés en
» différens tems. Les vertus de l'homme éga-

» loient, dans M. Fournier, le mérite de l'ar-
» tiste ; c'étoit une des plus belles âmes qui
» soient jamais sorties des mains de la nature.
» La religion, la probité, l'honnêteté, la can-
» deur, la simplicité, la modestie, l'humanité,
» la bienfaisance, l'agrément, et la sûreté dans
» le commerce social : telles sont les qualités
» qu'il a fait admirer en lui pendant tout le
» cours de sa vie. Il a laissé à son fils la fon-
» derie la plus belle et la plus complette de
» l'Europe ».

C'est en 1737 que M. Fournier a entrepris de graver des caractères italiques d'une nouvelle forme.

L'italique ancien tire son origine de l'écriture de la chancellerie romaine, et a de-là été appellé cursive, nom qu'on lui donne encore dans certains pays. On l'a aussi appellé lettres vénitiennes, parce que l'on a gravé les premiers poinçons à Venise. Il a aussi porté le nom de lettres aldines, parce que Alde-Manuce s'en est servi le premier ; enfin, le nom d'italique l'a emporté, et se conserve aujourd'hui : ce nom lui fut donné, parce qu'il nous vient d'Italie.

Le célèbre Alde-Manuce inventa la lettre italique sur la fin du quinzième siècle. Il obtint un privilège du pape, qui lui permettoit de se servir, exclusivement à tout autre, de ce caractère. La ville de Venise lui avoit, l'année précédente, donné un privilège pour le même objet. Mais il abusa bientôt de ce caractère, car il en imprima des ouvrages entiers ; et c'est un reproche qu'on a à lui faire. Ce caractère n'est fait que pour les citations, les passages, les choses à distinguer dans un discours.

Le premier ouvrage imprimé en caractères italiques, par Alde-Manuce, fut Virgile; Horace le suivit de près: ces auteurs ont été imprimés en 1500 et 1501.

## J.

L'*J* long capital s'appelle *J* d'Hollande: c'est une consonne. Il ne sert point dans les signatures des livres.

## JACOBITE.

Cet alphabet est de l'invention d'un nommé Jacob, hérétique, et il a pris de lui son nom de jacobite. Voyez le *Manuel Typographique*, tome II, page 234.

## JACQUES. (SAINT)

L'expression aller à Saint-Jacques signifie faire des bourdons.

Un compositeur que l'on envoie à Saint-Jacques, est un compositeur à qui l'on indique sur ses épreuves des remaniemens à faire; parce que celui qui corrige les épreuves, figure, avec sa plume, une espèce de bourdon aux endroits omis, pour indiquer l'omission.

## JATTES.

Vases de bois faits en forme de creuset, dont les imprimeurs et les compositeurs se servent pour mettre de l'eau, afin de s'en servir soit, les uns, pour mouiller leur tympan, etc., et les autres, pour mouiller la lettre à distribuer, au moyen d'une éponge propre à cet objet. Les compositeurs se servent aussi de jattes pour y déposer leurs espaces ou cadrats surabondans.

### JUDAÏQUE.

On appelle aussi ce caractère *chaldaïque*: il étoit en usage parmi les juifs, du tems de leur captivité en Babylone. Voyez le *Manuel Typographique*, tome II, page 245.

### JUMELLES.

Ce sont deux longues pièces de bois qui occupent en hauteur les deux côtés de la presse, qui en soutiennent la vis et l'écrou. Leur position est perpendiculaire. Leur distance doit être égale dans tous leurs points; c'est-à-dire, depuis le chapeau jusqu'au travers qui est au-dessous du sommier qui supporte les petites poutres ou bandes.

Je ne dirai pas que les jumelles doivent être d'un bon bois, bien sec; on le sent assez.

On doit faire des doubles tenons aux deux sommiers, quand celui d'en-haut est soutenu avec des vis arrêtées par-dessus le chapeau, au moyen de deux écrous; mais quand le sommier supérieur est soutenu par des coins, alors les tenons seront simples, et passeront de près d'un demi-pied dehors les mortaises à jour de chaque côté des jumelles, afin que les coins qui servent à élever ou baisser ce sommier, ne sortent point des mortaises. L'ouverture des mortaises doit être un peu plus larges que l'épaisseur des tenons, afin que le sommier joue librement, et puisse, avec facilité, se lever ou baisser.

Il faut que le sommier d'en-haut soit placé bien droit; autrement, appuyant sur la platine plus fortement d'un côté que de l'autre, il occasionneroit un foulage inégale. Il feroit, en outre, rester le barreau sur la forme, sans nul mouvement.

A la presse du Louvre, M. Anisson a fait faire les jumelles d'une construction plus forte que celles des presses ordinaires; il les a unies dans leur longueur, par de fortes vis aux pièces qui y sont adhérentes. Les mortaises qui reçoivent les tenons du sommier sont garnies en cuivre, ainsi que leurs surfaces extérieures, sur lesquelles les mentonnets du sommier opèrent leurs frottemens pendant sa course. Des boulons à têtes fraisées et perdues lient ces pièces aux premières.

Les jumelles sont assemblées, par le bas, dans des patins de trois pieds de long sur un pied de large, et six pouces d'épaisseur : ces patins sont unis l'un à l'autre par deux traverses. Cet assemblage reçoit encore une nouvelle force de deux boulons qui lient ensemble les jumelles, les patins et les traverses de devant et de derrière. Au moyen de cette construction nouvelle de jumelles, la presse n'a pas besoin d'étançons.

## JUSTIFICATION.

La justification d'un ouvrage est la grandeur des pages, et la largeur des lignes.

On distingue ainsi les *in-12*, des *in-8°*, des *in-4°*, etc. à raison de la plus ou moins grande largeur des lignes, et longueur des pages.

## JUSTIFIER.

C'est rendre juste la ligne dans le composteur : on justifie avec des espaces que l'on répartit également, autant qu'il est possible, entre chaque mot.

On justifie ou fort ou foible, et on continue de suivre la marche que l'on a prise. Mais le moyen le plus sûr pour justifier exactement, c'est de prendre le milieu entre le fort et le foible. Celui qui justifie trop fort s'expose à casser ses lignes, en les sortant du composteur d'où il a peine à les arracher : celui qui justifie trop foible, ne se rencontre point avec celui qui justifie fort ; de manière que deux compositeurs travaillant sur un même ouvrage, et justifiant de ces manières opposées, ne peuvent rendre leurs compositions égales : elles diffèrent entre elles d'une forte espace au moins ; et quand il se trouve dans une même page de ces deux justifications, la plus forte empêche que la plus foible ne se serre, et cette dernière fait des sonnettes, lorsqu'on lève la forme de dessus le marbre.

Si l'on observe un milieu entre ces deux

extrémités, on est sûr que toutes les compositions doivent se rencontrer.

Quand on a pris sa justification dans son composteur, soit avec une ligne de matière, de cadrats ou plusieurs interlignes, on serre exactement la vis du composteur, afin que la justification ne s'élargisse point.

### Laine de balles.

On se sert de laine pour mettre dans les balles de préférence au crin, qui est plus dur et moins élastique.

Il faut tous les soirs, lorsqu'on a démonté ses balles, bien étendre ses pains de laine, et le lendemain les tirer. On doit faire carder la laine tous les huit jours. Plus la laine est démêlée, et plus les balles sont bonnes.

### Languettes.

C'est une petite pièce de fer fort mince qui est attachée au chassis de la frisquette, pour donner à l'imprimeur la facilité de la lever ou de l'abaisser, à mesure qu'il imprime chaque feuille de papier.

Il faut prendre garde que cette languette, que l'on nomme aussi *oreille*, soit trop longue; car si elle l'étoit trop, elle pourroit toucher aux jumelles de la presse, et feroit doubler ou frisotter l'impression. Il y a tant de causes qui font doubler ou frisotter, qu'on ne sauroit trop les étudier, et y apporter les soins nécessaires et convenables pour les prévenir, ou pour y remédier.

### LARDER.

Ce terme s'emploie quelquefois par les compositeurs lorsqu'ils veulent désigner une composition mêlée d'italique; ils disent: *Cette copie est lardée d'italique.*

### LARRON.

Les larrons sur le papier, sont des petits morceaux de papier arrachés aux feuilles, et si bien joints que l'on ne s'en apperçoit d'abord pas; mais qui se découvrent à l'impression, par le moyen de la pression de la platine sur la forme, après laquelle souvent le larron s'attache, et la feuille imprimée ne l'est point à l'endroit où le larron la masquoit. Ces larrons se font dans les fabriques de papiers; parce que toutes les feuilles, après être collées, étant étendues sur les cordes, il ne peut guère se faire qu'il ne s'y en attache quelques-unes ensemble, et qu'on n'en déchire quelques parcelles en les détendant.

### LASCARIS.

André-Jean Lascaris étoit grec d'origine: il passa vers le milieu du quinzième siècle en Italie avec Marc Musurus; ils y apportèrent tous deux le goût de la littérature grecque. Ils honorèrent l'Imprimerie de leurs connoissances, et ne dédaignèrent pas ni l'un ni l'autre l'emploi de correcteur d'épreuves. Marc Musurus mourut en 1517, et André-Jean Lascaris en 1535.

## DE L'IMPRIMEUR.

### LATIN ANCIEN.

Voyez-en la figure dans le *Manuel Typographique*, tome II, page 197. Cet alphabet a portés les noms d'ionique et attique, parce qu'il tire son origine des lettres grecques. Les romains s'en servirent 700 avant J. C. Plusieurs nations l'ont adopté avec des changemens; et il est devenu le principes des alphabets de l'Europe.

### LETTRES.

Les lettres sont des morceaux de matière fondus sur différens corps qui représentent les différens signes de l'alphabet. Voyez *Caractère*.

On donne le nom de lettres de deux points à celles qui ont la figure des capitales, et qui ont la force de deux corps à l'usage desquels elles servent; ainsi une lettre de deux points de petit romain, par exemple, est de la force de deux corps de petit romain joints ensemble, ainsi des autres.

On distingue aussi des lettres simples celles qui sont ornées, ombrées ou frisées, et que l'on emploie dans des ouvrages que l'on veut soigner. On ne fait plus guère aujourd'hui usage de ces lettres ornées, ombrées ou frisées; on estime davantage celles qui sont simples et bien taillées. Les lettres de bois et de cuivre servent aux placards et affiches.

Les lettres grises sont des lettres entourées d'ornemens de gravure. On ne se sert pas davantage aujourd'hui de ces sortes de lettres, que l'on nomme aussi passe-par-touts, lorsqu'on a pratiqué dans l'entourage de la gravure un trou pour y placer une lettre de fonte que l'on change à volonté à raison des différens mots dont elle est l'initiale. On fait encore des passe-par-touts avec des vignettes de fonte.

Lorsque les lettres grises étoient en usage, on ne les employoit qu'au commencement d'un ouvrage ou d'un traité, etc. sous une vignette de bois ou une gravure en taille-douce; et naturellement une lettre grise va très-bien sous une vignette en taille-douce.

On emploie encore quelquefois de nos jours dans les imprimeries de province, et même à Paris, mais rarement, les lettres grises à la tête des édits, déclarations, ordonnances, mandemens, etc.

Lettres de forme, lettres tourneuzes, lettres de sommé; ce sont d'anciens caractères qui ne sont plus d'usage actuellement. Voyez *Manuel Typographique*, tome II.

## LETTRES SACRÉES.

C'est un alphabet égyptien attribué à Mercure Thot. Voyez *Manuel Typogr.* tome II, page 214.

## LEVER LA POINTURE.

Voyez l'article *Baisser la pointure*.

## LEVER LA LETTRE.

Comment doit-on lever la lettre en composant?

Pour

Pour bien lever la lettre, il faut travailler aussi habilement des yeux que de la main; c'est-à-dire, jeter les yeux sur chaque lettre que l'on veut prendre dans le moment qu'on y porte la main pour la lever; afin de n'en point prendre d'autres que celle sur laquelle on auroit fixé les yeux.

Il faut prendre la lettre par la tête, et jeter les yeux sur le cran, afin de la porter tout d'un coup dans le composteur, sans la tourner plusieurs fois entre les doitgs, ou dans le composteur, pour trouver le côté du cran, comme font plusieurs compositeurs. Si le cran de la lettre se trouve en-dessous, il faut que chaque lettre soit tournée de la même manière, cran dessous, c'est-à-dire, le cran reposant sur le composteur; si le cran se trouve au contraire dessus, il faut que chaque lettre soit tournée sur le composteur le cran en-dessus, et prendre bien garde de retourner les lettres, ce qui seroit autant de fautes à l'impression. Il faut aussi ne pas coucher sa lettre dans le composteur, ni dans la gallée; c'est un défaut énorme, qui produit une mauvaise impression, et occasionne la perte du caractère. Voyez *Coucher*.

## L I G N E S.

Les lignes sont des assemblages de mots formés par la réunion des lettres, et dont un certain nombre fixé constitue les pages.

Il y a des lignes de pieds et des lignes de tête: celles de pieds sont celles qui se mettent au bas des pages, y compris celles où sont les signatures et les réclames. Les lignes de tête sont celles qui se mettent en tête des pages, et où sont les folios et les titres courans.

Les lignes de blanc sont des lignes de cadrats qu'on répand dans les titres ou entre les alinéa, pour élaguer la matière. Ces sortes de lignes sont un bénéfice pour le compositeur.

On dit aussi qu'un caractère est hors de ligne, quand il n'est pas fondu sur une ligne ou ou approche régulière; ce qui, en ce cas, vient de la faute du fondeur.

Lorsqu'un caractère n'est pas en ligne dans une composition, il faut le redresser; et il n'est pas en ligne, lorsqu'il chevauche, ou qu'il se trouve entre les lignes quelques ordures ou espaces; ou dans les lignes des espaces d'un corps plus fort ou plus foible.

## LOMBARD.

C'est un ancien caractère latin dont les lombards se sont servis. Voyez le *Manuel Typog.* tome II, page 201.

## LONGUEUR.

Ce nom se donne aux pages pour exprimer qu'elles sont justes à leur justification en longueur. *Cette page est de longueur*, c'est-à-dire, est composé du nombre juste de lignes qui doivent y entrer.

La longueur des pages doit être proportionnée à leur largeur. Il est ridicule de voir des pages étroites et longues, elles ressemblent à des boyaux. Les pages doivent avoir, en général, pour leur longueur, un tiers et demi en sus de leur largeur, y compris lignes de pied et de tête.

## LUNE.

*Explication des différentes figures qui représentent la lune.*

🌑 *Nouvelle lune.* | ● *Pleine lune.*
☽ *Premier quartier.* | ☾ *Dernier quartier.*

Un compositeur qui a de ces sortes de choses à composer, doit suivre exactement sa copie, si elle est regardée comme bonne dans ce genre.

## MACHURAT.

Nom qu'on donne aux mauvais imprimeurs.

## MACULATUR.

Maculatur, papier qui sert d'enveloppe ou de lit au papier à tremper. Il faut encore distinguer les chemises des rames de papier aux maculaturs. Les premières sont des feuilles de papier tachées ou déchirées; les secondes sont de grosses feuilles de papier gris ou blanc.

## MACULER.

Ce terme signifie tacher. Une impression qui macule est une impression défectueuse. Ce vice vient de la mauvaise qualité de l'encre. Un vernis qui n'est point assez cuit est une des causes qui font maculer l'impression. Un noir qui n'est point d'une qualité sèche, et qui est au contraire gras et grossier, fait aussi maculer.

Le tems où le marteau du relieur mettent au jour ce défaut. Un imprimeur qui n'a pas le soin de bien laver ses mains avant de se mettre au barreau, s'expose à maculer son papier. Voyez *Signature*.

## MAJUSCULES.

Ce sont les capitales des caractères. Ce nom convient au caractère de financière et à celui de la ronde.

## MALHEUR.

Feuille de malheur. Il est des imprimeurs assez simples pour croire qu'il y a des feuilles de malheur ; c'est-à-dire, qui son exposées à quelqu'accident qui peuvent toutefois aussi bien arriver à d'autres qu'à celle-là.

La feuille O généralement est regardée comme une feuille de malheur. S'il arrive qu'elle se mette en pâte, ou que les imprimeurs ne tirent pas le nombre de feuilles qu'ils doivent tirer dessus, et que l'on ne s'en apperçoive qu'après la distribution, ou qu'il s'y soit glissé quelques fautes assez grandes ; alors on dit que c'est la feuille de malheur, raison pour laquelle ce malheur lui arrive de préférence à une autre : enfin, tel petit accident qui puisse arriver à cette feuille O, on s'obstine à la regarder comme une feuille de malheur.

Sûrement parce qu'il sera arrivé plusieurs fois quelqu'accident à une feuille portant cette signature, on l'aura appellée feuille de malheur ; mais ce n'est pas une raison pour croire qu'il soit attaché une espèce de guignon à cette signature.

## MANCHE.

Ce terme convient au morceau de bois dans lequel on fait entrer le barreau, et on l'appelle manche du barreau : c'est alors une pièce de bois de deux pieds, ou moins, de long, et ronde, percée en dedans pour y faire entrer de force le barreau, autour duquel, à cet effet, on met du mauvais linge mouillé, ou des étoupes.

Il faut avoir soin de bien assurer le manche du barreau, pour qu'il ne vienne point à s'enlever en travaillant ; ce qui exposeroit celui qui seroit au barreau à tomber en arrière en le tirant, parce qu'il lui resteroit à la main, et il se feroit du mal à raison de la force qu'il mettroit à tirer.

De tems en tems, il faut nétoyer le manche du barreau avec une éponge mouillée, et le bien laver ; parce que quand il y a de la crasse après, ce qui provient de la sueur, ou de celle que l'on a après les mains, cela occasionne de petites ampoules à la main : de plus, cela est mal-propre.

Les compagnons qui, n'aimant qu'à jouer ou faire pièce, mettent de la colle après la manivelle ou le barreau, ont très-grand tort : ce jeu expose les compagnons à se blesser. On doit encore bien moins souffrir qu'on y mette de l'encre.

Le manche du barreau doit être d'une grosseur proportionnée à la paume d'une main ordinaire.

*Manche de pointe :* petit morceau de bois à tête plate, dans lequel on place une pointe propre à corriger.

## MANCHETTES.

Nom que les imprimeurs donnent aux nombreuses additions d'un ouvrage. On attribue aux jésuites l'origine des additions.

## MANIVELLE.

C'est un manche de bois qui est au bout de la broche du rouleau ; elle sert à faire rouler le train de la presse.

Quand on attache les cordes du rouleau, on doit avoir attention que la manivelle soit bien placée.

## MANNEQUIN.

Pannier d'osier dans lequel le fondeur envoie le caractère à l'imprimeur. Il y est en cornet, ou en pages enveloppées dans du papier.

## MANTONNIÈRES.

Ce sont les quatre angles saillans et rentrans qui occupent les quatre coins du coffre d'une presse, et entre lesquels on arrête, avec des coins, les formes à imprimer. Voyez *Cantonnières* et *Cornières*, qui sont les synonymes de mantonnières.

### MANUSCRIT.

Copie écrite à la main, sur laquelle travaillent les compositeurs. Voyez *Copie*.

### MARBRE.

C'est la pierre qui est enchassée dans le creux du coffre sur lequel on pose les formes pour imprimer.

Le marbre doit être posé au niveau dans le coffre ; et pour s'assurer qu'il est bien uni, on pose une réglette dessus, et on regarde si l'on n'apperçoit point de jour entre la réglette et le marbre : il est bien si l'on n'en apperçoit point ; et on le fera unir mieux si on en apperçoit.

Pour poser le marbre dans le coffre, il faut répandre le plus gros son que l'on puisse trouver dans le coffre, et le plus uniment possible ; on affermit ce son en le comprimant avec un morceau de planche ; ensuite deux compagnons tiennent le marbre élevé par le moyen de deux bonnes ficelles, et le laissent descendre tout doucement dans le coffre sur le lit de son. Ce marbre ainsi placé, on prend une éponge, et on répand de l'eau sur le milieu. Si le marbre n'est point droit, l'eau coule du côté de la pente et en indique le défaut ; alors on y remédie. Si l'eau ne coule ni d'un côté ni d'autre plus particulièrement, mais se répand également en décrivant une surface orbiculaire, alors le marbre est droit. Une fois placé bien droit, on coule les ficelles dans le vuide, et on remplit le vuide avec des réglettes de bois.

Quand on voudra lever ce marbre, on ôtera les réglettes, et on le soulèvera au moyen des ficelles.

Il faut conserver le lit de son dans son entier ; on a remarqué que sa vétusté le rendoit meilleur pour cet usage.

Il faut que le marbre soit un peu plus élevé que le coffre, afin que le chassis de la forme qui repose ordinairement sur le bois du coffre, ne soit point si élevé ; car si le marbre se trouvoit plus bas que le bois du coffre, il pourroit arriver que le chassis de la forme se trouveroit presqu'à la hauteur de la lettre, et que l'épaisseur du fer de la frisquette venant à poser dessus le chassis, la platine ne pourroit fouler dessus la lettre de la forme, vu qu'elle porteroit sur les deux bouts du chassis, qui seroit plus élevé que les pages de la forme.

Le marbre est aussi une grande pierre posée sur des trétaux, sur lequel les compositeurs imposent et corrigent leurs formes.

Le marbre de la presse Anisson est une plateforme de cuivre dur, de l'épaisseur de neuf lignes, portant dix-huit pouces de large, sur vingt-deux pouces et demi de long : il est enchassé dans un chassis de fer avec lequel il a été corroyé, de manière que leurs deux surfaces, parfaitement dressées et unies, n'en font qu'une. On a pratiqué, à moitié de son épaisseur, une feuillure de quatre lignes de large, sur laquelle il porte dans le chassis, ce qui l'empêche de tasser au-dessous de la surface du chassis.

## MARCHE-PIED.

Petite planche dressée en pente, et arrêtée par des clous, qui se met sur le plancher, sous la presse, à l'endroit où les imprimeurs posent leur pied, soit en touchant, soit en tirant.

## MARGE.

La marge est le blanc que l'on observe de mettre dans le côté des pages, en pied et en tête. Un format qui a une grande marge est beaucoup plus agréable à la vue, qu'un format large, et qui a, en raison de cela, une petite marge.

La marge est aussi la feuille de papier que l'imprimeur étend sur sa forme, en mettant en train, et qu'il fait coller après son tympan, en frappant la main dessus, et qui lui sert de guide pour marger toutes les feuilles qu'il a à tirer.

Il doit avoir attention de mettre sa marge bien droite et bien égale, soit par le haut, soit par le bas, soit par les côtés; couvrir sa marge également avec les feuilles qu'il veut tirer; la changer quand elle ne vaut plus rien.

### *Manière de faire une bonne marge.*

Quand la forme à tirer est sous presse, si elle est imposée dans un chassis *in-4°.*, on prend une feuille de papier que l'on plie en deux ; on approche le dos vers les crénures du chassis, qui sont le juste milieu de la forme ; ensuite on arrange la marge de tête et celle de pied, à vue d'œil, observant d'en laisser un peu plus en pied qu'en tête ; en suite on répand quelques gouttes d'eau sur la moitié de la feuille qui se trouve dessus ; on abaisse le tympan ; on frappe dessus avec la paume de la main, pour obliger la feuille à s'y attacher : on lève le tympan doucement ; la feuille reste après, et, sans la déranger, on la colle par les quatre coins ; on déchire un petit morceau de celui du bas qui est devant soi, afin de donner plus d'aisance de lever la feuille, sans arracher la marge : et voilà la marge faite.

## MARGER.

C'est observer de couvrir la marge qui est sur le tympan, avec chaque feuille à imprimer. Il est essentiel de bien marger. Si en margeant il glisse quelques feuilles, il faut les remplacer.

## MARON.

( *Terme de l'ancien régime.* )

Un maron étoit un ouvrage fait en cachette et sans permission.

Les libelles, les ouvrages contre l'état, les mœurs, la religion, les ministres, le roi, les magistrats, etc. étoient des marons. Ceux qui les composoient, les imprimoient et les vendoient, encouroient des peines corporelles.

Les marons ne se faisoient pas toujours dans les imprimeries clandestines ; on en faisoit dans les imprimeries autorisées.

Un jour, M. le lieutenant-général de police (M. le Noir) étoit à la recherche de l'endroit où pouvoit s'imprimer la libre gazette ecclésiastique. Dans le moment qu'on faisoit les perquisitions dans une des rues de Paris où l'on soupçonnoit très-fort qu'elle dût se faire, on eut l'adresse de mettre dans le carrosse de M. le lieutenant-général quelques feuilles de cette gazette toutes mouillées, qui venoient d'être imprimées, sur lesquelles on lisoit : *M. le lieutenant-général de police est actuellement à la perquisition de notre gazette.*

Toute recherche fut vaine : on ne découvrit rien. Les maronneurs étoient adroits, et M. le lieutenant de police s'en alla comme il étoit venu.

## MARONNER.

Action de faire des marons, des libelles ou livres défendus, etc.

## MARONNEURS.

Nom qu'on donnoit aux ouvriers imprimeurs, vendeurs et colporteurs de marons.

## MARTEAU.

Instrument de fer ou de bois, dont se servent les imprimeurs pour serrer et desserrer les formes. L'usage du marteau doit être circonspect. Un coup de marteau donné à faux a bientôt fracassé des lettres, des lignes, des bas de pages, ou des additions.

Il est des imprimeries où l'on ne souffre pas que l'on se serve de marteaux de fer; mais bien de ceux de bois, parce qu'on n'est pas exposé avec eux à abîmer le caractère.

### MATIÈRE.

C'est ce dont est composé le caractère; savoir, le plomb, le régule et l'antimoine. La matière forte est meilleure que la foible. Si elle est trop forte, elle casse trop facilement, et ce n'est point le profit de l'imprimeur. La matière trop foible fait que l'œil de la lettre s'écrase trop vîte, et qu'il faut jetter à la fonte un caractère qui devroit faire un meilleur usage.

La matière d'une composition est ce qui constitue la composition. Quand on a beaucoup de matière, et peu d'espace, on est obligé de serrer, d'allonger les pages; quelquefois de mettre en un caractère plus petit, ce qui ne peut entrer dans le caractère convenable.

### MAURITANIQUE.

Ce caractère porte aussi le nom d'occidental. C'est un alphabet arabe. Voyez-en la figure dans le *Manuel Typogr.*, tome II, pag. 244.

### MIGNONE.

Nom d'un petit caractère, qui est entre la nompareille et la parisienne.

## MINUSCULES.

Ce sont les petites capitales.

## MOESO-GOTHIQUE.

On attribue à Ulphilas, goth de nation, et évêque des goths dans la Moesie, l'invention de ce caractère; il s'en servit à la fin du quatrième siècle, pour la traduction de la Bible en langue gothique. Voyez la figure de ce caractère dans le *Manuel Typographique*, tome II, page 205.

## MOINES.

Ce sont des endroits sur une forme qui n'ont point été touchés avec les balles, et qui à l'impression ne viennent par conséquent point. Rien n'est si vilain que de voir des moines dans un ouvrage : c'est la marque d'un mauvais ouvrier.

Pour éviter de faire des moines, il faut serrer ses balles l'une près de l'autre, les passer deux fois sur la forme, et bien appuyer par-tout; prendre le tems de toucher, et ne point écouter un compagnon qui, peu curieux de bon ouvrage, ne s'applique qu'à abattre des feuilles, sans donner le tems de les toucher.

Quelques compagnons méchans, pour faire pièces à leurs compagnons, font quelquefois des moines exprès, étant cependant au barreau, en passant, toutes les fois qu'ils abattent leur frisquette, les doigts sur certains endroits de la forme ; et rejettant cette faute sur celui qui est aux balles, quoiqu'il s'efforce de toucher de son mieux, et qu'il soit moralement sûr qu'il ne fait point de moine.

Dans une imprimerie de Suisse, un compagnon voulant faire débaucher son compagnon, se servoit de cette odieuse et préjudiciable tromperie. Le bourgeois, témoin de ce travail, ne pouvoit deviner comment il étoit possible de faire des moines au même endroit, quoique le compagnon y touchât et retouchât ; il voulut enfin toucher lui-même, il prit les balles, point de moines. Il les rend au compagnon, et moines aussi-tôt de paroître. Bref enfin, il s'apperçut que celui qui étoit au barreau avoit les doigts de la main gauche très-noirs ; il l'examina de plus près sans mot dire, et vit enfin qu'il les appuyoit sur la forme à l'instant qu'il alloit abattre sa frisquette. Indigné de sa coquinerie, il le chassa sur-le-champ, à la grande satisfaction des compagnons.

## MOISE.

C'est une planche d'une ou de deux pièces, attachée aux jumelles par deux mortaises en queue-d'aronde. Voyez *Tablettes*.

M. Anisson a fait faire la moise de sa presse d'un bois de l'épaisseur de deux pouces sept lignes, et il l'a placée à deux pouces et demi au-dessus de la platine ; quatre boulons réunissent cette moise brisée en deux parties : au milieu se trouve une ouverture qui donne passage à l'écrou d'en-bas, et cette ouverture est une boîte d'acier de la même épaisseur que la moise. Cette boîte est aussi brisée en deux diamétralement d'angle en angle. Chaque partie porte des deux côtés une oreille traversée de part et d'autre, par deux des quatre boulons. Chaque bout de cette moise embrasse les jumelles par un fort mentonnet, et ses deux parties sont arrêtées fortement par une double clef de bois, qui leur donne, par la pression, une tendance en en-bas.

## MONTANT.

Les montans d'une presse sont les jumelles. Voyez *Jumelles*.

## MONTER.

Monter des balles, terme dont on se sert pour exprimer qu'on arrange des balles, qu'on étend les cuirs sur la laine, et qu'on les cloue après les bois de balle.

Monter une presse, c'est l'arranger de tous points.

Monter un tympan, c'est mettre dans le grand tympan les blanchets, après les avoir apprêtés, et les couvrir du petit tympan, qu'on arrête avec une petite patte serrée par un écrou.

## MONTOIR.

Morceau de planche sur lequel on monte des balles. Voyez *Démontoir*.

## MORDANT.

Morceau de bois fendu, qui sert à retenir la copie après le visorium, et à guider le compositeur à fur et mesure qu'il fait des lignes.

## MORDRE.

Terme dont on se sert pour désigner un endroit masqué mal-à-propos par la frisquette, et qui ne vient point à l'impression.

Quand il arrive qu'une frisquette mord, il faut couper l'endroit où elle mord, afin de faire venir l'impression.

Quelquefois on fait mordre exprès des choses que l'on ne veut pas faire venir à l'impression, et pour causes.

Dans les affiches que l'on envoie à la police pour avoir permission d'imprimer, on fait mordre la permission qu'on y a déjà mise cependant, mais qui est censée n'y devoir point être.

Une frisquette qui vacile est sujette à faire mordre. Il faut l'arrêter.

## MORSURES.

Endroits qui ne sont pas venus à l'impression, parce que la frisquette les a masqués.

Quand un imprimeur met en train une forme, il doit laisser tomber la frisquette sur sa forme, la mettre bien juste, arrêter sa forme, tirer une mauvaise feuille pour couper les endroits qui mordent, y faire grande attention, tirer ensuite

ensuite une autre bonne feuille qui lui sert de tierce.

## MOULINET.

Mouvement accéléré, par lequel on abat du même coup la frisquette et le tympan. Un apprentif qui cherche à faire le moulinet, s'il n'a pas la main assurée, et s'il craint de le faire mal, s'expose à faire des chevalets. Voyez *Chevalet*.

Tous les bons compagnons font le moulinet. Ce mouvement a quelque chose de gracieux; il hâte la besogne.

## MUSIQUE.

La musique est un assemblage de notes combinées suivant des règles reçues. Elle se compose comme la lettre, avec l'avantage de retourner à volonté les notes pour les rendre supérieures ou inférieures.

Lorsqu'on met des paroles entre chaque ligne de musique, il faut avoir attention de faire tomber chaque syllabe sous la note à laquelle elle a rapport, en espaçant les syllabes plus ou moins, et même en mettant entre chaque syllabe d'un mot des divisions.

On appelle musique, en termes d'imprimerie, la grande quantité de corrections indiquées sur la marge des pages, ou le blocage abondant qui se trouve dans une composition.

M. Fournier le jeune a fait recouvrer aux imprimeurs, la liberté d'imprimer la musique. MM. Ballard jouissoient seuls, de père en fils,

*Tr. de l'Impr.* par A. F. MOMORO. Q

depuis plus de cent ans, de ce privilége, au préjudice des autres imprimeurs qui avoient autant de droit d'imprimer la musique qu'eux-mêmes.

## ŒIL DES CARACTÈRES.

C'est la partie saillante du caractère qui forme la lettre, y compris la cavité qui se trouve dans l'intérieur de cette partie saillante.

L'œil de la lettre doit être profond, pour être d'une utilité réelle.

Lorsqu'il n'est pas assez profond, l'œil est bientôt applati et au niveau de la base du talud; alors l'encre s'y attache, et l'impression devient pâteuse: ce n'est plus que ce que l'on nomme *têtes de cloux*.

## ORDURES.

On appelle ordures ce qui se trouve dans l'œil de la lettre lorsqu'on imprime; c'est-à-dire, les minces parcelles de papier, ou de cuirs de balle, ou la poussière qui se trouve dans l'encre, et qui se déposent sur la forme dans l'œil de la lettre. Lorsqu'on a une ordure à enlever, il faut se servir d'une pointe bien acérée, bien fine, et prendre garde d'endommager l'œil du caractère. Après avoir ôté une ordure, il faut donner un coup de balle sur l'endroit même, parce qu'on peut y avoir touché avec les doigts, et en avoir enlevé l'encre qu'on vient d'y mettre: mais le mieux est d'enlever les ordures avant de toucher.

Si la forme se remplit un peu trop d'ordures, il faut la laver avec de la bonne lessive faite avec de la potasse.

On appelle aussi ordures le dépôts des balayages d'une imprimerie; dépôt dans lequel se trouve toujours beaucoup de caractère. Il est essentiel qu'on les nettoye bien, et qu'on les lave pour en retirer la lettre; c'est la fonction des apprentifs, de même que celle de dépâtisser.

### OREILLE DE FRISQUETTE.

Voyez *Languette*. C'est par où l'imprimeur empoigne sa frisquette en l'abattant et en la relevant.

### ORNEMENS.

Ce sont des assemblages de vignettes dont on fait ou des cadres, ou des fleurons, ou des vignettes pour mettre en tête des ouvrages.

Ce sont aussi les différentes manières de composer un titre.

Autrefois on faisoit un titre en mettant une ligne de romain à la suite d'une ligne italique; de sorte que s'il y avoit sept ou huit lignes à un titre, la moitié étoit constamment en romain, et l'autre moitié en italique. Aujourd'hui, on les fait tout en romain, et cela paroît plus propre et plus flatteur à la vue.

Un titre doit être combiné de manière qu'il ne s'y trouve pas plusieurs lignes de la même grandeur, ni plusieurs lignes en cul-de-lampe. Voyez l'article *Titre*.

## ORTHOGRAPHE.

C'est ici la pierre-de-touche à laquelle on reconnoît un bon compositeur. Savoir bien sa langue, en bien orthographier les expressions, telles sont les qualités essentielles que doit avoir un compositeur. Celui qui à ces connoissances indispensables, joint celles de la langue latine, quelque teinture de la langue grecque, mérite une considération particulière, et peut, sans faire tort au plus grand nombre des ouvriers, en être honorablement distingué.

Dans les premiers tems de l'Imprimerie, des gens de lettres se sont fait honneur d'exercer cet art. Mais, hélas! dans la suite, la cupidité leur a subtitué ou des ignorans, ou des spéculateurs intéressés, qui, comme on le sent d'avance, ont conduit leurs imprimeries tout ainsi qu'on mène les usines.

Quoique l'Imprimerie ait beaucoup dégénéré de son antique splendeur, cependant on doit rendre justice aux efforts de certains imprimeurs qui lui ont procuré de nos jours un éclat qui l'illustre beaucoup. Nous avons nos Elzevirs et nos Baskerville.

Il est donc indispensable pour un compositeur français de savoir bien sa langue: pour cela il doit en étudier les principes dans la *Grammaire* de Wailly ou de Restaut, se procurer le *Traité de l'Orthographe* de ce dernier, qui est généralement le plus suivi.

Il est bien des auteurs qui veulent que l'on suive, dans l'impression de leurs ouvrages, l'ortographe de l'académie : mais elle diffère peu de celle de Resaut ; aux accens graves près, et à quelques lettres doubles supprimées, c'est la même.

## OURS.

Nom que l'on donne aux ouvriers à la presse.

## PAGES.

On nomme *page* un assemblage déterminé tant pour la longueur que pour la largeur, d'un certain nombre de lignes. Les pages composent la feuille, les feuilles composent les livres.

La grandeur des pages détermine le format de chaque livre. Ainsi on distingue l'*in*-12 de l'*in*-8º., par la différence de la grandeur des pages. Celles *in*-12 sont plus petites que celles *in*-8º. La feuille *in*-12 en contient 24, et la feuille *in*-8º. en contient 16 : ainsi on distingue l'*in*-4º. de l'*in-folio* : la feuille du premier contient 8 pages, et la feuille du second quatre pages. Il en est de même des autres petits formats, tels que les *in*-24, les *in*-16, et les *in*-18, etc. etc. Les signatures servent aussi à faire distinguer les formats, parce qu'il arrive quelquefois que des justifications *in*-12 sont aussi larges que des *in*-8º. etc. etc.

Le compositeur place ses lignes dans une gallée jusqu'à la concurrence du nombre dont la page doit être formée : ensuite, après avoir battu la lettre avec ses doigts pour la redresser, il lie sa page avec une ficelle, en observant d'en laisser passer un bout, afin de pouvoir la délier facilement à l'imposition ; il faut toujours que la ficelle saillante de la page soit arrêtée en tête ou au pied ; parce que quand elle est arrêtée dans les côtés, la page se trouve moins solide, étant moins bien liée. Le nombre des pages qui doivent entrer dans une feuille étant complet, on doit les imposer. Voyez *Imposition*.

Chaque ligne dont la page est formée, doit être justifiée avec un soin extrême, afin que les pages serrées dans le chassis, ne puissent occasionner aucunes sonnettes. Voy. *Sonnettes*.

## PAIN.

On doit avoir attention de ne point manger sur sa casse, afin de n'y laisser tomber aucune miette de pain, parce qu'elles occasionnent des approches dans le caractère auquel elles s'attachent. Voyez *Approches*.

## PALESTINE.

C'est le nom d'un gros caractère dont la proportion de l'œil est entre le gros parangon et le petit canon.

## PALMYRÉNIEN.

Ancien alphabet recueilli sur des monumens anciens, par M. l'abbé Barthélemi. Voyez *Manuel Typographique*, tome II, page 237.

## PAPIER BLANC.

On nomme *papier blanc*, en terme d'impression, le papier imprimé d'un côté, ou que l'on est en train d'imprimer. Être en papier blanc, c'est imprimer la première forme d'une feuille. Il faut toujours faire son registre en papier blanc, si on veut l'avoir bon à la retiration.

## PAPIER GRIS.

On se sert de ce papier pour faire des hausses, couvrir des marges pour la retiration.

## PAPIER D'IMPRESSION.

On appelle papier d'impression, tout papier propre à la recevoir, et qui n'est point rogné, lissé ou cylindré, tel que celui que l'on apprête pour les bureaux, et dont on se sert pour écrire.

Il y a plusieurs sortes de papiers d'impression, et chacune a son nom, sa grandeur, sa marque et sa qualité déterminés.

On se sert de papiers collés et non collés. Le papier collé est le meilleur. Le papier qui n'est point collé sert pour faire ce que l'on nomme des drogues; savoir, des chansons, des almanachs, adresses à distribuer, etc.

Voici les noms des différens papiers dont on se sert à Paris pour l'impression; savoir, le grand-aigle, le nom-de-jesus, le grand-raisin, le carré, l'écu, la couronne, et la petite couronne.

## PAQUETS.

Ce sont des pages de composition d'un nombre déterminé de lignes, que chaque paquetier fournit au metteur en page, pour les arranger, placer les titres, les folios, les lignes de pieds, les notes et les additions. Aller en paquet, c'est composer en sous-ordre, sans avoir d'autre soin que celui de distribuer, composer et corriger purement et simplement; les accessoires de la distribution, de l'arrangement de la composition étant à la charge du metteur en page, ainsi que l'imposition. Le metteur en page paie ses paquetiers lui-même, après avoir reçu son argent à la banque.

## PAQUETIER.

Compositeur qui va en paquet. Voy. *Paquets*.

## PARAGRAPHES.

On appelle du nom de paragraphes les alinéa. Ce sont aussi des figures en forme d'S entrelacés qui servent dans les différentes subdivisions d'un ouvrage (§).

## PARANGON.

Espèce de caractère qui est entre le gros texte et la palestine. Il y a le gros et le petit parangon.

## PARANGONNER.

C'est allier différens caractères hétéroclites, pour en former un tout. Par exemple, dans un ouvrage d'algèbre, l'arrangement des caractères et des signes algébriques ne peut se faire sans que l'on ne parangonne, c'est-à-dire, que l'on n'unisse ces différens corps les uns avec les autres, ainsi que les filets, bouts d'interlignes sur les corps de ces filets. Exemple d'un passage parangonné, tiré de l'*Architecture hydraulique* de M. Bélidor, tome II, page 327.

Si le diamètre du cylindre, etc. etc. il faudra supposer $d=x$, et dégager cette inconnue pour avoir
$$\frac{\sqrt{\frac{5775}{4}DD-p-\frac{QR}{a}}}{55h}=x.$$

Enfin, si le diamètre, etc. etc. il faudra encore supposer $h=x$, et dégager l'inconnue pour avoir
$$\frac{\frac{5775}{4}DD-p-\frac{QR}{a}}{55dd}=x.$$

## PARENTHÈSES.

Les parenthèses sont des moitiés d'ovale. Elles servent dans les citations à renfermer les passages cités, les noms de personnes, etc. (Il n'y a rien à enseigner là-dessus.) Cet exemple fait voir de quelle manière on doit placer les parenthèses.

## PARISIENNE *ou* SÉDANOISE.

C'est un petit caractère qui précéde la nompareille.

## PAS DE VIS.

Ce sont les distances qui se trouvent entre les filets de la vis taillés en spiral. Une bonne vis doit avoir quatre entrées de pas, afin de passer dans l'écrou par quatre côtés différens. Les pas d'une vis doivent être bien faits, et avec une justesse qui ne laisse rien à désirer.

## PASSAGE.

Le passage est l'espace par lequel peut passer le tympan sous la platine. Un tympan a plus ou moin de passage, en raison du plus ou moins grand éloignement de la platine.

Lorsqu'une presse n'a point de passage, il faut ou diminuer la quantité des blanchets qui sont dans le tympan, ou remonter la platine, en élevant le sommier supérieur. Pour élever ce sommier, on ôte des cales qui sont en-dessus dans les mortaises, pour les mettre en-dessous des queues du sommier. Quelquefois il faut relier la platine qui est trop lâche. Quand le passage manque à une presse, le petit tympan attrape la platine et l'abîme, et la platine à son tour déchire le vélin du petit tympan, et expose l'impression à doubler.

## PASSE-PARTOUT.

Petit ornement de gravure en bois, ou de vignettes, dans lequel on place une lettre quelconque d'un corps qui puisse y entrer, pour servir à mettre en tête d'un ouvrage, de ses différentes parties, et quelquefois de ses chapitres. On ne se sert plus guère aujourd'hui de passe-partout, on leur a substitué les lettres de deux points simples : on commence même à répudier les lettres ornées, pour imiter le goût anglais, tant il y a que rien n'est beau s'il n'est modelé sur le goût de cette nation.

### PÂTÉ.

On nomme pâté du caractère mis en désordre, soit qu'il ait été bouleversé dans les casses, ou répandu par terre, par la mal-adresse de certains compositeurs étourdis. Celui qui fait un pâté, est tenu de le rétablir, c'est-à-dire, de le composer et de le distribuer. Les pâtés sont la perte d'une imprimerie. Tout ouvrier maladroit, négligent ou étourdi qui en fait et qui ne les répare point, fait un tort réel à son bourgeois.

Les apprentifs font aussi les pâtés qu'on néglige de faire, et que l'on a cachés, ou ceux que l'on trouve en nettoyant les ordures.

Faire des pâtés en termes d'impression, c'est surcharger d'encre certains endroits. Voyez *Pocher*.

### PATINS.

Ce sont deux morceaux de bois d'une longueur double de leur largeur, et de l'épaisseur de six pouces, unis l'un à l'autre par deux traverses; ils servent à assembler par en-bas les jumelles d'une presse.

Le berceau a aussi un patin: c'est une pièce de bois dans laquelle s'assemblent les traverses du berceau.

### PATTES.

Ce sont des bandes de fer ou de cuivre, de

la largeur d'un pouce, et d'un demi-pouce d'épaisseur, lesquelles s'attachent, à la distance de cinq doigts l'une de l'autre, dessous la table du coffre. Ces pattes, ou crampons, glissent sur les deux bandes de fer placées sur les deux petites poutres. Ces pattes doivent être d'une si grande justesse, qu'il n'en faut qu'une plus élevée que les autres pour causer beaucoup de dérangement, et contribuer à une mauvaise impression : car quand cela arrive, le train est sujet à faire des bonds et des sauts, ce qui fait que l'impression double en différentes places.

### PERLE.

Petit caractère qui est avant la parisienne : il est de Luce, célèbre graveur. On trouve ce caractère au Louvre.

### PETIT CANON.

Caractère dont la proportion est entre le parangon et le gros canon.

### PETIT PARANGON.

Caractère entre le gros romain et le gros parangon.

### PETIT ROMAIN.

Caractère entre la gaillarde et la philosophie.

### PETIT TEXTE.

Caractère entre la nompareille et le petit romain.

## PETIT-QUÉ.

Nom que l'on donne au point-virgule (;).

## PETITES CAPITALES.

Ce sont des lettres qui ont la même forme que les grosses capitales, mais dont l'œil est plus petit. Chaque espèce différente de caractère a ses petites capitales, comme ses grosses. Les petites capitales de la financière sont ornées, et ne ressemblent point aux grosses.

## PHÉNICIEN.

Il y a plusieurs sortes de caractères phéniciens, mais le plus antique est celui d'où dérivent tous les autres caractères, tels que le samaritain, l'africain, le judaïque, etc.; c'est là la première source. Voyez-en la figure dans le *Manuel Typographique* de M. Fournier, tome II, pag. 212, 237 et 250.

## PHILOSOPHIE.

Caractère entre le petit romain et le cicero. On se sert des poinçons du cicero pour faire de la philosophie, en faisant des courtes, c'est-à-dire, en coupant les queues des longues, telles que b, d, f, g, h, j, l, p, q, etc.

## PHILOSOPHIE SECRETTE.

C'est un alphabet fort douteux, dont on

suppose que d'anciens philosophes se sont servis. Voyez *Manuel Typographique*, tome II, pag. 210.

### Piau.

Terme d'imprimerie, dont on se sert pour dire que quelqu'un dit un mensonge. On dit aussi *conter sa piau*, pour dire qu'on cause plutôt que de travailler.

### Pica.

Nom d'un caractère anglais qui équivaut à notre cicero.

### Pied-de-chèvre.

Le pied-de-chèvre est un instrument de fer, dont on se sert pour monter et démonter les balles. L'une de ses extrémités fait l'office d'un marteau, et l'extrémité opposée présente une pince fendue, qui sert à passer entre le cuir et le bois de balle, afin d'en détacher les cloux. Le pied-de-chèvre est long d'environ 8 pouces, et du poid de 2 livres.

### Pieds-de-Mouche.

Ce sont des espèces de q dont l'œil est plein; ils servent dans les ouvrages de droit. On a vu des imprimeurs ignorans, vouloir nettoyer, avec leur pointe, des pieds-de-mouche, croyant que c'étoit des q remplis d'ordure.

## PIÈCES.

On appelle pièces ce que l'on fait par entreprise et à son compte, ou à ses risque et fortune. Un compositeur aux pièces conduit un ouvrage, ou travaille en paquet à tant la feuille. Il est avantageux à un bourgeois d'avoir, dans son imprimerie, le plus de monde possible aux pièces, parce qu'ils font plus d'ouvrage pour l'ordinaire que les gens en conscience, et que d'ailleurs quand ils en feroient moins, ils en seroient moins payés; au lieu que les gens en conscience, qu'ils soient occupés ou non, qu'ils remplissent leur conscience ou non, il faut toujours les payer: ce n'est pas qu'il y en ait qui ont du mérite, et qui gagnent bien leur argent; mais il en est beaucoup qui se fiant sur leur banque faite, ne s'occupent que de voir tourner le soleil, et d'attendre avec impatience la fin de sa révolution.

## PITONS.

Ce sont deux fiches fendues et plattes, et percées en forme d'anneau, qui sont attachées aux deux côtés en-dehors du berceau, pour soutenir la broche du rouleau suspendue.

## PIVOTS.

C'est l'extrémité de l'arbre dans la vis. Il y a actuellement des pivots qui se montent et démontent, de sorte que quand on a cassé le grain de son pivot, on le détache et on en met un autre que l'on a tout prêt ; ce qui ne fait point perdre de tems à lier, délier une platine, démonter la vis et la porter à la forge. Puis le grain cassé se répare, et on en a ainsi toujours un tout prêt.

## PLACARD.

Un placard est une grande affiche composée d'une seule feuille, ou de plusieurs, à lignes longues, ou à plusieurs colonnes.

Les placards à longues lignes se composent dans de grandes gallées faites exprès. Ceux à colonnes se composent en paquets par colonnes, et s'imposent à la suite les uns des autres, dans l'ordre qu'ils doivent occuper.

Lorsqu'un placard a plusieurs feuilles, alors on met une lettre au bas de chaque feuille, comme une espèce de signature, afin d'indiquer à l'afficheur l'ordre qu'il doit observer en affichant ces placards.

## PLACER LES PAGES.

Voyez l'article *Imposition*.

## PLAQUE.

Espèce de chandelier en fer-blanc, muni d'une plaque, dont les ouvriers à la presse se servent pour travailler le soir, au défaut de la lumière naturelle. Ces plaques ressemblent exactement à celles dont on se sert dans les jeux de billard. Chaque presse a deux plaques;
une

une se place en-devant de la presse, et l'autre auprès du papier imprimé et à imprimer, c'est-à-dire, au-dessus du banc de l'imprimeur.

C'est aussi une pièce de fer ou de cuivre, que l'on place en tel endroit de la presse que l'on veut, soit pour la garantir, soit pour la consolider.

M. Anisson a fait mettre à sa presse, à l'endroit des chevilles, une plaque de fer pour garantir les jumelles de l'impression de l'encre, occasionnée par le contact des balles qui sont fixées aux chevilles.

## Platine d'une presse.

C'est une pièce de cuivre ou de bois bien unie, laquelle foule sur la forme par le moyen de la vis qui presse dessus. Aux anciennes presses, elle est attachée aux quatre coins avec des ficelles, et dans d'autres endroits avec des vis. Aux presses à l'hollandaise, la platine tient avec l'arbre de la vis, au moyen de quatre vis qui serrent la platine aux quatre coins. Il faut cependant toujours avoir soin de les serrer également, pour que la platine ne penche pas plus d'un côté que de l'autre. Indépendamment de cela, la platine seroit exposée à être cassée. Il faut que la platine soit bien unie et dressée au niveau; car s'il s'y rencontroit des creux, cela obligeroit de mettre des hausses sur le tympan, pour faire fouler l'impression.

Quand on veut attacher la platine d'une presse, il faut la poser sur le tympan garni de ses blanchets, en observant de faire en sorte qu'il y ait une distance égale des deux côtés, entre les bords de la platine et le tympan, de l'épaisseur d'un cadrat de petit canon à-peu-près ; car, quand elle est si près des bords du petit tympan, elle pourroit toucher contre, par les secousses qu'elle fait, soit en tirant le barreau, ou quand il retourne à sa place ; et cet accident feroit frisotter l'impression, ou doubler des pages entières.

Si la platine étant liée baisse plus d'un côté que de l'autre, soit par la largeur, soit par la longueur, on doit mettre une demi-main de papier, plus ou moins, dessous lesdits endroits, dans le tympan, afin de la rendre droite, ou une réglette de la force qui convient, sur la forme, à l'endroit où il en est besoin ; ensuite on fait rouler le train jusqu'à ce que le pivot descende perpendiculairement dans le milieu de la grenouille, sans le contraindre ; ensuite on fait arrêter le barreau avec quelques morceaux de bois, en tirant de toute sa force ; après on lie la platine aux quatre coins de la boîte, après les crochets qui y sont, avec de la bonne ficelle : on peut même la cirer pour qu'elle ne vienne point à se lâcher.

La platine de la presse Anisson est en cuivre fondu : elle porte 23 pouces de long, sur 19 de large : elle présente quatre faces disposées en talut. La surface du dessus est la même que la base de l'écrou, et est exactement recouverte par cette pièce : son épaisseur au centre est de dix-neuf lignes, et sur les extrémités de dix-neuf lignes et demie. Elle est invariable.

## PLATE-FORME.

C'est une forte pièce de bois, dont la dimension est égale à celle du sommier d'en-bas.

La plate-forme de la presse Anisson a quatre pouces sept lignes d'épaisseur : elle est assemblée à queue dans chaque jumelle : elle sert à supporter le contre-sommier, et est soutenu par le contre-fort.

## PLANCHER.

Le plancher est ce qui sert à soutenir l'encrier ; ce sont des morceaux de planches cloués sur le derrière de la presse, et sur lesquelles repose l'encrier.

Le plancher est aussi le marche-pied de la presse. Voyez *Marche-pied*.

## PLOMB.

Matière qui entre en grande quantité dans les caractères ; mais lorsqu'il y en a trop, ils ne valent rien, et s'usent promptement. Le plomb est corrigé par le régule et l'antimoine, qui entrent dans la composition de la matière dont les lettres sont formées.

## POCHER.

C'est prendre trop d'encre avec les balles, et la mettre sur la forme, sans les avoir bien distribuées ; ce qui fait des pâtés, c'est-à-dire, des endroits plus chargés, plus noirs que d'autres, enfin remplis d'encre.

## PONCTUATION.

La ponctuation sert à marquer le sens des différens périodes d'un discours. Il est essentiel de savoir la placer à propos, et pour cela il faut avoir du bon sens pour saisir ce que l'on compose. C'est à la ponctuation que l'on reconnoît un bon compositeur. Combien la placent au hasard, en aveugles !

La ponctuation ne peut bien s'apprendre que par l'usage et le goût. Quoiqu'elle varie beaucoup, il y a des règles fixes auxquelles il faut s'arrêter pour en faire usage. À la fin d'une phrase, où il n'y a rien qui indique une question ou de l'étonnement, il faut mettre un point; partager par des points-virgules les différens membres d'une phrase; et couper avec des deux-points, ceux qui, sans terminer la phrase, offrent un sens interrompu, soit que ce sens soit marqué par des réflexions ou des citations.

## POINT.

On comprend sous le nom de ponctuation, le point qui sert à terminer une phrase, ou à abréger un mot. Autrefois on mettoit des points après tous les chiffres quelconques; aujourd'hui l'on ne suit plus cet usage, et l'on n'en met précisément qu'aux endroits où il en faut.

Le point sert aussi à mettre à la place de quelques mots d'une phrase que l'on ne veut pas citer, ou après la première lettre d'un nom propre, à la place des astériques. Exemple, *M. de M. . . . . . a été blessé dans un duel*. On met aussi des points au commencement des vers que l'on cite, lorsqu'on ne rapporte qu'une partie du vers qui commence le sens. Exemple :

*. . . . . Sed omnes una manet nox,*
*Et Calcanda semel via lethi.*
*. . . . . . . . . nihil ultra*
*Nervos atque cutem morti concesserat astræ.*

## POINT ADMIRATIF.

Le point admiratif marque l'étonnement, l'admiration, l'exclamation, la surprise. Exemple :

Que Dieu est grand ! Que ses ouvrages sont beaux ! Qu'ils sont incompréhensibles ! Ha ! barbare ! le croirai-je ! La capitale se met après le point admiratif, quand le sens de la phrase est fini ; s'il ne l'est pas, il ne faut point de capitales. Les interjections ah ! ha ! eh ! hé ! hola ! ô ! ho ! demandent le point admiratif.

## POINT INTERROGANT.

Le point interrogant se place à la fin d'une phrase où il s'y trouve une question, et quelquefois à la fin de la question même, quoique la phrase ne soit pas finie. Après le point interrogant, on met ordinairement une capitale, mais c'est dans les cas où le sens de la phrase est absolument fini ; et dans ceux où il ne l'est pas, on ne met point de capitales. Exemple :

Croyez-vous devenir savant, si vous n'étudiez point? Est-ce Pierre? est-ce Paul, est-ce Jérôme, qui vous ont obligé? Me le direz-vous, ou faut-il que je l'ignore toujours?

### POINTE.

Petite broche mince et bien acérée, dont on se sert pour corriger les épreuves sur le plomb, ou pour nettoyer les ordures qui se mettent dans l'œil du caractère.

Il faut se servir de la pointe avec adresse pour ménager le caractère, et prendre garde en enlevant une lettre avec la pointe, de gâter l'œil de celles qui sont voisines, en appuyant dessus la pointe, ce qui se fait en la couchant.

Lorsque l'on veut corriger sur le plomb, il faut bien desserrer sa forme, dégager la lettre, et la pointer au pied de l'œil légèrement. Il y a bien des ouvriers intelligens qui ne se servent que de leurs doigts pour corriger, ou d'une petite pincette; et ceux-là sont moins exposés à abîmer le caractère.

### POINTER.

C'est mettre dans les pointures le papier qui est en retiration, feuille par feuille, aux mêmes trous formés par les pointures.

Pour pointer avec diligence, on prend avec sa main droite le papier du côté du trou de la pointure qui se trouve du côté du barreau, près duquel on approche le pouce pour y faire entrer la pointure, tandis que de la main gauche on place à-peu-près l'autre trou sur l'autre pointure, et on l'y fait entrer en revenant avec la main droite.

Il faut pointer avec attention, parce qu'il arrive que l'on dérange considérablement le registre, si l'on ne met pas les pointures dans les mêmes trous.

## POINTURES.

Ce sont deux longues et minces languettes de fer, au bout desquelles il y a une pointe attachée qui perce les bords de la feuille de papier qu'on imprime, et par ce moyen on fait rencontrer les lignes de chaque page du côté opposé à celui qui vient d'être imprimé.

Les pointures dont on se sert pour faire le registre, ne doivent pas avoir plus d'un bon quart de ligne d'épaisseur par la queue, qui s'attache au moyen de petites vis qu'on appelle vis de pointures; et il faut qu'elles soient moins larges et plus minces par les bouts où sont les pointes. Chaque pointure est attachée par une vis à tête plate, qui perce le bois à chaque côté du grand tympan. La tête de ces vis ne doit pas excéder l'épaisseur de la queue des pointures.

Quand on place les pointures, il ne faut pas que leur queue passe le grand tympan, car cela feroit frisotter ou doubler l'impression, pour peu qu'elles viendroient à toucher contre les jumelles.

Si l'on tire un *in-4°.*, un *in-8°.*, ou tel autre format de cette sorte, on placera les pointures au milieu du tympan; cependant sur ses bords, parce que la barre de chassis de ces sortes de formats est toujours au milieu : d'ailleurs il y a au tympan des trous qui sont destinés à cet usage.

Dans les formats *in-12.*, ou tels autres dont la barre du chassis, quoique placée en travers, se trouve dans le dessus à un tiers de distance de ce chassis : alors on remonte les pointures aux trous qui sont faits plus haut dans le grand tympan. Voyez l'article *Baisser la pointure*.

Dans les impositions où les pointures se placent au milieu du papier, il est bon d'en avancer une un peu plus que l'autre, afin de ne pas être exposé à mal tourner son papier, parce que la différence que l'on verroit d'abord des trous du papier blanc à ceux de la retiration, préviendroit l'erreur ou l'étourderie.

Dans l'*in-folio*, il faut mettre la pointure qui est du côté de la tête à une distance toujours égale, afin de prévenir l'inconvénient de voir dans un ouvrage une différence trop sensible, souvent dans les blancs de tête d'une page à l'autre page de regard.

## POLICE.

La police d'un caractère est l'assortiment régulier des différentes sortes dont il est composé: cette partie regarde le fondeur ; mais il est nécessaire qu'un imprimeur sache au moins, lorsqu'il fait fondre un caractère, ce qu'il faut pour le rendre bien assorti, savoir la quantité particulière, à quelque chose près, des différentes sortes d'une fonte pesant un poids quelconque, et de quelque caractère que ce soit.

M. Fournier a donné, dans son *Manuel Typographique*, un tableau très-bien fait de la police des caractères. Comme son ouvrage est très-rare, je vais en donner ici la connoissance.

Un imprimeur peut demander une fonte à un fondeur, de trois manières différentes; savoir, par cent pesant, par feuille ou par casse.

La première manière de demander une fonte est la plus usitée; la seconde l'est moins: cependant on peut s'y conformer d'une manière aussi précise qu'à la première. La feuille peut être évaluée pour le poids à cent vingt livres; la forme à soixante livres, y compris cadrats et espaces; ainsi, qu'on demande une fonte de quinze, vingt feuilles, on saura toujours, par ce moyen, combien cette fonte pèsera, en multipliant le nombre de feuilles demandées, par le poids de la feuille.

Si l'on demande une fonte par un nombre de casses déterminé: on sait que la casse pleine pèse ordinairement, abstraction faite du bois, cent cinquante livres: ainsi, en multipliant le poids d'une casse par celui du nombre de casses, on aura le poids de la fonte.

Il y aura cependant des défauts essentiels dans la police d'une caractère demandé par feuille ou par casses; parce qu'il se trouvera dans ces feuilles et ces casses des sortes manquantes, tandis que d'autres seront trop abondantes.

Pour faire la police d'un caractère, on pèse

un mille de la lettre (e), qui tient le milieu entre les autres, et, d'après son poids, on se règle pour les autres lettres.

### Poids des Caractères.

En supposant une police de cent milliers de lettres employées pour un caractère romain, la fonte qui aura été fondue conformément à cette police pèsera, savoir :

En nompareille à 1 livre le mille . . 100 livres.
En mignone . . à 1 $\frac{1}{4}$ . . . . . . . . . 125
En petit texte . à 1 $\frac{1}{2}$ . . . . . . . . . 150
En gaillarde . à 2 . . . . . . . . . 200
En petit romain à 2 $\frac{3}{8}$ . . . . . . . . 237
En philosophie à 2 $\frac{7}{8}$ . . . . . . . . 283
En cicero . . . à 3 $\frac{1}{4}$ . . . . . . . . . 325
En saint-august. à 4 $\frac{1}{2}$ . . . . . . . . 450
En gros texte . à 5 $\frac{3}{4}$ . . . . . . . . . 575
En gros romain à 6 $\frac{1}{2}$ . . . . . . . . . 650
En petit parang. à 10 . . . . . . . . . 1000
En gros parang. à 12 . . . . . . . . . 1200
En palestine . . à 14 . . . . . . . . . 1400

Le petit canon pèse 20 livres le mille de lettres.
Le trismégiste 40 livres.
Le gros canon 45 livres.
Le double canon 70 livres.

Ces poids ne doivent pas être pris à la rigueur, parce que le même caractère qui sera plus ou moins rapproché, ou l'œil plus ou moins gros, différera quant à sa quantité de matière constitutive, et par conséquent quant au poids.

Les espaces, cadratins, demi-cadratins et cadrats, ne peuvent être appréciés pour le poids du millier, ainsi que le caractère, parce que ces premiers sont plus bas.

La proportion du poids des cadrats et espaces est de six livres chacun par cent pesant de caractère : ainsi, sur une fonte de quatre cents pesant de romain, et de cent livres d'italique, on met cinquante livres de cadrats, et autant d'espaces ; ce qui fait une fonte de six cents pesant.

La police pour le caractère romain sert pour l'italique, à quelques figures près. Cent cinquante-cinq sortes de lettres composent une police ordinaire ; mais si l'on y joignoit les signes de la prosodie, les lettres titres, ceux propres à l'algèbre, alors elle deviendroit plus considérable.

Si l'on a un ouvrage latin à faire, il faut que les lettres i, m, s, o, u, soient augmentées d'un sixième, et la lettre double æ d'un quadruple.

La police des capitales n'est pas proportionnée, quant aux sortes, à la police du bas de casse. Les consonnes sont plus fréquemment employées dans les capitales, toute proportion gardée, que dans les lettres du bas, dites minuscules.

Je donne ici un tarif des prix courans de Paris pour la fonte des caractères : mais ces prix ne sont pas de rigueur ; ils peuvent varier en plus ou moins en raison du prix des matières premières et de la main-d'œuvre, ainsi qu'à cause de la quantité.

*Prix des caractères qu'il importe qu'un imprimeur connoisse.*

La livre de parisienne, y compris espaces et cadrats . . . . . . . . . . . . . . . 8 liv.
    de nompareille rom. ou ital. . . 6
    de mignonne gros ou petit œil . 4    10 s.
    de petit texte gros ou petit œil . 3
    de gaillarde gros ou petit œil . . 2    15
    de petit romain, etc. . . . . . . 2    5
    de philosophie, etc. . . . . . . 2
    de cicero, etc. . . . . . . . . . 1    16
    de saint-augustin, etc. . . . . 1    14
    de gros texte . . . . . . . . . 1    8
    de gros romain, etc. . . . . . . 1    12
    de petit parangon, etc. . . . . 1    10
    de gros parangon, etc. . . . . . 1    10
    de palestine, etc. . . . . . . . 1    8
    de petit canon, etc. . . . . . . 1    8
    de trismégiste, etc. . . . . . . 1    8
    de gros canon, etc. . . . . . . 1    8
    de double et triple canon, etc. 1    8
    de grosse nompareille, etc. . . 1    6

*Lettres deux-points.*

Elles se vendent aux mêmes prix que les caractères courans l'un dans l'autre.

*Lettres de deux-points ornées.*

La livre de nompareille . . . . . . . . 2 liv. 10 s.
    de petit texte . . . . . . . . . 2    5
    de petit romain . . . . . . . . 2    3
    de philosophie . . . . . . . . . 2    2
    de cicero . . . . . . . . . . . 1    1
    saint-augustin . . . . . . . . . 2
    gros romain . . . . . . . . . . 2
    petit parangon . . . . . . . . 1    15
    gros parangon . . . . . . . . . 1    10
    petit et gros canon . . . . . . 1    6
    moyenne et grosse de fonte . . 1    6

*Vignettes.*

| | | |
|---|---:|---:|
| La livre de parisienne............ | 3 | |
| nompareille......... | 2 | 10 s. |
| petit texte........... | 2 | 5 |
| petit romain......... | 2 | 3 |
| cicero................ | 2 | |
| saint-augustin....... | 2 | |
| gros texte........... | 2 | |
| gros romain......... | 2 | |
| petit parangon...... | 2 | |
| gros parangon...... | 2 | |
| palestine............ | 2 | |
| petit canon......... | 2 | |
| trismégiste......... | 2 | |

De crochets et accolades, la livre vaut suivant leur épaisseur et longueur.

De reglets simples, doubles et triples sur différens corps, *idem.*

La livre de financière vaut....... 2 liv. 10 s.
      de ronde............ 3
      de bâtarde........... 2

de grec sur le corps de nompareille............ ⎫
grec de petit texte...... ⎬ Suivant leur grosseur et forces de corps.
grec de cicero......... ⎪
grec de saint-augustin.... ⎭
grec de gros romain.... 6 liv.

Interlignes de toutes épaisseurs, suivant leur degré. Celles à quatre au cicero, la livre vaut 1 liv. 6 s.

Musique, la grosse............ 5
La petite................. 6
Les notes de plein-chant, rouge et noir, suivant leur grosseur et force de corps.

Vignettes arrangées en compartiment, soit pour les mémoires au lieu de vignettes en bois, et cul-de-lampe, 4 liv. et 3 liv.

## POLICE

### DE 50 MILLIERS DE LETTRES,
*Caractère romain.*

| *Lettres du bas de casse.* | | *Lettres doubles.* | |
|---|---:|---|---:|
| a | 2500 | æ | 50 |
| b | 500 | œ | 50 |
| c | 1300 | w | 50 |
| ç | 75 | & | 250 |
| d | 1600 | ct | 150 |
| e | 5250 | ſt | 300 |
| f | 500 | fi | 200 |
| g | 500 | ſi | 250 |
| h | 400 | fl | 50 |
| i | 2750 | ſl | 25 |
| j | 250 | ff | 150 |
| k | 50 | ſſ | 200 |
| l | 2000 | ſfi | 100 |
| m | 1300 | ſſi | 125 |
| n | 2500 | ffl | 25 |
| o | 2250 | ÿ | 25 |
| p | 1000 | ℞ | 25 |
| q | 750 | | |

| | | *Ponctuations.* | |
|---|---:|---|---:|
| r | 2500 | . | 800 |
| s | 1750 | , | 900 |
| ſ | 900 | : | 150 |
| t | 2500 | ; | 200 |
| u | 2500 | - | 500 |
| v | 600 | ? | 500 |
| x | 200 | ! | 50 |
| y | 150 | ¿ | 50 |
| z | 200 | | |

| Suite de la ponctuation. | |
|---|---:|
| » | 100 |
| * | 50 |
| [ | 30 |
| ( | 30 |
| † | 25 |
| § | 25 |
| ¶ | 25 |

| Accens. | |
|---|---:|
| á | 25 |
| é | 800 |
| í | 25 |
| ó | 25 |
| ú | 25 |
| à | 250 |
| è | 150 |
| ì | 25 |
| ò | 25 |
| ù | 60 |
| â | 60 |
| ê | 200 |
| î | 60 |
| ô | 60 |
| û | 60 |
| ë | 50 |
| ï | 50 |
| ü | 50 |

| Capitales. | |
|---|---:|
| A | 160 |
| B | 50 |
| C | 125 |
| Ç | 15 |
| D | 150 |
| E | 225 |
| É | 25 |
| È | 10 |
| Ê | 10 |
| F | 60 |
| G | 60 |
| H | 50 |
| I | 180 |
| J | 100 |
| K | 15 |
| L | 150 |
| M | 130 |
| N | 160 |
| O | 150 |
| P | 150 |
| Q | 100 |
| R | 160 |
| S | 160 |
| T | 160 |
| U | 150 |
| V | 125 |
| X | 50 |
| Y | 40 |
| Z | 40 |
| Æ | 20 |
| Œ | 20 |
| W | 15 |

| Petites capitales. | | Suite des petites capitales. | |
|---|---|---|---|
| A | 100 | X | 25 |
| B | 40 | Y | 20 |
| C | 60 | Z | 20 |
| Ç | 8 | Æ | 10 |
| D | 80 | OE | 10 |
| E | 175 | W | 10 |
| É | 25 | | |
| È | 12 | *Chiffres.* | |
| Ê | 12 | 1 | 125 |
| F | 40 | 2 | 125 |
| G | 30 | 3 | 100 |
| H | 25 | 4 | 100 |
| I | 125 | 5 | 100 |
| J | 50 | 6 | 100 |
| K | 12 | 7 | 100 |
| L | 140 | 8 | 100 |
| M | 125 | 9 | 100 |
| N | 100 | 0 | 100 |
| O | 100 | | |
| P | 60 | *Supérieures.* | |
| Q | 50 | a | 12 |
| R | 100 | e | 25 |
| S | 100 | o | 50 |
| T | 100 | r | 25 |
| U | 100 | s | 25 |
| V | 50 | | |

*Nota.* Il faut doubler les nombres de cette police pour avoir un caractère de cent mille de lettres; le quadrupler pour en avoir un de deux cent mille, et ainsi de suite: cela ne demande pas un grand travail.

POLYTYPAGE.

## POLYTYPAGE.

Sable propre à recevoir l'empreinte des caractères, ou autres choses semblables : l'ouvrage se tire fort net sur ce sable, qui souffre sans rompre plusieurs fusions.

Prenez du spath d'Allemagne semblable au sel ammoniac, et non pas de celui d'Angleterre ; faites-le recuire au fourneau des teinturiers jusqu'à ce qu'il soit fort rouge : puis faites dissoudre une livre de sel ammoniac dans deux pots d'eau, dont vous arroserez vos spaths refroidis ; ensuite mettez-le dans une terrine rougir au feu ; retirez-le et lui laissez passer un peu sa rougeur, puis l'arrosez encore, et faites cela cinq ou six fois ; après vous le réduirez en poudre fort subtile, et le broyerez à sec sur une écaille de mer ; vous en servez dans un chassis de fer ou de cuivre, et non de bois ; arrosez-le un peu de ladite eau : ensuite vous en ferez telle forme et moule que vous voudrez, en les faisant bien chauffer avant de jetter le métal, et l'impression en sera très-belle. Lorsque vous voulez vous en servir pour un autre ouvrage, vous le faites rougir de nouveau, et l'arrosez de cette eau chaque fois que l'on veut s'en servir. Il est si dur, qu'il n'y a point de plâtre qui le soit autant, si c'est du vrai spath d'Allemagne. Plus le jet est long, plus l'ouvrage est net. Il ne faut pas oublier, en imprimant l'ouvrage, d'y mettre de la poudre de pierre ponce recuite, de peur que le plâtre, lorsque ce sont des figures de plâtre dont l'on veut faire l'empreinte, ne s'attache point avec le spath ou sable.

L'imprimerie polytype, dont l'inventeur faisoit un secret, a exercé la sagacité de divers gens de l'art. Mais personne ne nous paroît avoir saisi le procédé vraisemblable de MM. Hoffmann, mieux que M. Pingeron, si connu par ses grandes connoissances et par son génie en méchanique. Voici l'extrait d'une de ses lettres.

« Je pense qu'en composant une planche avec des caractères mobiles, selon l'usage ordinaire, et faisant épreuve sur une matière capable de recevoir nettement une empreinte, tels que le talc, le plâtre commun, certains argilles, le tripoli de Venise, des terres composées, enfin le sable des fondeurs, il seroit facile de couler dans ces creux la même matière dont on fait les caractères; savoir, l'étain ou le plomb, et le régule d'antimoine fondu ensemble. Il résulteroit de cette fonte des tables très-minces, auxquelles on pourroit donner la plus grande solidité en les doublant. Elles seroient couvertes d'un côté de caractères de relief, avec lesquels on pourroit imprimer après avoir corrigé, avec l'échoppe et le burin, les défectuosités qui surviendroient à la fonte; les avantages de ce procédé, si l'expérience en confirmoit la bonté, rendroient les éditions perpétuelles, économiseroient singulièrement les frais du papier, puisqu'on ne tireroit qu'à fur et à mesure des demandes. Ceux qui sont un peu versés dans la typographie savent que les frais d'impression se réduisent à peu de choses: que le papier seul envoya Boniface Chrétien à l'hôpital, par l'immense quantité qu'il lui en fallut pour imprimer ce funeste *in-folio* qui causa sa ruine. »

» Je suis dépositaire, depuis près de trente années, d'un procédé par lequel on peut multiplier prodigieusement les écritures en très-peu de tems; mais l'abus qu'on en pourroit faire m'a engagé à le tenir secret. Le peu de volume de l'appareil, le silence dans lequel on peut opérer, contribueroient beaucoup à tromper la vigilance de tous ceux qui sont chargés de veiller au bon ordre. Il n'en est pas de même de la nouvelle imprimerie, dont le grand étalage rend la *clandestinité* presqu'impossible. Je desirerois de tout mon cœur que les procédés que je propose pussent remplir les mêmes vues que ceux des inventeurs de l'*Imprimerie Polytype*. N'étant pas à portée d'une fonderie de caractère, il ne me reste qu'à inviter les amateurs de la typographie, résidans à Paris, à Rouen, à Lyon, à Avignon, où l'on fait des caractères, à faire les expériences dont je viens de parler: d'abord sur une page isolée, que l'on nomme *paquet* en terme d'imprimerie, et ensuite sur une demi-feuille d'impression ou *forme*. Je vous prie, Monsieur, de publier ma lettre, si vous la présumez utile aux progrès d'un art auquel tous les autres sont intéressés ». *Extrait du Journal de Paris*, 1786.

## POLYTYPE.

Imprimerie polytype de nouvelle invention. Voyez *Polytyper*.

## POLYTYPER.

C'est après avoir fait des empreintes avec des pages entières de caractère, du côté de l'œil, dans une matière propre à les recevoir, y couler de la fonte de lettres, pour en avoir ensuite des pages entières d'une seule pièce : lesquelles pages servent à l'impression, aussi bien que celles composées de caractères mobiles. Ces pages polytypées se calquent sur des pages de bois d'une hauteur déterminée, afin qu'elles puissent être placées dans les chassis de bois ou de fer, comme les pages de caractères mobiles.

MM. Offmann, père et fils, avoient établi une imprimerie polytype, rue Favart, près la Comédie Italienne, cette imprimerie n'avoit d'autre mérite que le secret du polytypage. C'est un double emploi, un double travail pour parvenir à l'impression. Bien d'autres inconvéniens encore en résultent : que d'une page ainsi polytypée, quelques lettres viennent à se gâter sous presse, par tel des accidens qui surviennent assez fréquemment, il n'y a pas moyen de substituer d'autres lettres à celles fracassées ; il faut refondre la page : et si la page de caractères mobiles est distribuée, il faut la recomposer : la presse souffre du retard pendant ce tems.

## POTENCE.

C'est la partie de la presse qui supporte le berceau sur lequel roule le train, à l'endroit et au-dessous du chevalet qui sert à appuyer le tympan. Cette partie a la forme d'une potence, d'où elle en a pris le nom. La potence d'une presse est à demeure et immobile, il faut que sa hauteur s'accorde avec celle du sommier du bas qui supporte le train, afin que ledit train soit parfaitement de niveau dans son assiette horisontale.

## POUTRES (petites), *ou* POUTERELLES.

Ce sont deux pièces de bois qui tiennent ensemble avec le berceau, par un assemblage, sur lesquelles règne une bande de fer dans toute sa longueur, afin de faire rouler tout le train de la presse, comme le coffre, le marbre sur lequel on pose les formes, etc. Voyez *Bandes*.

Il convient que ces petites poutres soient d'une égale épaisseur, et bien placées horisontalement : il ne faut pas que l'une soit plus basse que l'autre, autrement on y remédieroit en mettant des réglettes dessous celle qui seroit plus basse, pour la porter à la hauteur de l'autre petite poutre.

## PRÉFACE.

Les préfaces qui se placent à la tête des livres se font d'un caractère plus gros que le texte de l'ouvrage, ou en italique du même caractère, si les épîtres, avertissemens, ou autres préliminaires sont en romain.

Lorsqu'un ouvrage est interligné, il faut que les préfaces et avertissemens le soient, pour la propreté de l'ouvrage.

### PREMIÈRE.

*Côté de première* ; c'est ainsi que l'on nomme la forme où est imposée la première page de la feuille : celle où est imposée la seconde page, s'appelle *côté de deux et trois*, ou retiration. Voyez *Imposition*.

### PRESSE.

La presse est la partie sur laquelle et par le moyen de laquelle se fait l'impression. C'est un composé de bois et de ferrures qui, pour sa perfection, doit être d'une justesse précise.

Deux montans que l'on nomme jumelles soutiennent l'assemblage de la presse, et en sont les deux pilliers. Un chapiteau couronne ces deux jumelles, en les liant ensemble au sommet à chacune de ses extrémités : un sommier où est renfermé l'écrou par lequel passe la vis forme la seconde pièce placée un peu au-dessous du chapiteau : vient ensuite la vis après laquelle est attaché un barreau qui sert à la faire mouvoir. Au-dessous de ce sommier est une tablette de deux pièces, enchassée en dedans des jumelles à queues-d'arondes. Entre cette tablette se trouve la boîte par laquelle passe la vis, dont le bas fait en pointe, et que l'on nomme pivot, aboutit sur une platine soit en fonte, cuivre ou bois, de forme quarrée, au sommet de laquelle est une pièce de fer ronde ou quarrée et creusée, que l'on nomme grenouille, armée d'un petit dez d'acier que l'on appelle grain, et dans lequel entre la pointe du pivot pour procurer la pression. Cette platine est attachée après la boîte, ou par des crochets, des vis, chaînettes ou ficelles. Au-dessous de la platine est le berceau, composé de deux pouterelles armées de bandes, qui reposent sur un sommier enchassé par des tenons entre les jumelles. Sur ces deux pouterelles roule le train, qui est une espèce de coffre où se trouve un marbre enchassé dans son enfoncement; et aux quatre coins de ce coffre, quatre cantonnières pour retenir les formes serrées par des coins entre le chassis et les cantonnières : sur le derrière du coffre est le grand tympan; c'est un cadre en bois couvert d'une peau de parchemin, lequel cadre est arrêté par des boulons dans des charnières adhérentes partie au coffre, partie au cadre. Après ce grand tympan est un chassis de fer mince, que l'on nomme frisquette; laquelle frisquette collée en papier, et découpée suivant les formats à imprimer, masque tout ce qui ne doit point être imprimé. Un petit tympan sert d'enveloppe au grand tympan, dans lequel on place des pièces de molleton, nommées blanchets, pour faciliter le foulage de l'impression. Derrière le grand tympan est un chevalet de bois qui sert à le supporter : entre les deux montans de ce chevalet est un petit rouleau percé de deux trous en sens différens, et par le moyen duquel on serre ou desserre la corde du rouleau, soit pour la tendre, soit pour mettre la manivelle dans sa véritable position. A l'extrémité du train, en-devant de la presse, est une pièce de bois qui le soutient, laquelle est appuyée sur le plancher : on l'appelle potence. Sur le derrière de la presse est un plancher à trois ou quatre pouces près de la hauteur de la tablette, sur lequel plancher est placé l'encrier. A la jumelle qui se trouve à côté de l'encrier, sont deux chevilles qui servent à placer les balles, lorsqu'on ne s'en sert pas, ou à les reposer même en travaillant. Au-dessous de ce plancher du derrière de la presse est un assemblage de deux montans et deux traverses de chaque côté, ainsi que sur le derrière, laquelle traverse du derrière sert de point d'appui aux pouterelles. A un de ces montans sont attachées les vaches qui tiennent au train : ces vaches sont des cordes qui empêchent qu'en déroulant, le train ne sorte de son lit, et aille tomber au-delà du devant de la presse. Sous le sommier d'en-bas de la presse est une forte et épaisse planche qui sert d'assemblage au pied des jumelles. Au-dessus du chapiteau de la presse sont des étançons pour la consolider. Au-dessous du berceau de la presse, en-bas sur le plancher, est un marchepied qui sert à poser le pied, soit que l'on touche ou que l'on tire. Voilà ce que c'est qu'une presse, dont j'ai décrit tout au long, chacune à leur place, les différentes pièces dont elle est composée.

On a fait de nouvelles presses, dont la fin est la même que celle que l'on trouve dans les presses dont je viens de donner l'analyse : la différence consiste ou dans la beauté des pièces constitutives, ou dans la variété des moyens propres à occasionner la pression. On voit au Louvre une presse qu'a fait faire M. Anisson, qui coûte beaucoup d'argent, et qui n'a presque d'autre avantage que celui d'imprimer à un coup, et de ne point doubler, à raison de la grande quantité des moyens propres à procurer cet avantage, et à empêcher ce défaut. Encore cette presse charmante a-t-elle un défaut très-grand, auquel on ne peut remédier : *le coup du barreau est trop long*, et par-là trop fatiguant.

On voit à l'imprimerie de la Lotterie nationale de France à Paris, des presses qui n'ont point de barreau, dont la pression se fait en appuyant sur une bascule qui se trouve à côté de la jumelle, et dont l'action occasionnée par la force de l'imprimeur, précède une réaction donnée par un contre-poids qui se trouve de l'autre côté de la presse. Le jeu du pivot dans la grenouille ne s'apperçoit point, il se fait dans l'intérieur du sommier. Pour donner du passage à la platine, c'est-à-dire, pour la relever, on se sert de pièces de cuivre que l'on place sous le sommier. Cette presse est de l'invention de M. Pierres, qui peut être considéré comme un des premiers imprimeurs de Paris, par ses connoissances profondes dans l'art de l'Imprimerie.

Il y a aussi des presses à cylindre; mais leur

usage n'est point accueilli : d'ailleurs elles ne remplissent pas le même but que nos presses ordinaires. Telles sont les presses dont se servent les aveugles, sous la direction de M. l'abbé Haüy, dans le nouvel établissement que le gouvernement vient de faire en leur faveur.

### PRIMER.

Caractère anglais qui équivaut à notre petit romain.

### PRIVILÈGE.

(*Article d'ancien régime.*)

C'étoit une permission exclusive d'imprimer ou faire imprimer des ouvrages. Voici quelle étoit la manière d'obtenir un privilège.

Quand un auteur venoit vous présenter un ouvrage, et qu'après un examen réfléchi, vous le jugiez bon à être imprimé, après toutefois vous en être bien assuré, en le communiquant à quelque savant en état d'en porter un jugement solide, vous alliez le porter à l'inspecteur de la librairie, et vous le priez de vous nommer un censeur. L'inspecteur de la librairie, d'après l'examen de l'ouvrage, ou d'après l'apperçu du titre seulement, vous faisoit délivrer dans son bureau, un petit imprimé en forme de lettre, dans lequel étoit inséré le nom du censeur : vous portiez ensuite cette lettre et l'ouvrage chez le censeur. Lorsque le censeur avoit lu et approuvé l'ouvrage, il vous le délivroit paraphé de la première lettre de son nom, et d'une approbation particulière qu'il vous donnoit : vous portiez ensuite cette approbation chez l'inspecteur de la librairie ; quelquefois le censeur se chargeoit de cette opération. L'inspecteur la faisoit passer au garde-des-sceaux. Le garde-des-sceaux en faisoit placer le privilège sur la feuille des privilèges qu'il envoyoit à la chambre-syndicale, pour les y faire enregistrer. Vous retiriez ensuite votre privilège à la chambre-syndicale, et vous en alliez payer le coût au secrétaire du garde-des-sceaux, qui délivroit ce privilège sur une feuille de parchemin.

## PROTE.

C'est le chef ou directeur d'une imprimerie. La personne qui remplit cette place est supposée avoir des talens au-dessus du commun des ouvriers. Dans les premiers tems de l'Imprimerie, des gens savans n'ont point dédaigné cet emploi.

Aujourd'hui on choisit parmi les compositeurs, ceux qui réunissent les talens les plus propres à remplir cette place.

Un bon prote doit savoir parfaitement la langue française, passablement au moins la langue latine, connoître le grec. Les sciences ne doivent point lui être étrangères : philosophie, mathématiques, géométrie, jurisprudence, etc. etc. tout cela ne doit point lui être absolument inconnu.

Aux talens, il doit joindre, s'il se peut, les qualités propres à se faire respecter, et à se concilier l'estime, et de la personne qui l'emploie, et des ouvriers qui lui sont subordonnés; mais pour que ce mot de subordonné n'effarouche point, je dirai qu'un prote est: *primus inter pares*, le premier parmi ses égaux.

Il y a des imprimeries où le prote n'a besoin d'autre talent que celui de connoître la manutention typographique : ceux-là ne lisent aucune épreuve; il s'y trouve des correcteurs pour remplir cette fonction. Le mot prote vient d'un terme grec Πρῶτος, qui signifie *premier*.

## PROTERIE.

Cabinet où se tient le prote pour lire ses épreuves.

## PUNIQUE.

Caractère tyrien. Voyez-en la figure dans le *Manuel Typographique*, tome II, page 220.

## QUATRE-HEURES.

Les quatre-heures sont un droit que doivent les compagnons imprimeurs, lorsque changeant d'imprimerie, ils sont embauchés dans une autre. C'est le même droit que celui de bienvenue. On paye trente sols pour les quatre heures; et l'on fait un petit goûter : les autres compagnons doivent une reconnoissance : laquelle reconnoissance est un supplément aux trente sols pour subvenir aux frais du goûter, ou des quatre heures.

## QUÊTE.

Dans l'ancien régime, on faisoit la quête pour un compagnon malade, dans toutes les imprimeries : cette quête se faisoit par deux ouvriers de l'imprimerie où travailloit le malade, et ils devoient tenir un registre signé des protes, de ce qu'ils recevoient dans chaque imprimerie. La chambre syndicale donnoit cette permission de quêter, laquelle étoit signée du syndic et des adjoints.

Aujourd'hui cette sorte de quête n'a plus lieu, au moyen d'une société établie par les compagnons imprimeurs, à laquelle ils payent une modique contribution chaque semaine, ils reçoivent 15 liv. par semaine de maladie, et cela pendant trois mois, et 7 liv. 10 sols pendant un pareil tems : si alors la maladie continue, ils sont rangés dans la classe des infirmes, et reçoivent, comme ces derniers, 3 liv. par semaine. Cette société, sagement administrée, mérite l'attention de tous les compagnons imprimeurs.

On fait encore la quête à la Saint-Jean-Porte-Latine ou à la Saint-Martin, chez tous les auteurs, libraires, ou fournisseurs d'une imprimerie ; et le produit de cette quête se partage entre les chapelains. Deux personnes de chaque imprimerie, suivies de deux apprentifs, sont détachées pour faire cette quête.

## RABINIQUE.

Caractère dont les juifs se servent pour leur

écriture courante. Voyez le *Manuel Typog.* page 246, tome 2.

## RAMETTES.

Ce sont des chassis qui n'ont point de barre, et dans lesquels on impose les placards. Il y a de grandes et petites ramettes. Dans les petites, on impose de petites affiches, d'une demi-feuille, d'un carré, d'un huitième, et des cartes. Une ramette doit être de la même épaisseur que les chassis, et même quand elles seroient plus fortes, elle n'en vaudroient que mieux, afin que les côtés ne cèdent point, et ne fassent point le demi-cercle par l'impulsion des coins: de plus, elles ont souvent des poids considérables à supporter.

## RAMOTIR.

C'est humecter, impregner d'eau : on ramotit le tympan d'une presse, lorsqu'on veut commencer sa journée : on le ramotit aussi sur la marge de tems en tems pendant le jour durant l'été ; c'est afin de faire mieux ressortir l'impression : pour cela on prend une éponge propre, et on fait une aspersion sur le tympan, suffisante et égale par-tout.

On ramotit aussi les balles, soir et matin afin de les raffraîchir : on mouille pour cela la doublure, et on la froisse avec les mains, pour l'adoucir, et lui bien faire prendre l'eau : on mouille ensuite le dedans du cuir qu'on froisse également, avec l'attention que l'eau ne touche point le dessus du cuir, parce qu'elle le rendroit *teigneux*, c'est-à-dire, qu'elle le mettroit dans un état à refuser l'encre; et il faudroit dans ce cas le corroyer de nouveau. Après que la doublure et le cuir sont ainsi ramotis, rafraîchis, on les roule ou l'un après l'autre, ou la doublure sur le cuir, après que le cuir a été plié dans le milieu, de manière que la partie extérieure soit cachée: on place ensuite un linge mouillé dessus les balles, de manière que les cuirs et doublures en soient couverts. Voyez *Balles* et *Démonter*. On ramotit encore les balles dans le jour, en y introduisant de l'eau avec une éponge entre le cuir et la doublure, après en avoir détaché quelques cloux.

### RANGS.

Ce sont les places formées par la disposition des trétaux qui supportent les casses des compositeurs.

Chaque compositeur a ordinairement son rang, avec la jouissance de deux casses l'une à côté de l'autre; savoir, le romain et l'italique: dessous le rang sont des rayons pour placer les pages. Il y en a quelquefois derrière, et c'est une commodité de plus. Les rangs doivent être clairs, et, autant qu'il est possible, placés auprès des fenêtres, et jamais à faux jour. Le faux jour est celui qui vient du côté droit.

### RATISSER.

C'est ôter, avec un couteau non acéré, les

ordures qui sont sur les balles, après les avoir enduites de petit vernis, et les avoir frotté fortement l'une contre l'autre en tout sens. Voyez au mot *Vernis*.

## RATISSURE.

Ce sont les morceaux de papier qui ont servi à nettoyer le couteau des balles, et à y recevoir les ordures qu'on en enlevoit en les ratissant.

## RAYONS.

Ce sont des planches posées de distance en distance les unes au-dessus des autres, pour y placer des casses, ou autres objets nécessaires à l'Imprimerie : tels sont les ais sur lesquels on place la lettre à distribuer ; telles sont les jattes dans lesquelles on met les espaces, les cadrats, cadratins et demi-cadratins : tels sont enfin les bois de garnitures de tout genre.

## RÉCLAME.

C'est le premier mot d'une feuille que l'on met au bas de la dernière page de la feuille précédente, pour servir d'indication et de renseignement, afin qu'on ne se trompe point à l'assemblage, au brochage et à la reliûre, et que l'on voie que les feuilles se suivent bien.

Dans les *in-folio* de deux feuilles en un cahier, on place une réclame à la seconde page, une autre à la sixième, et la dernière à la huitième. Dans les *in-4°* de deux feuilles en en un cahier, *ibidem*. Dans les *in-12*, cahier en-dehors, on met aussi deux reclames, savoir, une à la fin de chaque cahier; et généralement autant une feuille de tel format soit-elle, peut avoir de cahiers, autant on doit y mettre de reclames. Anciennement on en mettoit à toutes les pages, mais cela étoit ridicule.

On appelle aussi une *reclame*, en termes bachi-typographiques, ce qui reste à boire d'une bouteille presque vuidée, et que l'on répartit le plus également possible dans chaque verre.

## REDRESSER.

Lorsque la lettre est couchée, il faut la redresser avec la main, en appuyant un peu fort dessus, et en la poussant du côté opposé à sa pente, et en soutenant la lettre avec une réglette et avec l'autre main. C'est une attention particulière qu'il faut avoir pour empêcher que la lettre soit couchée, et pour la bien redresser. 1°. On doit bien dresser chaque ligne dans son composteur, à fur et mesure qu'on la compose; 2°. les placer bien d'à-plomb sur la gallée; 3°. bien redresser sa page, lorsqu'elle est faite, avant de la lier; 4°. en imposant, la redresser par le moyen des biseaux et des coins qui serrent également en tout sens.

## REGISTRE.

Le registre est l'art de faire tomber exactement les pages les unes derrière les autres

*Tr. de l'Impr.* par A. F. MOMORO.

à l'impression; c'est-à-dire, la retiration derrière le papier blanc, par le moyen des pointures que l'on baisse, que l'on hausse, ou qu'on avance et retire suivant le besoin. Voyez *Pointures*.

Lorsqu'on fait son registre en papier blanc, on met une mauvaise feuille sur la forme, ensuite on place les pointures sur le tympan; on les arrête fortement afin qu'elles ne varient point. Quand le papier blanc sera imprimé, on levera la forme sans déranger les coins des têtières et ceux près des couplets du tympan; on posera ensuite l'autre forme; après on jettera la frisquette pour voir si elle tombe bien, et si elle ne mord pas en quelques endroits, lequel cas arrivant, il faudroit remuer la forme jusqu'à ce qu'elle se rencontre juste sous la frisquette. La frisquette tombant juste, on pose sur la forme une feuille de papier imprimée d'un côté, le côté blanc contre la lettre, en observant de bien poser les chiffres les uns dessus les autres; ensuite on abaisse le tympan qui aura été suffisamment mouillé pour y faire attacher la feuille, au moyen de la pression que l'on fait avec la main sur le petit tympan.

La feuille attachée sur le tympan, on y fait passer les hardillons des pointures dans les trous qui y ont été faits en papier blanc : c'est une manière courte et sûre de faire son registre, lorsque les garnitures sont bien égales: on arrête ensuite sa forme.

Quant aux *in-12*, pour faire son registre en papier blanc, l'usage est de mettre une pointure au tympan du côté du barreau, si-tôt que la marge est faite; ensuite de poser une feuille par-dessus, en y mettant un peu de colle aux deux bouts du côté où il n'y a point de pointures; on tirera ainsi cette feuille sur la forme. Cette feuille étant imprimée et attachée au tympan, on la plie par le milieu de sa longueur sur le tympan, sans la déranger, en mettant le côté où est la pointure sur celui où il n'y en a point, et en posant bien directement les chiffres des pages les uns sur les autres. On prend ensuite une épingle, on la passe au travers du trou que la pointure aura fait; après cela on attache la seconde pointure au tympan, et on fait entrer sa pointe dans le trou fait par l'épingle. Le registre sera fait, les garnitures et châssis étant bien réguliers d'ailleurs.

## RÉGLET.

C'est un filet simple, double ou triple, de fonte, de bois, de cuivre ou fer-blanc, que l'on met en tête d'une division ou sous-division de titre, ou pour séparer les notes de la matière, pour partager des colonnes, ou pour encadrer une page, etc. Voyez *Filets*. On donne aussi le nom de réglets aux bois minces que l'on met pour séparer les additions de la matière.

## RÉGLETTE.

C'est une petite pièce de bois mince et plate de la hauteur des cadrats, qui sert à jetter des blancs ou interligner des affiches ou placards dont la trop longue justification ne permet pas de se servir des interlignes ordinaires, dont la plus grande longueur est celle *in-4°*. Il y a des réglettes de tous les corps de caractères depuis la nompareille jusqu'au gros parangon.

Chaque compositeur doit avoir sa réglette ou mesure, qui sert, au moyen d'un cran qu'il y a fait, pour justifier les pages de ses labeurs. On se sert aussi d'une réglette pour lever ses lignes de dessus son composteur, et les placer dans sa gallée, et pour supporter ses poignées de distribution. Voyez *Distribuer*.

Lorsqu'un compositeur a mis en pâte, les autres compositeurs, par plaisanterie, vont lui présenter des réglettes; ce qui contribue quelquefois à lui faire prendre *la chèvre*.

## REMANIER.

C'est mettre dans une justification une composition d'une justification plus large ou plus étroite. Par exemple, si l'on veut réduire un *in-4°*. en *in-8°*., il faut remanier au composteur la composition *in-4°*., et en faire des lignes et des pages *in-8°*.: ainsi des autres formats.

Lorsqu'on a fait des bourdons, c'est-à-dire, des omissions dans sa composition, il faut remanier pour faire entrer ce que l'on a omis.

Un ouvrage remanié par rapport aux bourdons ou doublons, n'est jamais propre, parce qu'il s'y trouve des lignes plus ou moins espacées les unes que les autres; ce qui est désagréable à la vue.

On *remanie* aussi le papier le lendemain qu'il a été trempé, afin qu'il prenne bien son eau de toutes parts, et qu'il s'apprête bien pour recevoir l'impression. Voici la manière de procéder à cette opération.

On prend le papier qui a été trempé, et on le pose sur un marbre ou sur un banc; puis on en prend environ une main, quelquefois moins s'il a beaucoup de corps, et on le pose à sa droite; on en prend une seconde main que l'on pose dessus la première, observant de la mettre en sens contraire, de manière que ce qui étoit à gauche se trouve à droite, ce qui se fait naturellement en retournant le papier; et ainsi de suite. On doit prendre garde de déranger les marques que l'on fait en trempant, ainsi que je le dirai au mot *Tremper*.

Cette opération achevée, on pose le papier à terre, et on le couvre d'un ais que l'on charge de pierres, afin qu'il s'humecte également dans toutes les parties, et qu'il n'y ait pas des feuilles plus trempée que d'autres. Si on négligeoit de remanier le papier, il seroit peu propre à recevoir l'impression. Il n'y a que les ouvriers peu soigneux de leur ouvrage, qui négligent cette fonction.

Quand on est pressé d'employer le papier, on doit le remanier quelques heures après qu'il a été trempé, observant néanmoins de prendre les poignées plus minces, et de le charger davantage après.

Lorsque c'est pour des affiches, ou des ouvrages de peu de valeur, après lesquels on attend, on peut négliger cette fonction, parce qu'ordinairement ces objets sont en gros caractères.

## REMANIEMENT.

Action de remanier : tout compositeur étourdi ou peu attentif, est sujet au remaniement.

Les compositeurs de conscience doivent bien savoir remanier proprement, parce qu'ils sont dans le cas de corriger beaucoup de secondes ou de troisièmes.

## RENVOI.

Indication marginale, répétée dans la matière, pour marquer que ce qui est écrit en marge doit entrer dans la matière, et faire suite : c'est à quoi un compositeur doit avoir attention ; chaque auteur a ses marques particulières pour indiquer ses renvois ; et lorsqu'ils sont multipliés, on fait telles marques que l'on veut pour les distinguer tous.

## RETIRER.

C'est imprimer du côté opposé où la première impression a été faite.

## RETIRATION.

Être en retiration, c'est imprimer le second côté du papier. Le premier côté s'appelle *papier blanc*, et le second *retiration*.

En retiration, on distingue la manière de retourner le papier, soit *in-4°.*, soit *in-12*. Voyez ci-dessous *Retourner*.

Lorsqu'on est en retiration, on doit mettre une feuille de papier gris sur la marge de son tympan, et l'imbiber d'eau, afin qu'elle serve à rafraîchir le tympan, qu'elle y devienne adhérente, et qu'elle serve encore de décharge à l'impression. Lorsque cette feuille de papier gris devient noire, alors on en met une autre, parce qu'elle maculeroit l'impression, en déchargeant à son tour sur le papier l'excédent d'encre qu'elle auroit reçu.

### RETOURNER.

On retourne le papier pour le retirer; mais il faut avoir attention de le bien retourner; et pour cela on se règle ou sur les marques du papier, ou sur les signatures. Dans l'*in-12*, on ne peut pas mal tourner son papier; mais dans tous les formats où les pointures sont placées dans le milieu de la feuille, on peut se tromper, parce que les pointures ne peuvent plus servir de guide : cependant pour obvier à cet inconvénient, on avance une pointure plus que l'autre en papier blanc; de sorte qu'on voit à la marge, suivant qu'elle est plus ou moins découverte, lorsqu'on a mal tourné son papier.

### RIVURE.

Ce nom est synonyme d'hardillons; les rivures se placent aux pointures.

### RONDE.

Caractère dans le goût de la financière.

## RONDELLES.

Pièces de fer qui servent de collets à la boîte de la tablette. Voyez *Collet*.

## ROUGE. (*Encre*)

L'encre rouge dont on se sert dans l'Imprimerie, est composée de vernis et de vermillon; le plus beau est le meilleur, il produit beaucoup plus, et offre une plus belle couleur à la vue.

Comme on ne trouve pas de cette encre toute faite, et qu'il arrive souvent que des imprimeurs ne savent pas comment elle se fait, je vais donner la manière de la faire à peu de frais et promptement, en aussi petite quantité qu'on voudra.

Pour cela, il faut avoir du vernis dont j'ai enseigné la façon au mot *Encre*, et du vermillon suivant la quantité d'encre qu'on veut faire; on en met environ une cuillerée sur un encrier neuf. On fait un petit trou au milieu de la couleur, et l'on y verse un peu de vernis; il faut broyer le tout promptement et fortement, de manière que cette couleur s'amalgame bien avec le vernis. Si on a besoin d'une certaine quantité de rouge, on met plus de vermillon et de vernis; mais il faut avoir attention de tenir son rouge un peu clair, et de broyer souvent, car cette encre sèche promptement sur l'encrier; c'est pourquoi à mesure qu'elle sèche, il faut y ajouter du vernis, et broyer.

On sent aisément qu'il faut des cuirs neufs pour cette couleur; mais pour ne les pas perdre, on s'en sert après pour l'encre noire; il n'en coûte qu'un peu de vernis pour ôter le plus gros du rouge, et lorsqu'ils sont bien empreints d'encre, ils servent aussi bien que d'autres.

Il y a des imprimeurs qui font chauffer le vernis pour faire l'encre rouge; mais alors il recuit la couleur, et elle a moins d'éclat à l'impression.

On fait également de l'encre bleue, en employant la cendre bleue comme il est dit pour le vermillon.

Si on vouloit en faire de la verte, il faudroit prendre du vert-de-gris bien sec et passé au tamis de soie, et le broyer de même.

## ROULANCE.

Voyez ci-après *Rouler*.

## ROULEAU.

C'est un morceau de bois rond où sont attachées les cordes en sens contraire, pour faire rouler le train de la presse.

Dans le rouleau passe la broche où est la manivelle, qui sert à la tourner et à faire marcher le rouleau.

Il faut observer de laisser entre le rouleau et les petites poutres, la distance d'un cadrat de parangon entre chaque côté. Sa hauteur ne doit pas excéder celle des petites poutres entre lesquelles il est posé, autrement il se jetteroit souvent contre l'une ou l'autre de ces poutres; et les pattes ou crampons du coffre toucheroient sur les bords dudit rouleau toutes les fois qu'elles rouleroient dessus, ce qui obligeroit le tympan à faire des secousses contre la platine, défaut qui feroit doubler l'impression.

Le rouleau du chevalet sert à serrer le rouleau de la manivelle, et à la dresser. On y passe, à cet effet, une corde qui part du grand rouleau, et on serre avec une broche de fer qui s'arrête sur la planche où repose le coffre.

Le rouleau sert aussi à faire des épreuves en gallée, ou en forme; pour cela on se sert d'un morceau de bois rond, de la longueur d'un pied et demi, couvert entièrement de deux doubles d'étoffes de laine bien douce, et on roule sur la feuille à faire épreuve ce morceau de bois, en appuyant fortement avec les deux mains sur chaque extrémité.

## ROULER.

Terme dont se servent les imprimeurs, pour signifier travailler. *Rouler dur*, c'est travailler fort.

*Rouler* le train de la presse, c'est faire jouer la manivelle.

*Rouler* quelqu'un, c'est se moquer de lui, en termes de l'art.

Les imprimeurs se roulent les uns les autres, lorsqu'ils croient en avoir le sujet, ou lorsqu'ils veulent se divertir : pour cela, les compositeurs promènent leur composteur sur les cassetins de leur casse, ce qui occasionne un bruit semblable à celui que produit une cresselle.

Les imprimeurs se servent de leurs broyons qu'ils font mouvoir dans l'encrier, en imitant une espèce de roulement, ou font rouler leur manivelle; et ils nomment ce bruit une *roulance*. Quelquefois la roulance occasionne un bruit très-désagréable; et celle des compositeurs est préjudiciable aux casses.

### RUNIQUE.

Sorte de caractère dont se servoient les peuples du nord, lesquels appelloient ce caractère *runes*. Il a aussi été connu sous les noms de lettres danoises, scythes, gothiques et irlandaises. On a beaucoup multiplié la figure de ces lettres, de sorte que la même lettre a souvent plusieurs significations différentes. Voyez-en la figure dans le *Manuel Typographique*, tome II, page 202.

### RUSSE.

Caractère moderne à l'usage des russes, lesquels le tiennent des grecs, et l'ont conservé, toutefois après l'avoir un peu défiguré. Voyez *Manuel Typographique*, tome II, page 223.

### SAINT-AUGUSTIN.

Nom d'un caractère qui a été employé pour l'impression des *Œuvres de S. Augustin*. Ce caractère tient le milieu entre le cicero et le gros romain.

## SAINT-JEAN.

La Saint-Jean-Porte-Latine est la fête des imprimeurs : c'est à cette époque que l'on fait le premier partage du *bon* entre les ouvriers.

## SAINT-JÉRÔME.

Ce caractère porte le nom d'illyrien, dalmatique ou esclavon : on l'attribue à S. Jérôme, natif de Dalmatie : il s'est servi de ces lettres pour la traduction de l'ancien et du nouveau Testament. Voyez *Manuel Typographique*, tome II, page 226.

## SAINT-MARTIN.

Seconde époque du partage du *bon* entre les compagnons imprimeurs. Grand jour de réjouissance, et souvent de débauche outrée.

## SALÉ.

On donne ce nom à ce que les compagnons comptent d'excédent de ce qu'ils ont fait, à la banque, et dont ils reçoivent le paiement. Ce mot est synonyme *d'avances*. Un ouvrier qui a du salé se trouve débiteur de son bourgeois, c'est-à-dire, se trouve en arrière avec lui, pour avoir plus compté qu'il n'a fait.

### SALOMON.

Caractère attribué à ce prince. Voyez *Manuel Typographique*, tome II, page 211.

### SAMARITAIN.

Caractère judaïque en usage parmi les hébreux jusqu'à la captivité de Babylone, pendant laquelle ils se sont servis des caractères caldéens, qu'ils ont conservé jusqu'à leur retour. Le nom de samaritain a été donné à cet alphabet, parce que les juifs schismatiques de Samarie l'ont conservé, et qu'ils ont continué de s'en servir pour les livres de la loi. Voyez *Manuel Typographique*, tome II, page 242.

### SARRASIN.

Alphabet dont se servirent les sarrasins. Voyez *Manuel Typogr.*, tome II, page 211.

### SAXON.

Caractère d'usage chez les anglais, dans le cinquième siècle, lorsqu'ils habitoient le pays d'Anglen, proche l'ancienne Saxe. Voyez *Manuel Typographique*, tome II, page 201.

### SCHWABACHER.

Ce caractère tire son origine de la ville de Schwabach en Franconie, où il fut inventé en 1500. Ce caractère a été d'un grand usage en Allemagne, où il ne sert plus guère que pour tenir lieu d'italique, lorsqu'on l'emploie avec le caractère allemand, ou pour marquer un autre texte que ceux qui sont représentés par les caractères allemands, romains et italiques employés dans un même ouvrage. Voyez *Manuel Typographique*, tome II, page 195.

### SÉDANOISE.

Petit caractère : c'est la parisienne. Voyez *Parisienne*.

### SENTINELLE.

Lettres qui tombent d'une forme en la levant, et qui se tiennent debout. Voyez *Sonnettes*.

### SERVANTE.

Petite planchette attachée sur le derrière de la presse, après le plancher ou les étançons, et qui sert à retenir la frisquette, lorsqu'elle est déployée, pendant que l'on pose successivement sur le tympan les feuilles à imprimer.

### SERVIEN DE St.-CYRILLE.

C'est un alphabet attribué à Constantin, connu sous le nom de Saint Cyrille, apôtre des Bulgares, des Serves, etc. Il le composa vers l'an 701. Voyez-en la figure dans le *Manuel Typographique*, tome II, page 225.

## SIGNATURES.

Les signatures sont les lettres accompagnées de chiffres arabes ou romains, qu'on met au bas des premières pages de chaque feuille. Voyez *Chiffres.*

Les signatures sont quelquefois romaines, et d'autres fois italiques.

C'est un usage de les mettre italiques du bas, aux épîtres, préfaces, avertissemens et avis qui sont en tête d'un livre.

Dans le corps du livre, on les met en capitales de romain. On peut les mettre aussi capitales d'italique, et les accompagner indifféremment de chiffres arabes ou romains.

Les signatures sont pour indiquer au relieur dans quel ordre il doit placer les feuilles d'un ouvrage quelconque; elles facilitent aussi l'assemblage et le collationnement.

Les signatures sont accompagnées encore de la cotte du tome, quand un ouvrage est en plusieurs volumes : ainsi on met au premier volume à toutes les premières signatures, *Tome I*; par exemple, *Tome I*......A; *Tome I*......B; au second tome de même, ainsi de suite.

Quand on fait un carton à un ouvrage, on le distingue par une étoile ou astérique que l'on met à côté de la signature, si le carton tombe à une signature; ou une étoile seule, s'il tombe à une page où il n'y ait point de signature.

## Manière de placer les signatures pour toutes sortes de formats.

Dans l'*in-folio* par feuille, on ne met qu'une signature.

Dans l'*in-folio* par cahier, on en met deux, et deux reclames. Une première signature à la première page; et à la troisième page, la seconde signature avec un 2 de chiffre arabe, ou un deux de chiffre romain (ij). La reclame à la seconde page et à la sixième. Je ne parle pas ici de celle de la huitième page, qui est la dernière du cahier, et où il en faut toujours une.

Dans l'*in-4°.*, on met deux signatures; une à la première page, et une à la troisième.

Dans l'*in-8°.*, on en met quatre; une à la première page; la seconde à la troisième page; la troisième à la cinquième page, et la quatrième à la septième page.

Dans l'*in-12*, cahier en-dehors, on met deux signatures différentes: dans le grand carton composé de seize pages, on les place comme dans l'*in-8°.*; dans le petit carton composé de huit pages, comme dans l'*in-4°.*, en observant de mettre une autre lettre: *par exemple*, si la signature de cette feuille *in-12* est A, celle du petit carton sera B.

Dans l'*in-12*, cahier en-dedans, on met six signatures: une à la première page; la seconde A ij, à la troisième page; la troisième A iij, à la cinquième page; la quatrième A iv, à la septième page; la cinquième A v, à la
neuvième

neuvième page; la sixième et dernière A vj à la onzième page.

On voit, par ce petit tableau, qu'il faut toujours mettre les signatures aux pages impaires, que l'on nomme, en terme d'imprimerie, pages *recto*.

Dans l'*in-16* par feuille entière d'un seul cahier, il faut huit signatures, que l'on place en observant l'ordre indiqué plus haut; c'est-à-dire, à chaque page impaire, à compter de la première jusqu'à la quinzième inclusivement.

Dans l'*in-16* par demi-feuille en deux cahiers, on place également huit signatures, mais différemment. Aux seize premières pages, on met quatre signatures A, et aux seize autres, quatre signatures B; mais cet *in-16* s'encartonne.

Dans l'*in-16* par feuille entière en deux cahiers séparés, on place les signatures comme à deux feuilles *in-8°* jointes ensemble; le premier cahier a ses signatures en A; le second les a en B.

Dans l'*in-18* par feuille entière d'un seul cahier, on met neuf signatures, toujours de pages impaires à pages impaires.

Dans l'*in-18* par feuille entière en deux cahiers, l'un de vingt-quatre pages, l'autre de douze, on place les signatures comme dans une feuille *in-12*; et quant au cahier de douze pages, on les place comme dans une demi-feuille *in-12*; c'est-à-dire, au grand carton six signatures A, et au petit carton trois signatures B.

*Tr. de l'Impr.* par A. F. MOMORO. V.

Dans l'*in-18* par feuille en trois cahiers séparés, on met trois signatures A, trois signatures B, et trois signatures C. Chaque bande de cet *in-18* forme un carton de 12 pages; par conséquent une forme *in-12*: à la forme *in-12* on met trois signatures d'une même sorte.

Dans l'*in-18* par demi-feuille, on met cinq signatures A; mais il faut observer qu'à la rétiration, il faut transporter la page 7 à la place de la 11, et la 8 à la place de la 12.

Dans l'*in-24* par feuille en trois cahiers séparés, on met quatre signatures A, quatre signatures B, quatre signatures C, comme à trois *in-8°*. qui se suivent.

Dans l'*in-24* par demi-feuille d'un seul cahier, que l'on plie sans couper, on place six signatures de la même lettre, comme dans un *in-12* feuille entière.

Dans l'*in-24* par feuille entière de deux cahiers séparés, que l'on coupe par le milieu du côté des pointures, et que l'on plie comme deux feuilles *in-12*, on met six signatures A, et six signatures B.

Dans l'*in-24* par demi-feuille d'un seul cahier séparé, que l'on plie comme une feuille *in-12* carton en-dedans, on met six signatures A.

Dans l'*in-24* par demi-feuille de deux cahiers séparés, que l'on coupe par le milieu des pointures, ensuite le carton d'en-haut où sont les deux signatures B, puis les deux parties où sont les quatre signatures A, on met, comme l'on voit, quatre signatures A, et deux signatures B.

On impose encore l'*in*-24 par demi-feuille d'un cahier, en façon d'*in*-16; mais cette imposition est peu usitée : on y met six signatures A, et on impose comme un *in*-16; puis sur le côté des pages 3, 6, 5 et 4, on impose les huit autres pages qui complètent les vingt-quatre ; c'est-à-dire, les pages 9, 10, 11, 12, 13, 14, 15 et 16.

Dans l'*in*-32 par feuille entière, en quatre cahiers séparés, on met quatre signatures A, quatre signatures B, quatre signatures C, et quatre signatures D.

Dans l'*in*-32 par demi-feuille de deux cahiers séparés, on met quatre signatures A, et quatre signatures B.

Dans l'*in*-36 par feuille entière de trois cahiers séparés, on met six signatures A, six signatures B, six signatures C, comme dans trois feuilles *in*-12.

Dans l'*in* 36 par demi-feuille de deux cahiers séparés, on met six signatures A, et trois signatures B, comme à une feuille *in*-12 et à une forme *in*-12.

Dans l'*in*-48 par feuille entière de six cahiers séparés, on met trois signatures A, trois signatures B, trois signatures C, trois signatures D, trois signatures E, trois signatures F.

Dans l'*in*-48 par demi-feuille de trois cahiers séparés, on met trois signatures A, trois signatures B, trois signatures C.

Dans l'*in*-64 par demi-feuille de quatre cahiers séparés, on met quatre signatures A, quatre signatures B, quatre signatures C, quatre signatures D.

Dans l'*in-72* par demi-feuille de trois cahiers séparés, on met six signatures A, six signatures B, six signatures C.

Dans l'imposition d'un *in-96* par demi-feuille de six cahiers séparés, on met quatre signatures A, quatre B, quatre C, quatre D, quatre E, quatre F.

Dans l'imposition d'un *in-128* par demi-feuille de huit cahiers séparés, on met quatre signatures A, quatre B, quatre C, quatre D, quatre E, quatre F, quatre G, quatre H.

J'ai joint ici une table des signatures que l'on peut consulter; on y trouvera, du premier coup-d'œil, le premier chiffre de chaque feuille de tous les formats.

*Signatures*. C'est aussi une tache que les imprimeurs font sur leur papier, en y apposant leurs mains pleines d'encre.

## SINGE.

Nom que les imprimeurs donnent aux compositeurs, parce que les compositeurs appellent les imprimeurs des *ours*.

Les noms d'*ours* et de *singe* n'existent que depuis qu'on a fait la première édition de l'*Encyclopédie*; et c'est Richelet qui a donné le nom d'ours aux imprimeurs, parce qu'étant un jour dans l'imprimerie à examiner sur le banc de la presse les feuilles que l'on tiroit, et s'étant approché de trop près de l'imprimeur qui tenoit le barreau; ce dernier en le tirant, attrape l'auteur qui étoit derrière lui, et le renvoie, par une secousse violente et inattendue, à quelques pas de lui. De-là il a plu à l'auteur d'appeller les imprimeurs à la presse des ours ; et aux imprimeurs à la presse, d'appeller les compositeurs des singes.

On appelle un gros rustre d'imprimeur, un ours mal léché.

### SMAL-PICA.

Caractère anglais, qui équivaut à notre cicero.

### SOMMIERS.

C'est une pièce de bois fort épaisse et taillée en quarré, qui se place entre les deux jumelles d'une presse, dans lesquelles elle est enchassée dans des mortaises par ses tenons

Il y a deux sommiers à une presse ; le sommier supérieur, et le sommier inférieur.

Le sommier supérieur, c'est la pièce de bois où est enchassé l'écrou de la vis de la presse. Cette pièce a un double tenon aux deux bouts, qui entrent aussi dans les doubles mortaises qui sont à chaque côté des deux jumelles.

Le sommier inférieur, c'est la pièce de bois sur lequel tout le train de la presse roule. Cette pièce a aussi un double tenon aux deux bouts de même que la précédente.

J'ai dit que le sommier supérieur devoit être placé bien droit, ce qui se fait au moyen des calles que l'on met aux tenons dans la mortaise. C'est de cette justesse que dépendent un bon foulage, et un coup de barreau doux. Il faut aussi que l'entaille du trou du sommier dans lequel on pose l'écrou de la grande vis, soit bien taillé en droite ligne, ce qui ne peut se faire qu'au tour; car, au ciseau, on risque à se tromper. Si cet écrou n'étoit point dans une position géométriquement perpendiculaire; c'est-à-dire, bien d'à-plomb et parfaitement dans son équerre, le bout de la vis dit le pivot ne descendroit pas en droite ligne dans le milieu de la grenouille; et ce défaut feroit varier la platine en tirant le barreau, la feroit jetter contre les bords du petit tympan, feroit doubler l'impression, et en outre casser le bout du pivot et abîmer la grenouille.

Pour rendre le coup de barreau doux, il faut que les mortaises du sommier supérieur aient près de quatre doigts de plus en longueur que l'épaisseur dudit sommier, afin de pouvoir y mettre des cales de chapeaux par-dessus : c'est ce qui rend le mouvement de la vis fort doux, et soulage beaucoup celui qui tire le barreau : il n'en faut pas mettre trop, autrement le coup deviendroit trop long; dans ce cas, il faut remplir le creux de ces mortaises avec des cales de fort carton ou de bois.

Le sommier d'en-bas, sur lequel roule tout le train de la presse, doit être bien uni et au niveau, et de l'épaisseur de près d'un pied, attendu qu'il souffre le plus grand fardeau.

Le sommier supérieur et le sommier inférieur, au lieu d'être en droite ligne comme ils le sont dans leurs flancs, devroient être taillés de façon qu'ils fussent bombés par-devant et par-derrière, ce qui leur donneroit beaucoup plus de force, et en même-tems de grace.

M. Anisson, dans sa belle presse du Louvre, a partagé le sommier en deux dans sa longueur ; et, dans cet état, ce sommier reçoit l'écrou qui porte en-dessous deux oreilles, pour servir à déterminer son à-plomb dans le sommier. Deux boulons traversent ces deux oreilles, le sommier et une autre plaque de cuivre qui le recouvre, et sur laquelle on les serre, à mesure que le bois se comprime. Les deux parties du sommier sont réunies ensemble par huit forts boulons qui portent chacun leur rondelle de cuivre : les quatre du milieu servent à serrer et maintenir l'écrou ; ceux des extrémités compriment les mentonnets contre les jumelles, et contribuent à rendre le sommier fixe, à volonté : ces tenons sont garnis en-dedans de plaques d'acier, liées entr'elles par des boulons à têtes fraisées et perdues.

Le sommier d'en-bas est une platte-forme de bois portant deux pieds de longs sur deux pieds neuf pouces d'épaisseur, emmanchée solidement à queue dans chaque jumelle. Cette pièce exactement parallèle à la platine est recouverte d'une plaque de cuivre de quatre lignes d'épaisseur, et présentant une surface parfaitement unie ; elle est attachée au sommier d'en-bas par des boulons et vis distribués dans toute son étendue, et sa surface est plus grande même que le coffre lorsqu'il la recouvre. Les trois coulisses d'acier sont assujetties sur le sommier, par des vis taraudées dans la plaque de cuivre.

## SONNETTES.

Ce sont des lettres, même des lignes venant de pages mal justifiées, qui tombent d'une forme qu'on lève de dessus le marbre, quoiqu'elle ait été bien serrée.

Un bon compositeur prend le soin de justifier ses lignes de manière qu'elles sont d'une grandeur égale entr'elles, et qu'elles ne peuvent point occasionner de sonnettes ; mais les mauvais compositeurs, et c'est le plus grand nombre, justifient à la hâte, sans attention : une ligne est forte ; une autre est foible ; une autre est serrée ; une autre espacée avec des cadratins, cela fait pitié : quand ils corrigent leurs fautes sur le plomb, ils ne prennent pas plus la peine de justifier leurs lignes ; ils mettent des espaces à vue d'œil : tiens si tu peux ; ils serrent leur forme, ils la lèvent. Des lettres tombent, on s'impatiente ; il faut les relever, abaisser la forme, la desserrer, rétablir les mots qui sont tombés, puis resserrer : combien c'est multiplier la besogne ! Mais quand il ne tombe qu'une ou deux lettres, il n'est point pour cela nécessaire de desserrer, on les remet par derrière la forme ; puis avec un peu de salive, dont on enduit le pied de la lettre, on en est quitte. Dans tous les cas, il faut toujours avoir grand soin de relever les lettres qui tombent d'une forme corrigée, et qu'on va mettre sous presse : les imprimeurs sur-tout doivent avertir le compositeur, et le prier de remettre les lettres tombées, et prévenir ensuite le prote, ou la personne chargée de voir la tierce, qu'il est tombé quelque chose, et indiquer même les endroits, pour qu'on les relise, et qu'on corrige les nouvelles fautes, s'il en étoit fait par ce nouveau travail.

### SOUS-PROTE.

Homme de conscience dans une imprimerie, qui est la première personne après le prote. Ses fonctions sont de veiller en sous-ordre aux intérêts du bourgeois, au bon ordre de l'imprimerie, à empêcher que rien ne se détériore par la faute des ouvriers; à faire les ouvrages de ville, et autres difficultueux qui se font ordinairement en conscience : c'est lui qui doit corriger les tierces sous presse, et avec bien de l'attention : lorsque le prote le peut, il doit le faire lui-même.

### STRANGHELO.

Ancien caractère syriaque, chaldéen et babylonien, en usage plus de 300 ans avant J. C. De ces deux alphabets, le syriaque et le tranghelo, sont dérivés deux autres, savoir le nestorien, et celui dont se servoient les chrétiens de S. Thomas aux Indes : ces caractères ont beaucoup de ressemblance entr'eux. Voyez *Manuel Typographique*, tome II, page 236.

### SUPPORTS.

Ce sont des réglettes que l'on met sur des

pages blanches, à côté ou au bas des pages où il y a du blanc, pour empêcher que le foulage ne soit plus fort d'une part que de l'autre.

## SYRIAQUE.

Le syriaque moderne, dans les différentes figures de chaque sorte de lettres, a la première initiale; la seconde sert au milieu d'un mot : la troisième est finale. Voyez *Manuel Typographique*, tome II, pag. 235.

## SYRO-HÉBRAÏQUE.

Caractère qui a été en usage parmi les juifs de Syrie. Voyez *Manuel Typographique*, tom. II, pag. 236.

## TABLE.

C'est une planche de chêne attachée sous le coffre, et sur laquelle est fixé le chevalet, ainsi que la chaînette.

Table des matières : c'est le résumé de ce qui est contenu dans un ouvrage.

A chaque article on met le chiffre indicatif de la page où il se trouve, ainsi que du livre, du chapitre, du titre, de la section, etc. quand un ouvrage renferme ces sortes de subdivisions.

## TABLEAU.

On nomme tableau, en termes typographiques, certains encadremens ou compositions mêlées de filets divisés par cases, plus ou moins quarrées, plus ou moins longues, entre lesquels filets se trouve de la matière ou du blanc: telles sont les factures des marchands et autres. Les généalogies ne sont point des tableaux.

Les tableaux se font ordinairement d'un caractère plus petit que le corps de l'ouvrage; ils sont plus ou moins larges ou longs que les pages, à raison de la matière dont ils sont composés. C'est assez ordinairement l'occupation des gens de conscience, parce que les tableaux sont toujours des ouvrages difficiles, et que ces messieurs s'en acquittent très-bien, parce qu'ils en font souvent. Ils demandent aussi plus de tems et de soins.

Lorsqu'un compositeur fait le prix d'un ouvrage à tableaux, il y comprend, ou non, les tableaux; et alors le prix, en raison de cela, augmente ou diminue.

Un compositeur adroit à faire des tableaux est un homme estimable et rare.

## TABLETTES.

Ce sont deux petites planches qui se joignent ensemble; elles sont attachées entre les jumelles, et retenues dans deux mortaises en queue-d'aronde, au moyen de deux cales de bois que l'on y chasse de force.

La tablette sert principalement à maintenir la boîte dans son niveau, afin que la platine de la presse soit toujours dans son équilibre, et ne balance point d'un côté ni d'autre, ce qui feroit doubler l'impression.

Après avoir fait tenir l'écrou dans le sommier supérieur, au moyen des deux vis qui le traversent, on fera entrer le vis de la presse dans ledit écrou, et on la fera tenir perpendiculairement en droite ligne, afin de faire l'entaille de la tablette si juste, qu'il n'y ait presque point de jour entre l'entaille et la boîte ; autrement on seroit obligé de mettre des réglettes pour empêcher la platine de varier : mais il vaut mieux encore refaire une autre tablette bien juste.

Cette tablette doit être de bois de chêne bien sec, d'un pouce ou d'un pouce et demi d'épaisseur.

### TABLIER.

Droit de tablier. Chaque apprentif imprimeur doit un droit de tablier évalué à six livres, lorsqu'il entre dans l'état. Ces six livres se mangent entre tous les ouvriers et l'apprentif qui les paie.

### TAQUOIR.

Morceau de bois de sapin, de six à sept pouces de long, sur quatre à cinq de large, et un de hauteur, qui servent à faire mettre la lettre de niveau, lorsqu'on est prêt de serrer une forme, au moyen de ce que l'on frappe dessus le bois appuyé sur la lettre, avec le manche du marteau.

Les taquoirs ne doivent jamais être d'un bois trop dur, parce qu'ils écraseroient l'œil de la lettre : on doit les tenir propres, afin qu'ils n'introduisent point d'ordures dans l'œil de la lettre. Les imprimeurs se servent aussi de taquoirs, parce qu'ils doivent taquer toutes leurs formes sous presse, avant de les tirer.

## TAQUER.

C'est abaisser, avec un taquoir et le manche du marteau, l'œil de la lettre, lorsqu'on est prêt à serrer, ou que l'on a serré. On ne doit jamais frapper sur un taquoir à grands coups de marteaux, comme font certains ouvriers peu expérimentés, parce que l'on gâte l'œil de la lettre : on l'écrase. De même on doit toujours taquer avant de serrer la forme, et ne taquer que foiblement lorsqu'elle est serrée.

## TEUTONIQUE.

Sorte de caractère anciennement en usage en Allemagne. Voyez-en la figure dans le *Manuel Typographique*, tome II.

## TIERCES.

Ce sont des troisièmes épreuves sur lesquelles on tire, c'est-à-dire, d'après les corrections desquelles on imprime.

Lorsqu'un imprimeur met sous presse, avant de tirer, il donne sa tierce. Sur cette tierce, on vérifie si les corrections indiquées à l'épreuve sont exactement faites ; si elles ne le sont pas, on porte celles omises sur cette tierce, et on corrige sous presse.

Quand un compositeur laisse à la tierce trois fautes marquées sur son épreuve, c'est à lui à les corriger sous presse, afin de lui faire prendre plus d'attention une autrefois.

Il y a beaucoup d'imprimeries où toutes les épreuves sur lesquelles on voit les tierces restent au prote, et les tierces aux imprimeurs, qui les apportent à la banque pour compter.

On dit *donner tierce*, *faire tierce*.

## TIRER.

Ce terme est synonyme d'imprimer. On dit tirer le barreau, pour marquer l'action que l'on imprime au barreau, lorsque l'on tire des feuilles.

## TOSCAN.

Ancien caractère en usage en Italie. Voyez-en la figure dans le *Manuel Typographique*, tome II.

## TOUCHER.

C'est mettre de l'encre avec les balles sur la forme, afin de pouvoir imprimer le papier.

Savoir toucher est une espèce de talent assez rare. Un bon toucheur ne fait jamais ni moine, ni feinte; sa couleur est uniforme : c'est de lui enfin que dépend une bonne partie de la belle impression, de cette impression qui flatte l'œil.

Pour bien toucher, il faut appuyer moëlleusement, ne point trop serrer, ni écarter ses balles; ne point aller par saut et par bond; commencer par le côté gauche de la forme, faire le tour, et revenir par le même côté : toute cette opération se fait pendant que le compagnon ôte la feuille de dessus son tympan, et en remet une autre.

Quelquefois on ne fait qu'un tour sur la forme, lorsque le format n'est pas lourd, et qu'on est sûr de sa touche ; ordinairement on fait deux tours, et cela n'en vaut que mieux.

Chaque imprimeur touche à son tour : l'un tient le barreau, et l'autre les balles : lorsque celui qui tient le barreau a tiré sa marque, celui qui est aux balles reprend le barreau, *et vice versâ.*

## TRAIN DU DERRIÈRE D'UNE PRESSE.

C'est l'assemblage qui soutient tout le corps de la presse, et sur lequel on pose l'encrier. Cet assemblage a la figure d'une chaise quarrée. Si l'on veut faire faire une presse neuve, il faut en confier l'exécution à un habile menuisier qui travaille avec soin chacune des parties qui composent la presse, afin que dans leur assemblage rien ne s'oppose au degré de perfection qu'il doit leur donner, et que la presse doit avoir.

Le mot *train* s'emploie aussi pour dire qu'un ouvrage est commencé, où bien on dit : l'ouvrage est en train ; il va un bon train. Aujourd'hui les ouvriers sont en train. Ils vont faire beaucoup d'ouvrage.

Le lundi on n'est pas en train. Sur la fin de la semaine on roule grand train, par rapport à la banque.

## TRANSPOSER.

C'est mettre une chose à la place de l'autre: mettre un mot, une ligne, une page à la place d'une autre.

## TRANSPOSITION.

C'est l'inversion des pages. Les transpositions sont assez fréquentes, lorsque l'on impose des formats qu'on n'impose pas ordinairement. Elles se font aussi d'une forme à l'autre, sous presse, en tournant mal son papier : celles-là sont dangereuses, elles occasionnent des pertes réelles. Le papier est perdu, l'impression, et souvent la composition, lorsqu'on ne s'apperçoit qu'après coup de la transposition.

Un imprimeur qui veut faire attention aux signatures, ne peut jamais se tromper, et jamais ne s'expose à transposer.

La première signature se trouve en retournant le papier du côté opposé à la seconde signature, et ces signatures doivent se trouver du côté de l'imprimeur.

Les imprimeurs se règlent encore sur les marques de leur papier ; mais elles peuvent tromper, en ce qu'ils peuvent ou les faire mal, ou les retourner.

Un bon moyen est, lorsque l'on a mis en rétiration, de vérifier si les folios tombent bien les uns derrière les autres ; par exemple, si derrière la page 3 est la page 4, etc. il suffit de vérifier sous presse, une seule page et celle derrière,

derrière, pour s'assurer que l'on n'a point transposé.

## TRAVERSE.

Ce sont des pièces de bois qui servent à l'assemblage de la charpente de la presse, soit à sa partie supérieure, à celle intermédiaire où repose le train, ou à celle inférieure qui est la base de la presse.

## TREMPER.

C'est préparer le papier pour l'impression, en l'imbibant d'eau.

Il faut que le papier soit convenablement trempé, c'est-à-dire, humecté, humide, moîte enfin, pour que l'on puisse faire une bonne impression. Trop sec, il ne peut prendre l'encre ; l'impression ne vient que maigrement, et même très-maigrement : trop mouillé, il refuse également l'encre ; parce que l'encre étant un corps huileux, elle ne peut mordre sur l'eau qui est une substance anti-pathique à l'huile.

Pour bien tremper, il faut d'abord connoître la qualité du papier que l'on doit mettre en usage, et se régler d'après cela, pour l'imbiber plus ou moins d'eau. Est-il bien collé, il faut le tremper beaucoup plus que s'il ne l'étoit point ; c'est-à-dire, que si l'on trempe du papier ordinaire deux fois la main, il faudra tremper trois fois celui qui sera plus collé. Si le papier n'est point du tout collé, on ne le trempe qu'une fois la main, ou une fois même les deux mains. Il y a des endroits où on trempe le papier qui n'est point collé, avec une poignée de verges que l'on plonge dans l'eau, et dont on fait une aspersion sur chaque main de papier ouverte en deux par le milieu.

Si le papier est collé comme il doit l'être, ordinairement on le trempe une et deux fois la main ; c'est-à-dire, que si l'on trempe une main une fois, la main suivante sera trempée deux fois; la main suivante encore une fois seulement, et ainsi successivement jusqu'à la fin.

### Manière de Tremper.

On place son papier, après l'avoir compté et séparé par marques, du côté gauche de la pierre à tremper; on prend un ais large, on étend dessus une partie des chemises ou maculatures des rames de papier : ensuite on prend une main de papier avec la main droite, aidée de la gauche, on la trempe dans le baquet, en l'y enfonçant jusqu'aux côtés, mais plus ou moins rapidement, suivant que le papier prend plus ou moins bien l'eau; on l'étend d'après cela sur l'ais, on retire une partie de cette main à laquelle on fait subir la même opération : on passe d'après cela à la seconde main, à la troisième, à la quatrième, et enfin à la cinquième à laquelle on fait une marque en pliant la feuille du dessus, ( après que la main est ouverte et étendue ), de manière qu'on laisse déborder un des angles de la feuille sur le côté de la main, en devant de celui qui trempe. On fait assez ordinairement les marques de dix mains; d'autres les font de cinq. Aux marques de dix mains, il faut laisser déborder l'angle d'une feuille de la dixième main. Tout le papier étant ainsi trempé, on le couvre de chemises et maculatures; on place ensuite un ais dessus: on le laisse une ou deux heures prendre son eau de lui-même; ensuite on le charge pour obliger l'eau de pénétrer jusqu'aux feuilles du bas, et de s'étendre convenablement sur toute la largeur du papier. Avant d'imprimer ce papier ainsi préparé, on le remanie. Voyez *Remanier*.

### TREMPERIE.

Lieu où l'on trempe le papier: il est composé d'une pierre creuse dans laquelle on met de l'eau, pour tremper; d'un banc sur lequel on pose le papier.

### TRINGLES.

Espèces de boulons, et qui en font l'office. Voyez *Boulons* et *Chevilles*.

### TRIPLE-CANON.

Gros caractère qui sert pour les gros livres d'église, et certaines affiches où il y a peu de matière, et que l'on peut par conséquent faire de ce caractère.

### TROUS DES POINTURES.

Ce sont de petits trous que font les pointures

dans le papier, à l'endroit où elles sont placées; dans l'*in*-12, aux grands blancs du petit carton; à l'*in*-8º., aux grands blancs du milieu.

Il ne faut pas que les trous des pointures soient trop gros, parce qu'en retiration, ils font pêcher le registre : il faut qu'ils soient bien marqués, afin qu'on les trouve tout de suite, et qu'on les pose du premier coup directement sur les hardillons des pointures.

Les trous des pointures laissent un petit dépôt d'atômes de papier, qui volent sur la forme, et y occasionnent des ordures, en entrant dans l'œil de la lettre ; il faut avoir soin de les nettoyer : on doit s'en défier, et y prendre garde.

Les trous des pointures doivent être faits à une distance raisonnable des têtes des pages; dans l'*in*-8º, ils doivent être faits directement dans le milieu des grands blancs, et à égale distance d'un côté et de l'autre. Dans l'*in*-12, on les place à un tiers du grand blanc, les deux autres tiers étant pour la marge du pied des pages.

## TYMPAN.

Il y a deux sortes de tympan : le grand et le petit.

Le grand tympan est une peau de parchemin collée sur un chassis de bois, qui est attaché au bout du coffre avec deux charnières; il sert à poser les feuilles dessus pour les imprimer.

Le petit tympan est également une peau de

parchemin collée sur un petit chassis de fer qui s'enclave dans le grand tympan, et s'y tient fixé par deux petites languettes pointues, et arrêtées par un écrou à crochets.

Le grand tympan peut être aussi large que le coffre, et même quand il seroit un peu moins large, il n'en seroit que meilleur. On doit observer en l'attachant une égale distance des deux côtés de la platine, et se servir de vis à tête plate, qui percent le bois dudit tympan, de même que celles dont on doit attacher les couplets au bois du coffre.

Il faut attacher les couplets de ce tympan d'une égale hauteur, et observer qu'il soit un peu plus élevé par-derrière que par-devant.

Le petit tympan doit être de la même hauteur que le grand, et ses rebords doivent avoir la hauteur d'un bon doigt de chaque côté : sur le derrière il peut être plus large, afin d'avoir plus de solidité.

La platine appuie sur ce tympan : quand il se charge de crasse, ce qui fait doubler l'impression, on le décrasse en y passant dessus du blanc.

C'est dans le grand tympan qu'on place des pièces d'étoffes de laine, pour faciliter l'impression, et pour parer en même-tems à la dureté du foulage, ce qui exposeroit l'œil du caractère à être écrasé.

A la presse Anisson, le grand tympan est composé d'un chassis de bois, tels que les tympans ordinaires, mais il n'est point couvert d'un parchemin. La traverse du bas est étroite et en cuivre, et dessus est appliquée l'autre partie de la charnière liée par cinq boulons qui les traversent toutes deux. La charnière porte à chaque bout deux oreilles de huit pouces de long, qui s'appliquent à fleur du chassis, et y sont aussi liées chacune par trois autres boulons à oreilles. Sur ce chassis de bois on applique un cadre de fer, ou même d'acier, de l'épaisseur d'une frisquette, et dont les quatre traverses, qui ont seize lignes de long, sont percées tout autour de quinze trous, pour recevoir autant de boulons qui passent au travers du chassis de bois, et l'y rendent parfaitement adhérent. Une partie de ces boulons sert à attacher la charnière et les pointures. Ce cadre est collé en beau vélin, et il est multiplié pour chaque presse autant que le nombre des frisquettes, de manière que lorsque le foulage est trop fort, par exemple, on lui en substitue un autre.

Le petit tympan a de plus que les autres petits tympans ordinaires, six queues-d'aronde, et autant d'estoquiaux dans son pourtour.

### TYPOGRAPHE.

Nom que portent les imprimeurs: il est composé de deux mots grecs, savoir, τύπος, qui signifie note, figure, marque quelconque; *typus*, *exemplar*: le verbe τυποω, *figuro, signum imprimo*; et, γραφος *scriptor, scribo, pingo*, écrire, peindre.

### TYPOGRAPHIE.

Science de l'art de l'Imprimerie. On donne aussi ce nom à un attelier typographique.

## TYPOGRAPHIQUE.

Adjectif de typographe. *Art typographique.* C'est un grand mot.

### VACHES.

Ce sont deux cordes attachées aux deux bouts du coffre, après des anneaux de fer, et qui sont arrêtées à la queue de la presse, après les bois qui soutiennent le derrière, dit *berceau*. Il faut attacher ces vaches de manière que le coffre en déroulant soit retenu dans ses bornes, et n'aille pas au-delà, ce qui arriveroit sans cela, car ces cordes sont précisément faites pour le retenir.

Pour arrêter ces vaches aussi justes qu'elles doivent l'être, on couche le tympan sur la forme, on met un biseau de l'épaisseur d'un pouce entre le tympan et la platine, on attache ensuite les vaches de chaque côté de l'assemblage du derrière de la presse, en les faisant serrer aussi fort qu'il sera possible.

Dans les nouvelles presses on a supprimé les vaches; le coffre est retenu dans le déroulement par un talon posé de chaque côté du dessous du coffre, et qui le font arrêter lorsqu'ils sont arrivés à la partie d'asssemblage du berceau de la presse. Voyez *Talons*.

### VERNIS.

Huile cuite dont on se sert pour composer l'encre d'imprimerie. Voyez *Encre*.

Il y en a d'une autre espèce que l'on fait également avec l'huile de noix, de lin ou de navette; la différence n'est que dans le moins de cuisson. Ce petit vernis sert à mettre sur les balles lorsqu'on les montent, pour en rendre les cuirs plus souples et plus propres à prendre l'encre; il aide à enlever celle de la veille, ainsi que les ordures qui peuvent s'être attachées aux cuirs. Il y a des imprimeurs qui, faute de petit vernis, prennent de l'huile ordinaire; mais cela ne vaut rien, parce que l'huile ayant moins de ténacité que le vernis, s'empreint dans les cuirs, et décompose l'encre, qui s'étend sur le papier, et produit une teinte jaune autour de l'impression.

Comme le vernis est la base de l'encre, et que mieux il est fait, meilleure elle est, il est essentiel que celui qu'on destine pour la faire soit bien cuit : celui pour les balles peut l'être un peu moins; mais il n'y auroit pas de danger quand il le seroit autant, parce que quelquefois il peut servir à affoiblir une encre trop forte pour certains ouvrages, tels que ceux en très-gros caractères.

Le vernis d'imprimerie est excellent pour les coupures, contusions, meurtrissures et brûlures. L'huile qui coule le long de vis, et se dépose dans la grenouille, est également bonne pour les hémoroïdes.

## VIGNETTES.

Il y a des vignettes de fonte et des vignettes de bois.

Les vignettes de fonte sont de petits ornemens de gravure, assemblés par le compositeur, sur la justification de son ouvrage, et suivant son goût, pour placer en tête d'un volume, ou au commencement de quelque matière nouvelle.

Les vignettes de fonte se peuvent faire de différentes largeurs, de différentes justifications et de différens dessins.

Les vignettes de bois ou de taille-douce servent au même usage que celles de fonte; cependant on se sert plus communément de celles de bois. On les place à la tête d'un ouvrage, d'une matière nouvelle, des différentes parties, des divisions, des préfaces, etc.

Le goût des vignettes paroît se passer actuellement; et les anglais nous ont communiqué cette aversion pour les vignettes, comme ils nous ont fait naître l'envie de les imiter en tout : légers, philosophes aimables, nous voulons paroître philosophes profonds, réfléchis, misantropiques mêmes : nous nous refusons de rire quand nous en brûlons d'envie ; nous, etc. nous, etc. etc.

En conséquence nous retranchons les vignettes, pour ne rien mettre exactement à la tête d'un livre.

Consultez les *Œuvres de Voltaire*, imprimées à Kelh, par la société typographique-littéraire, avec les caractères de Baskerville, en 1780 et années suivantes : vous n'y verrez pas une seule vignette, pas un cordon de vignette, pas un filet, excepté ceux dits anglais, qui sont de cette sorte : ———

Par ce moyen, on ne donne au public que de la matière, et non de larges vignettes, de gros fleurons multipliés souvent sans nécessité.

Dans les ouvrages cependant où l'on place des vignettes, il faut suivre les principes suivans pour le faire.

1°. Mettre toujours les vignettes aux pages impaires; et ne les mettre par conséquent jamais aux pages paires, à moins d'une nécessité absolue.

2°. De ne jamais mettre du blanc entre la vignette de bois et la ligne du titre courant où est ordinairement le chiffre ou folio.

3°. De proportionner les blancs aux fleurons que l'on a à placer, de manière cependant qu'il y en ait un peu plus au bas qu'en tête.

4°. Quand on a des vignettes en taille-douce à faire placer après l'impression des feuilles, il faut laisser le blanc convenable à cet effet.

5°. Choisir des fleurons moins larges que la page où l'on doit les mettre, les prendre d'un sujet analogue à la matière de l'ouvrage, d'un coup-d'œil agréable, et mettre au rebut ceux dont un trop grand usage a effacé les traits, et qui deviennent pâteux à l'impression.

## VIRGILE.

Espece de caractère dont l'invention est attribuée à Virgile, célèbre poëte du tems d'Auguste. On prétend qu'il s'en servoit pour des lettres de magie naturelle, science dans laquelle il étoit initié. Voyez le *Manuel Typograph.* tome II, page 222.

## VIRGULE.

Ponctuation *foible* employée pour séparer les différens membres d'une phrase, liés entr'eux par des pronoms.

## VIS DE LA PRESSE.

C'est une pièce de fer, ronde et canelée en ligne spirale, et qui entre dans un écrou qui l'est de même, en sorte que s'engageant l'une dans l'autre, ils font un très-grand effort pour presser. La vis à quatre filets est à préférer à celle qui n'en a que trois.

Quand les filets de la vis n'entrent point dans leur propre entrée de l'écrou, cela empêche le tympan de passer sous la platine; de sorte que pour y remédier, on est obligé quelquefois d'allonger le coup du barreau, ce qui est un autre inconvénient : mais le meilleur moyen de donner du passage au tympan, sans ôter ni blanchet ni carton, c'est de changer de place les filets de la vis, de façon que vous faites entrer dans l'écrou le filet le plus près du barreau, à la place de celui que vous en faites sortir, ce qui raccourcit le coup. En se servant de ce moyen, on n'est pas obligé de faire prendre à son barreau une mauvaise tournure.

Quand le coup du barreau est trop court, on relève le sommier d'en-haut. Pour cela, on ôte quelques cales de chapeau ou de carton des deux côtés des doubles mortaises des jumelles, ensuite on fait descendre la platine dessus le tympan, garni de ses blanchets, on tire le barreau de toute sa force, tandis qu'un autre compagnon resserre les écrous des deux vis qui sont par-dessus le chapeau de la presse.

On appelle aussi *vis de pointures* ce qui passe dans un petit écrou attaché de chaque côté du tympan, en-dessous, pour resserer les pointures qui sont en-dessus.

Il y a encore deux grandes vis qui tiennent l'écrou dans le sommier qu'elles traversent, à prendre du chapeau de la presse.

## Vis de pression.

M. Anisson a imaginé deux vis de pression adaptées aux jumelles, pour conserver le parallélisme du sommier. Ces vis ont un pied de long et dix-huit lignes de diamètre : elles traversent le bout des jumelles pour entrer dans leur écrou, et descendre jusque sur les garnitures du sommier. Pour charger également le sommier, il faut faire remonter ou descendre la vis, parce que les garnitures qu'elle comprime, étant des corps plus ou moins élastiques, ils offrent une résistance inégale.

La vis, proprement dite, qui sert à comprimer la platine et produire le foulage, est, dans la presse du Louvre, une pièce d'acier cylindrique, de la même longueur que les vis de nos presses ordinaires, dont la tête est renforcée d'un quart. Le haut porte quatre filets quarrés, inclinés dans la proportion ordinaire, pris dans la masse, taillés sur le tour, et divisés avec tant de justesse, que la vis peut entrer dans son écrou par tous les pas indifféremment. Les pas d'en-bas sont comme ceux d'en-haut, et inclinés de manière que lorsque la vis descend de dix lignes, par exemple, la platine ne descend que d'un peu plus de trois lignes, et le reste de la pression est tout à l'avantage du foulage.

Chaque bout de la vis porte un pivot de quinze lignes de long, l'un desquels entre par en-haut dans la plaque de cuivre qui surmonte le sommier ; et l'autre est engagé dans une chambre pratiquée au centre de la platine, et n'est pas assez long pour toucher au fond lorsque la vis est au bout de sa révolution.

M. Anisson a aussi employé des *vis de niveau* au nombre de six : il les a placées aux quatre coins des patins des jumelles, et aux deux bouts de celui du berceau. Il leur a donné un pouce dix-huit lignes de diamètre. Leur pas, presqu'horisontal, et de la profondeur d'une ligne et demie, forme dans le bois un écrou naturel. L'effort se fait sur une forte plaque de cuivre dans laquelle le bout de la vis, réduit en un pivot de huit lignes, entre librement. La tête de ces vis est percée de quatre trous.

## VISORIUM.

C'es une espèce de petit chevalet composé d'une seule planche mince et étroite, terminée par une pointe qu'on place dans un trou pratiqué à cet effet dans la bordure de la casse. C'est à quoi l'on attache la copie, au moyen de deux mordans qui la retiennent après.

Ce sont de petits morceaux de papier qui sont collés après les feuilles, ce qui se fait ainsi à la papeterie, où ces feuilles, jointes ensemble, sont quelquefois séparées avec violence et déchirées. Ces morceaux de papier s'attachent à l'impression sur la forme, et ne laissent par conséquent à la feuille de papier imprimé que l'impression du foulage, ce qui fait qu'on ne peut pas lire. L'imprimeur doit avoir l'attention de les enlever, lorsqu'il s'en apperçoit. Voyez *Larron*.

# TABLE

### Des Articles contenus dans cet Ouvrage.

| | |
|---|---|
| *Avertissement*, | page iij |
| Dissertation sur l'origine de l'Imprimerie, | 1 |
| Exposé sommaire des opérations relatives à l'Imprimerie dans ses différentes parties, savoir, la composition et l'impression, | 11 |
| Manière de monter une Imprimerie, en caractères, presses, ustensiles, etc. | 16 |
| Opérations nécessaires pour parvenir à la composition et à l'impression d'un ouvrage, de tel format que ce puisse être, | 22 |
| Fonctions de l'imprimeur, | 27 |
| Abaisser, | 32 |
| Abatteur, | 34 |
| Abattre, | ibid. |
| Abraham, | ibid. |
| Accents, | 35 |
| Accolade, | 36 |
| Acrostiche, | 37 |
| Addition, | ibid. |
| Adjoint, | 39 |
| Admiratif, | 41 |
| Adresses, | 42 |
| Æolien, | 43 |
| Affiches, | ibid. |
| Africain, | 44 |
| Ajouté, | ibid. |
| Alde-Manuce, | 45 |
| Algèbre, | ibid. |
| Alinéa, | 46 |

# TABLE DES ARTICLES.

| | |
|---|---|
| Allemand, | 47 |
| Amende, | ibid. |
| Anglais, | 48 |
| Antimoine, | 49 |
| Apollonius, | ibid. |
| Apostrophe, | 50 |
| Apprentif, | ibid. |
| Approbation, | 51 |
| Approche, | 52 |
| Arabe, | ibid. |
| Arang, | 53 |
| Arbre, | ibid. |
| Arithmétique, | 54 |
| Arménien, | 56 |
| Arrêts du berceau, | ibid. |
| Assemblage, | 57 |
| Astériques, | ibid. |
| Avertissement, | 58 |
| Baisser la pointure, | ibid. |
| Balayer, | ibid. |
| Ballots, | 62 |
| Banc, | ibid. |
| Bande, | 63 |
| Banque, | 64 |
| Barbe, | 65 |
| Baquet, | ibid. |
| Bardeau, | 66 |
| Barbouiller, | ibid. |
| Barre de chassis, | ibid. |
| Barreau, | 68 |
| Bassine, | 69 |
| Balles, manière de monter les balles, | 70 |
| Batarde, | 72 |
| Berceau, | d. |
| Bienvenue, | |

## TABLE DES ARTICLES.

| | |
|---|---|
| Bienvenue, | 73 |
| Bilboquet, | 74 |
| Billets, | 75 |
| Bis-blanc, | 76 |
| Biseaux, | ibid. |
| Blanc, | 77 |
| Blanche, | 78 |
| Blanchet, | 79 |
| Blanchir, | 80 |
| Cadratins, | 82 |
| Cadrats, | ibid. |
| Cadre, | ibid. |
| Caler, Cales, | 83 |
| Caleur, | ibid. |
| Cananéen, | ibib. |
| Cantonnières, | 84 |
| Capitales, | ibid. |
| Caractère, | 85 |
| Carré, | ibid. |
| Cartes, | 86 |
| Carton, | ibid. |
| Casse, Casseau, | 87 et suiv. |
| Cassetins, | 90 |
| César, | ibid. |
| Chaînette, | ibid. |
| Chaldaïque, | 91 |
| Chandelle, | ibid. |
| Chapeau de la presse, | ibid. |
| Chapelains, Chapelle, | ibid. |
| Chaperon, | ibid. |
| Chapiteau, | 92 |
| Charlemagne, | ibid. |
| Charnière, | ibid. |
| Chasser, | 93 |
| Chassis, | 96 |

## TABLE DES ARTICLES.

| | |
|---|---|
| Chemises, | 99 |
| Chevalets, | ibid. |
| Chevaucher, | 101 |
| Chevet, | ibid. |
| Chevilles, | ibid. |
| Chèvre, | ibid. |
| Chiffres, | ibid. |
| Cicero, | 103 |
| Cilindre, | 104 |
| Clavettes, | ibid. |
| Clef de la vis, | ibid. |
| Cloux de balles, | ibid. |
| Coffre, | 105 |
| Cognoir, | 106 |
| Coins, | ibid. |
| Collet, | 107 |
| Colonne, | ibid. |
| Comma, | 108 |
| Compagnons, | ibid. |
| Compas, | ibid. |
| Composer, | ibid. |
| Compositeur, | 109 |
| Composition, | 114 |
| Composteur, | ibid. |
| Confrère, | 116 |
| Conscience, hommes de conscience, | ibid. |
| Contrefaction, | 117 |
| Contre-fort, | ibid. |
| Contre-sommier, | ibid. |
| Copht, | ibid. |
| Copie, | ibid. |
| Coquilles, | 118 |
| Cordes du rouleau, | ibid. |
| Cordon, | 120 |
| Cornières, | ibid. |

## TABLE DES ARTICLES.

| | |
|---|---|
| Corps de caractères, | 120 |
| Corps de gallée, | 122 |
| Correcteur, | ibid. |
| Correction, | 124 |
| Corriger, | 127 |
| Corroyer un cuir, | ibid. |
| Coucher, | 129 |
| Coulant ou coulisse de gallée, | 131 |
| Coulisse, | ibid. |
| Coup du barreau, etc. | ibid. |
| Couplets, | 132 |
| Couronne, | 133 |
| Couteau à ratisser, | ibid. |
| Couvrir, | ibid. |
| Crénure ou Crainure, | 134 |
| Crampon, | ibid. |
| Cran, | ibid. |
| Crochets, | 135 |
| Cul-de-lampe, | 136 |
| Cuirs de balles, | ibid. |
| Cuphique, | ibid. |
| Cursive allemande, | 137 |
| Cursive française, | ibid. |
| Décharge, | ibid. |
| Décognoir, | 139 |
| Déléatur, | ibid. |
| Démonter, | ibid. |
| Démontoir, | 142 |
| Dépatisser, | 143 |
| Dérouler, | ibid. |
| Dessaler, | 144 |
| Desserrer, | 145 |
| Détransposer, Détransposition, | ibid. |
| Deux et trois, | 146 |
| Dez, | 147 |

| | |
|---|---|
| Distribuer, Distribution, | 147 et suiv. |
| Diviser, Division, | 151 |
| Double-Danon, | ibid. |
| Doubler, | ibid. |
| Doubles Feuillets, | 155 |
| Doublon, | ibid. |
| Doublure, | ibid. |
| Ebarber, Ebarboir, Ebarbure, | 156 |
| Ecrou, | ibid. |
| Embaucher, | 158 |
| Enchassure, | ibid. |
| Encre, | 159 |
| Encrier, | 160 |
| Epaisseur, | 161 |
| Epaulement, | ibid. |
| Eponge, | 162 |
| Epreuves, | ibid. |
| Equerre, | 163 |
| Errata, | ibid. |
| Esclavon, | 164 |
| Espace, Espacer, | ibid. |
| Etançons, Etançonner, | 165 |
| Etendage, Etendoir, Etendre, | 166 |
| Etoffes, | 167 |
| Etoiles, | 168 |
| Etrurien, | ibid. |
| Etrusque, | 169 |
| Fausse-page, Faux-titre, | ibid. |
| Feinte, | ibid. |
| Feuille, | 171 |
| Feuillets, Feuilletons, | ibid. |
| Ficelles, | 172 |
| Figures, | ibid. |
| Filets, | 175 |
| Financière, | 176 |

## TABLE DES ARTICLES.

| | |
|---|---|
| Flamand, | 176 |
| Fleuron, | ibid. |
| Folio, | 177 |
| Forme, | ibid. |
| Format, | 178 |
| Foulage, Fouler, | ibid. |
| Français ancien, | 179 |
| Franco-galle, | ibid. |
| Francs, | ibid. |
| Frisquette, | 180 |
| Garamond, | 181 |
| Gaillarde, | ibid. |
| Gallée, | 182 |
| Gallilée, | ibid. |
| Garnir, | ibid. |
| Garniture, | 183 |
| Généalogie, | ibid. |
| Georgien, | 184 |
| Germanie, | ibid. |
| Glisser, | 185 |
| Godet, | ibid. |
| Gothique, | ibid. |
| Goupille, | ibid. |
| Grain. | ibid. |
| Grand-aigle, Grand-raisin, | 186 |
| Great-primer, | ibid. |
| Grec, | ibid. |
| Grenouille, | 187 |
| Gris, | 188 |
| Gros canon, Gros parangon, Gros romain, | |
| Gros texte, | ibid. |
| Guillemet, | ibid. |
| Hanscret, | 189 |
| Hardillons de pointures, | ibid. |
| Hausses, | ibid. |

| | |
|---|---|
| Hauteur, | 190 |
| Hébreux, | 191 |
| Hibérien, | ibid. |
| Hibernois, | ibid. |
| Hiéroglyphique, | ibid. |
| Huile, | 192 |
| Huns, | ibid. |
| Iduméen, | 193 |
| Impérial, | ibid. |
| Imposer, | ibid. |
| Imposition, | 195 |
| Impression, | 208 |
| Imprimer, Imprimerie, | 209 |
| Interligner, Interlignes, | 213 |
| Interrogant, | 214 |
| Ionique, | ibid. |
| Irlandais, | ibid. |
| Isiac-Egyptien, | ibid. |
| Italique, | ibid. |
| Jacobite, | 217 |
| Jacques (Saint-), | ibid. |
| Jattes, | ibid. |
| Judaïque, | 218 |
| Jumelles, | ibid. |
| Justification, Justifier, | 220 |
| Laine de balles, | 221 |
| Languettes, | ibid. |
| Larder, | 222 |
| Larron, | ibid. |
| Lascaris, | ibid. |
| Latin ancien, | 223 |
| Lettres, | ibid. |
| Lettres sacrées, | 224 |
| Lever la pointure, | ibid. |
| Lever la lettre, | ibid. |

## TABLE DES ARTICLES.

| | |
|---|---|
| *Lignes*, | 225 |
| *Lombard*, | 226 |
| *Lune*, | 227 |
| *Machurat*, | ibid. |
| *Maculatur*, | ibid. |
| *Maculer*, | ibid. |
| *Majuscules*, | 228 |
| *Malheur*, | ibid. |
| *Manche*, | 229 |
| *Manchettes*, | 230 |
| *Manivelle*, | ibid. |
| *Mannequin*, | ibid. |
| *Mantonnières*, | ibid. |
| *Manuscrit*, | 231 |
| *Marbre*, | ibid. |
| *Marche-pied*, | 232 |
| *Marge, Marger*, | 233 |
| *Maron, Maronner, Maronneurs*, | 234 |
| *Marteau*, | 235 |
| *Matière*, | 236 |
| *Mauritanique*, | ibid. |
| *Mignone*, | ibid. |
| *Minuscules*, | 237 |
| *Moeso-gothique*, | ibid. |
| *Moines*, | ibid. |
| *Moise*, | 238 |
| *Montant*, | 239 |
| *Monter*, | ibid. |
| *Montoir*, | ibid. |
| *Mordant*, | 240 |
| *Mordre*, | ibid. |
| *Morsures*, | ibid. |
| *Moulinet*, | 241 |
| *Musique*, | ibid. |
| *Œil des caractères*, | 242 |

# TABLE DES ARTICLES.

| | |
|---|---|
| Ordures, | 242 |
| Oreille de frisquette, | 243 |
| Ornemens, | ibid. |
| Orthographe, | 244 |
| Ours, | 245 |
| Pages, | ibid. |
| Pain, | 246 |
| Palestine, | ibid. |
| Palmyrénien, | ibid. |
| Papier blanc, | ibid. |
| Papier gris, Papier d'impression, | 247 |
| Paquets, Paquetier, | ibid. |
| Paragraphes, | 248 |
| Parangon, | ibid. |
| Parangonner, | ibid. |
| Parenthèses, | 249 |
| Parisienne ou Sédanoise, | ibid. |
| Pas de vis, | ibid. |
| Passage, | 230 |
| Passe-partout, | ibid. |
| Pâté, | 251 |
| Patins, | ibid. |
| Pattes, | ibid. |
| Perle, | 252 |
| Petit canon, Petit parangon, Petit romain, Petit texte, | ibid. |
| Petit-qué, | 253 |
| Petites capitales, | ibid. |
| Phénicien, | ibid. |
| Philosophie, | ibid. |
| Philosophie secrette, | ibid. |
| Piau, | 254 |
| Pica, | ibid. |
| Pied-de-chèvre, | ibid. |
| Pied-de-mouche, | ibid. |

| | |
|---|---|
| Pièces, | 255 |
| Pitons, | ibid. |
| Pivots, | ibid. |
| Placard, | 256 |
| Placer les pages, | ibid. |
| Plaque, | ibid. |
| Platine d'une Presse, | 257 |
| Platte-forme, | 259 |
| Plancher, | ibid. |
| Plomb, | ibid. |
| Pocher, | ibid. |
| Ponctuation, | 260 |
| Point, | ibid. |
| Point admiratif, Point interrogant, | 161 |
| Pointe, | 262 |
| Pointer, Pointures, | 263 |
| Police et poids des caractères, | 264 et suiv. |
| Polytypage, Polytype, Polytyper, | 273 et suiv. |
| Potence, | 277 |
| Poutres (petites), ou Poutrelles, | ibid. |
| Préface, | ibid. |
| Première, | 278 |
| Presse, | ibid. |
| Primer, | 282 |
| Privilège, | ibid. |
| Prote, Proterie, | 283 |
| Punique, | ibid. |
| Quatre-heures, | ibid. |
| Quête, | 285 |
| Rabinique, | ibid. |
| Ramettes, | 286 |
| Ramotir, | ibid. |
| Rangs, | 287 |
| Ratisser, Ratissures, | ibid. |
| Rayons, | 288 |

| | |
|---|---|
| Reclame, | 288 |
| Redresser, | 289 |
| Registre, | ibid. |
| Réglet, Réglette, | 291 |
| Remanier, Remaniement, | 292 et suiv. |
| Renvoi, | 294 |
| Retirer, Retiration, | ibid. |
| Retourner, | 295 |
| Rivure, | ibid. |
| Ronde, | ibid. |
| Rondelles, | 296 |
| Rouge, (Encre), | ibid. |
| Roulance, | 297 |
| Rouleau, | ibid. |
| Rouler, | 298 |
| Runique, | 299 |
| Russe, | ibid. |
| Saint-Augustin, | ibid. |
| Saint-Jean, | 300 |
| Saint-Jérôme, | ibid. |
| Saint-Martin, | ibid. |
| Salé, | ibid. |
| Salomon, | 301 |
| Samaritain, | ibid. |
| Sarrasin, | ibid. |
| Schwabacher, | ibid. |
| Sédanoise, | 302 |
| Sentinelle, | ibid. |
| Servante, | ibid. |
| Servien de S.-Cyrille, | ibid. |
| Signatures, | 303 |
| Singe, | 308 |
| Smal-Pica, | 309 |
| Sommiers, | ibid. |
| Sonnettes, | 312 |

| | |
|---|---:|
| Sous-prote, | 313 |
| Stranghelo, | ibid. |
| Supports, | ibid. |
| Syriaque, | 314 |
| Syro-hébraïque, | ibid. |
| Table, | ibid. |
| Tableau, | ibid. |
| Tablettes, | 315 |
| Tablier, | 316 |
| Taquoir, Taquer, | ibid. |
| Teutonique, | 317 |
| Tierces, | ibid. |
| Tirer, | 318 |
| Toscan, | ibid. |
| Toucher, | ibid. |
| Train du derrière d'une presse, | 319 |
| Transposer, Transposition, | 320 |
| Traverse, | 321 |
| Tremper, Tremperie, | ibid. et suiv. |
| Tringles, | 323 |
| Triple-canon, | ibid. |
| Trous des Pointures, | ibid. |
| Tympan, | 324 |
| Typographe, Typographie, | 326 |
| Vaches, | 327 |
| Vernis, | ibid. |
| Viguettes, | 328 |
| Virgile, | 330 |
| Virgule, | 331 |
| Vis de la presse, | ibid. |
| Visorium, | 333 |
| Voleurs, | 334 |

Fin de la Table.

# ERRATA.

| Pages | lignes | au lieu de | lisez |
|---|---|---|---|
| 4, | 15, | Leyden | Leyde |
| 8, | 16, | Faust | Fauste |
| 30, | 11, | du dit | dudit |
| 37, | 30, | doivent au moins | doivent au plus |
| 42, | dernière, | eu joignoient | enjoignoient |
| 43, | premiere, | imprime urs | imprimeurs |
| 100, | 14, | desus | dessus |
| 125, | 10, | correct. | correcteur. |
| 183, | 22, | se jettent | se déjettent |
| 223, | 6, | 700 avant J. C. | 700 ans avant J. C. |
| 226, | 16, | ligues | lignes |

In-folio

# ERRATA.

| Pages | lignes | au lieu de | lisez |
|---|---|---|---|
| 4, | 15, | Leyden | Leyde |
| 8, | 16, | Faust | Fauste |
| 30, | 11, | du dit | dudit |
| 37, | 30, | doivent au moins | doivent au plus |
| 42, | dernière, | en joignoient | enjoignoient |
| 43, | première, | i nprime urs | imprimeurs |
| 100, | 14, | desus | dessus |
| 125, | 10, | correct. | correcteur. |
| 183, | 22, | se jettent | se déjettent |
| 223, | 6, | 700 avant J.C. | 700 ans avant J.C. |
| 226, | 16, | ligues | lignes |

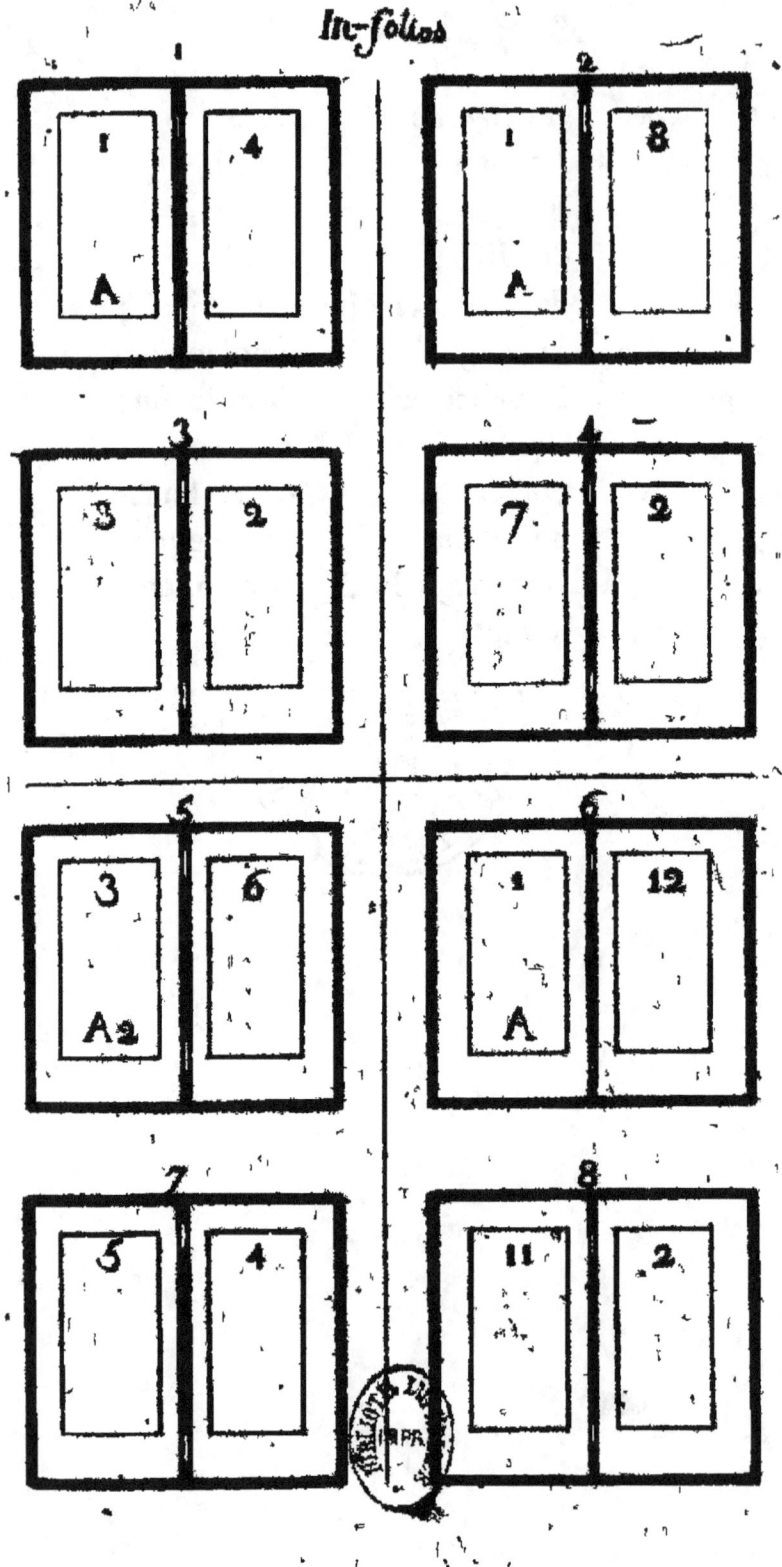

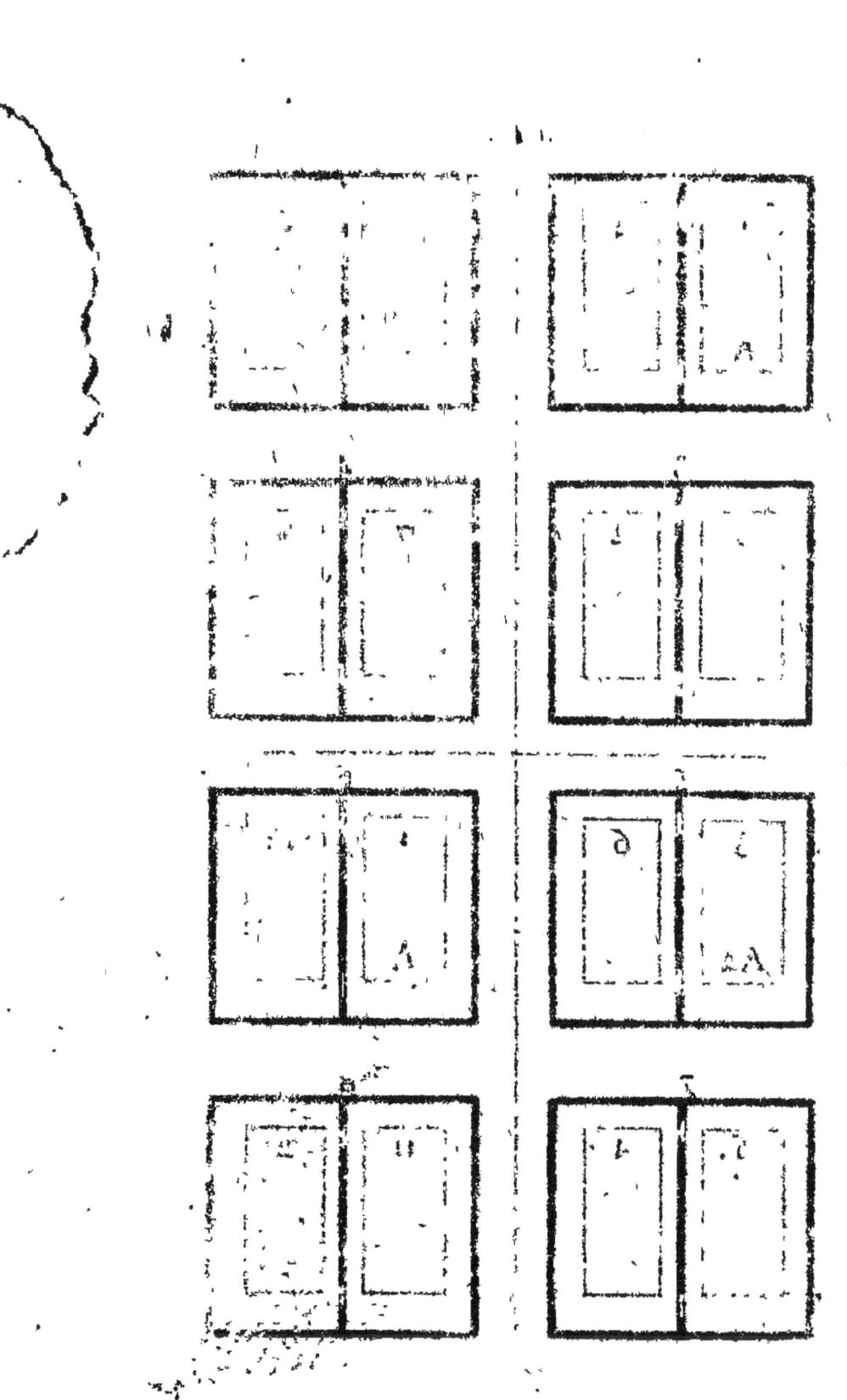

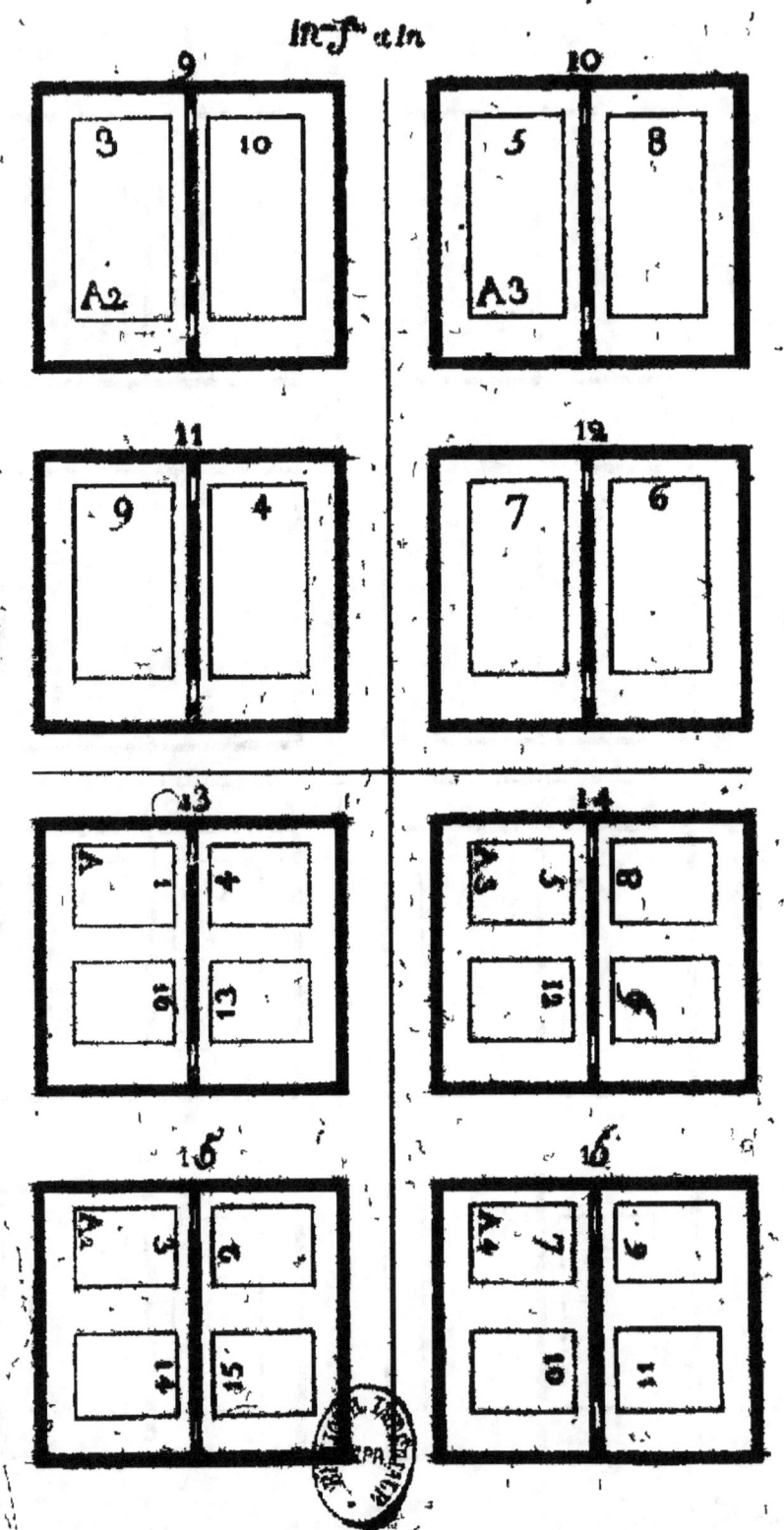

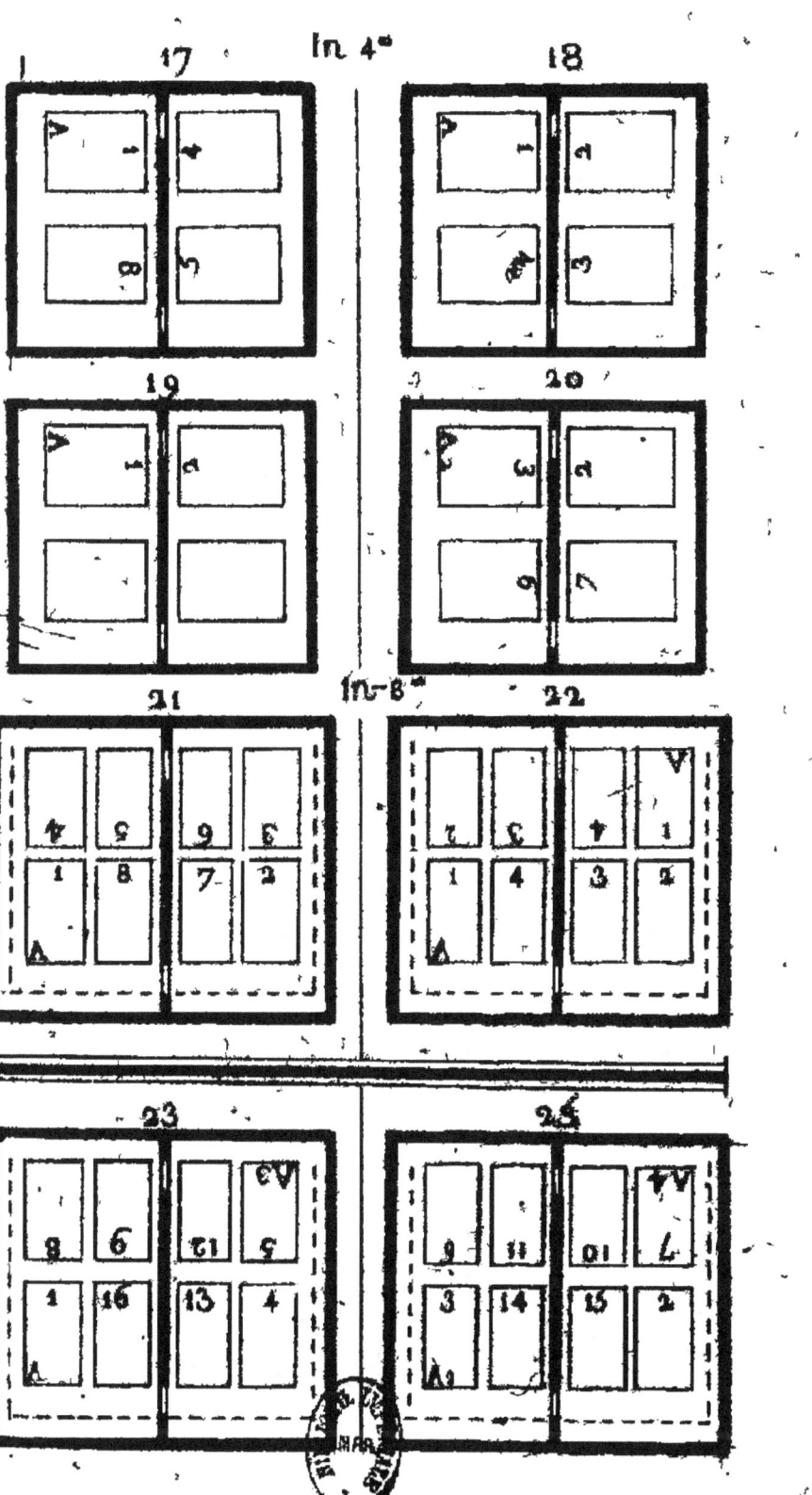

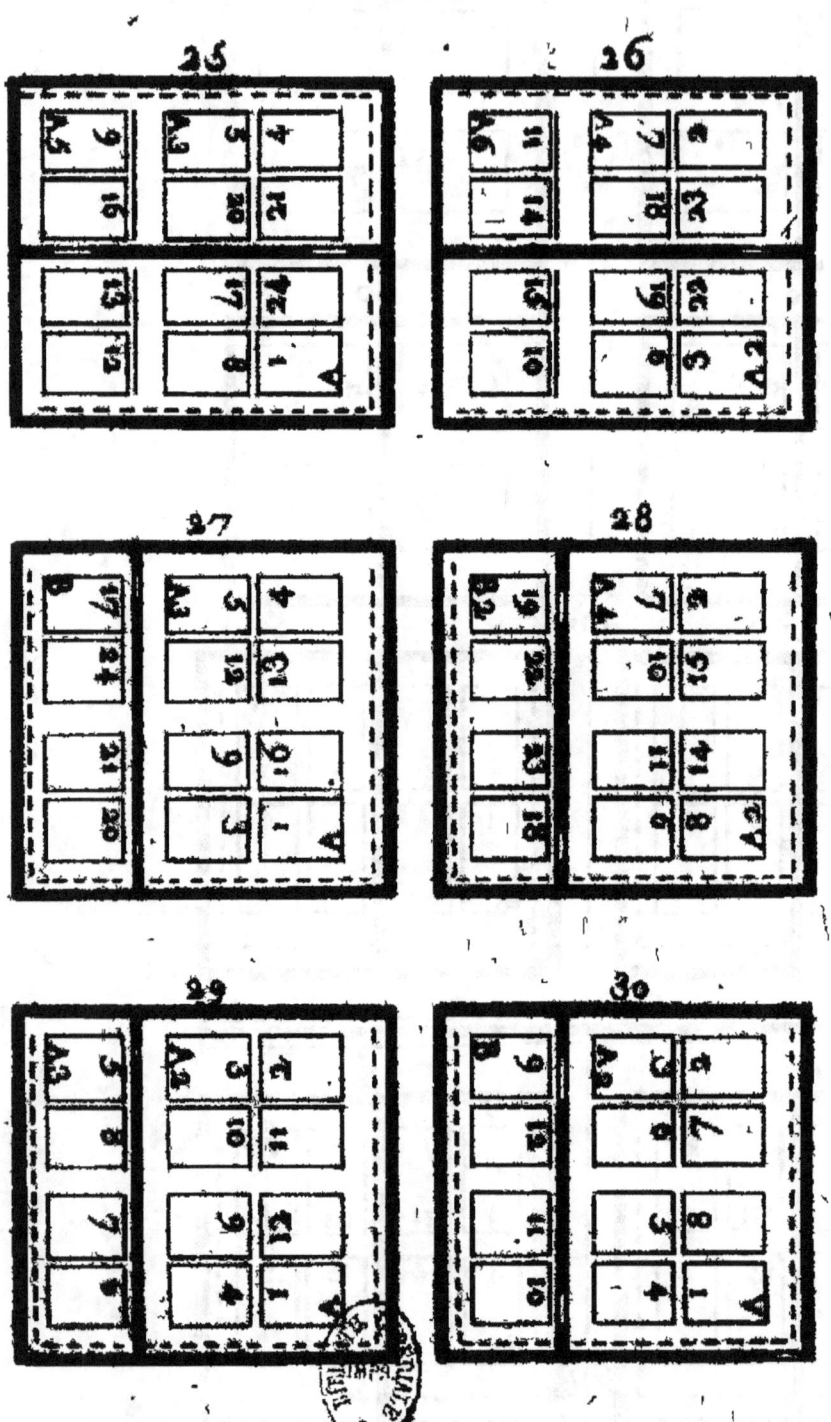

## In-12

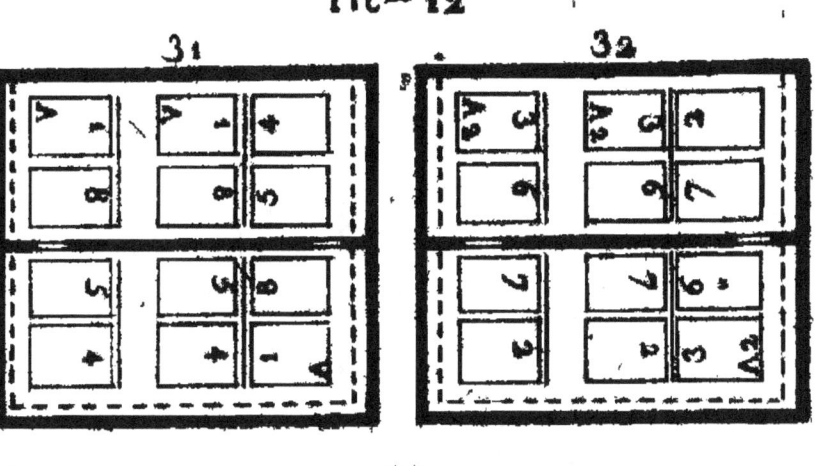

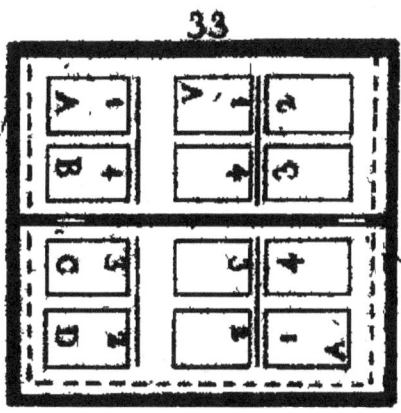

## In-16

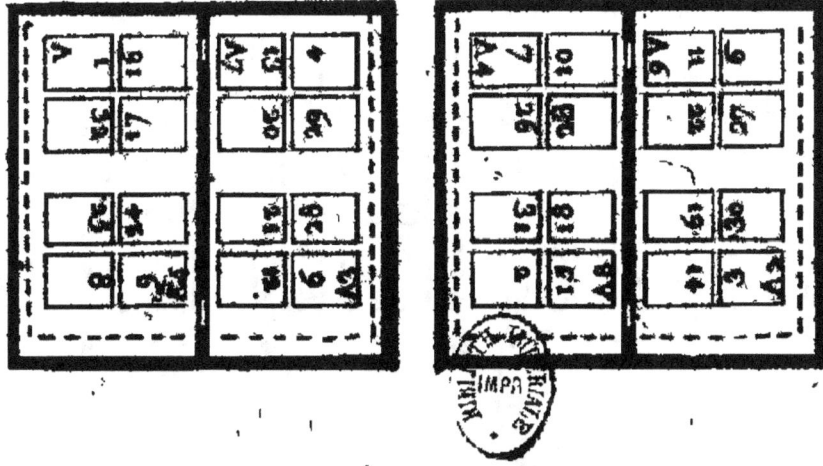

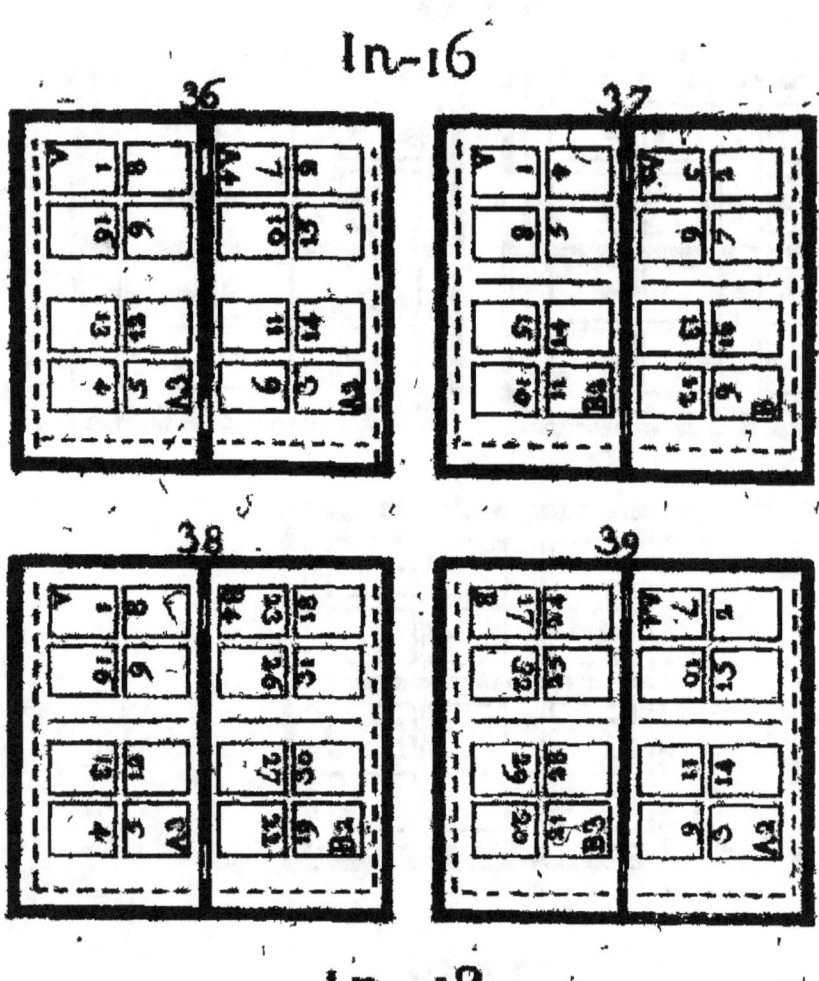

Pl. 7

In-18

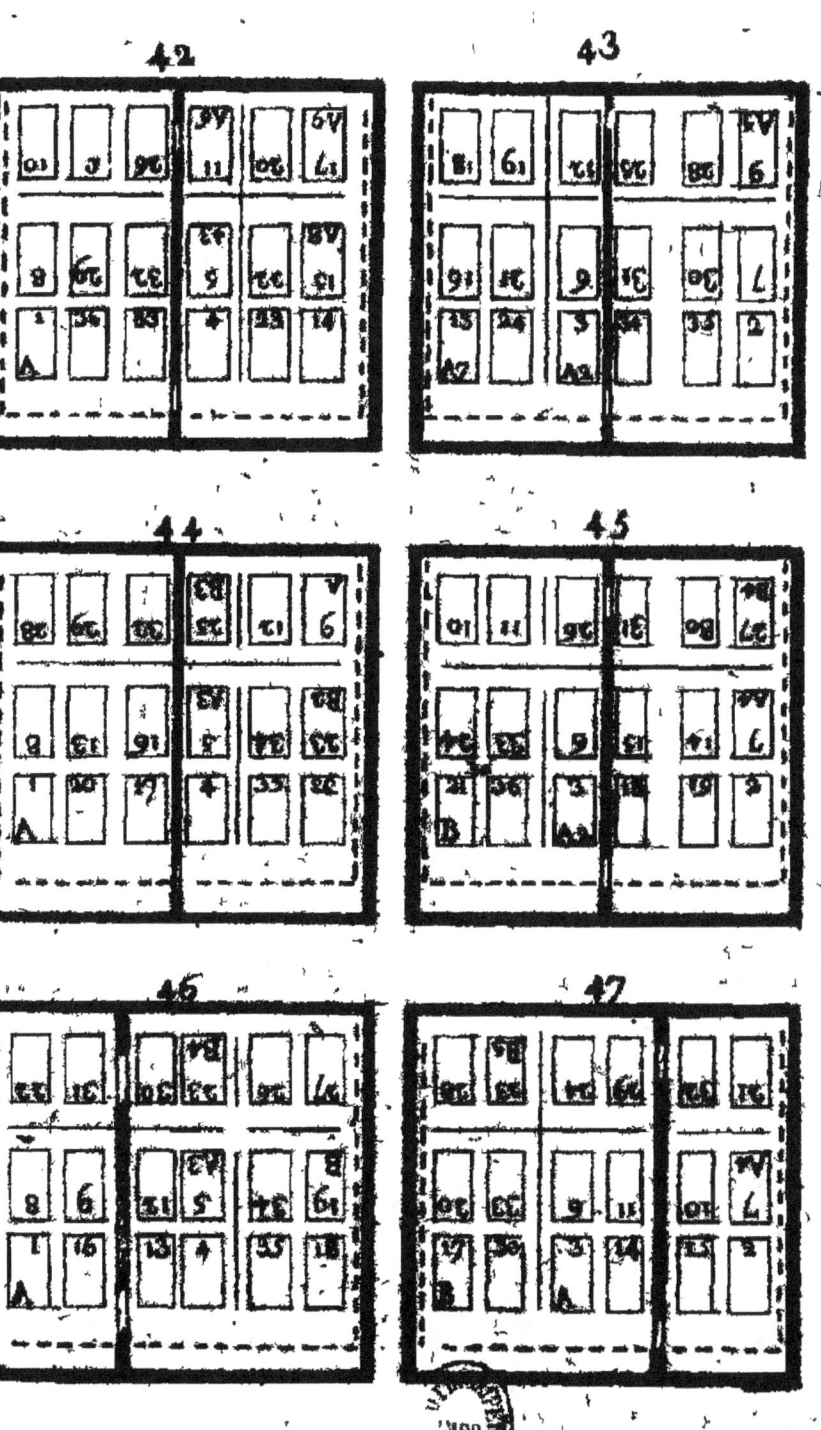

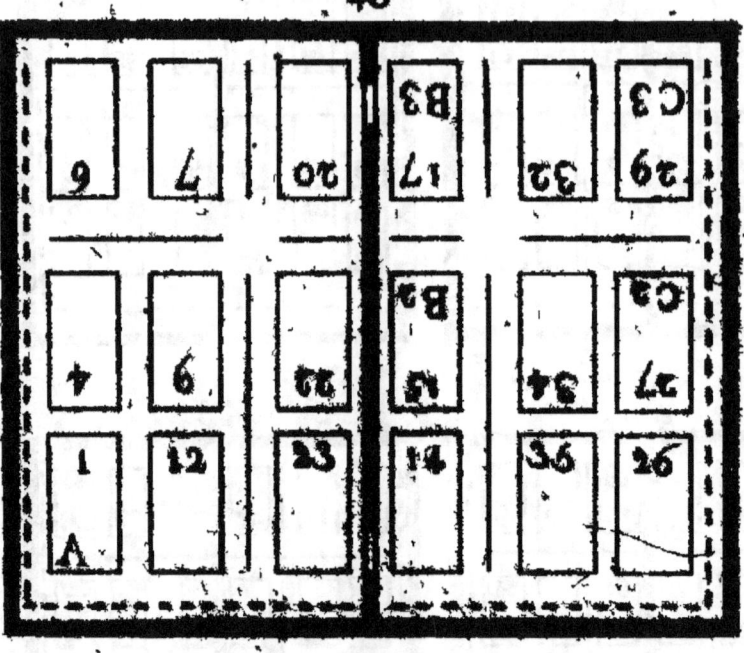

Pl. 9

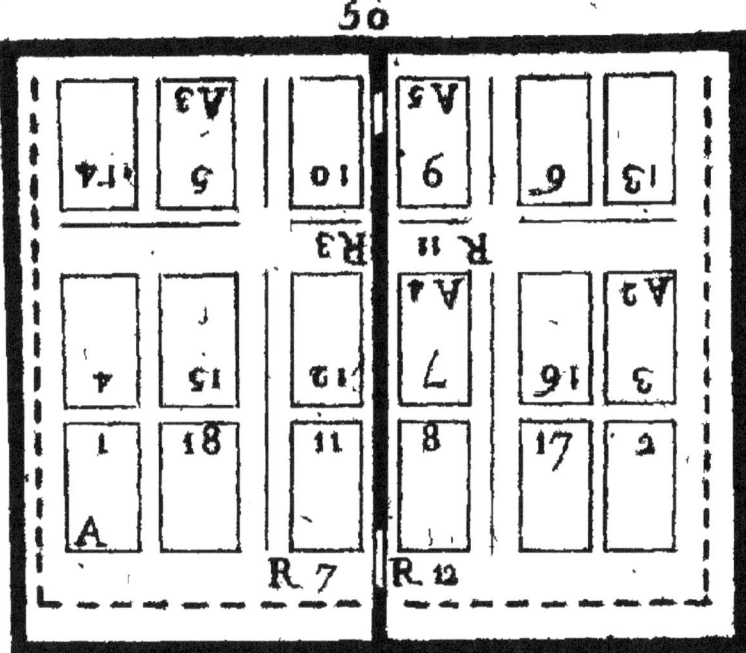

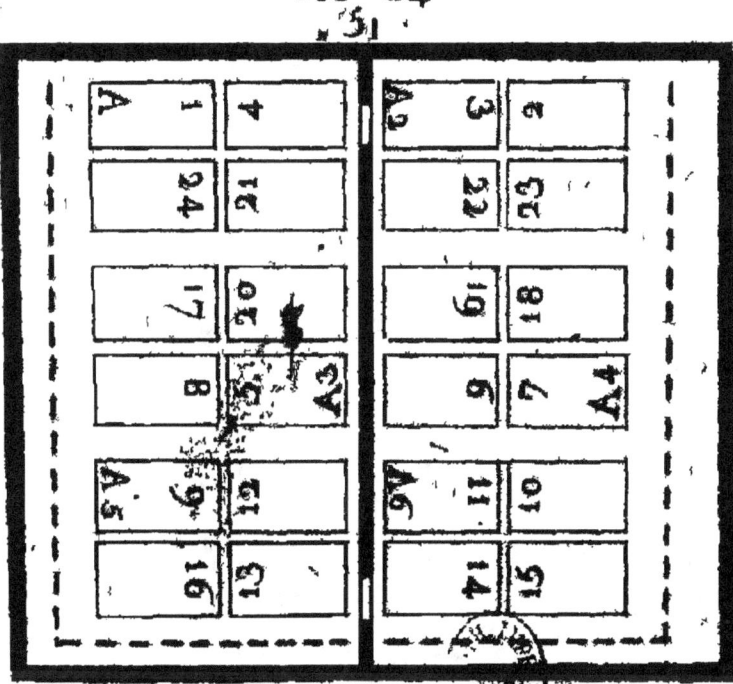

pl 10

In-24

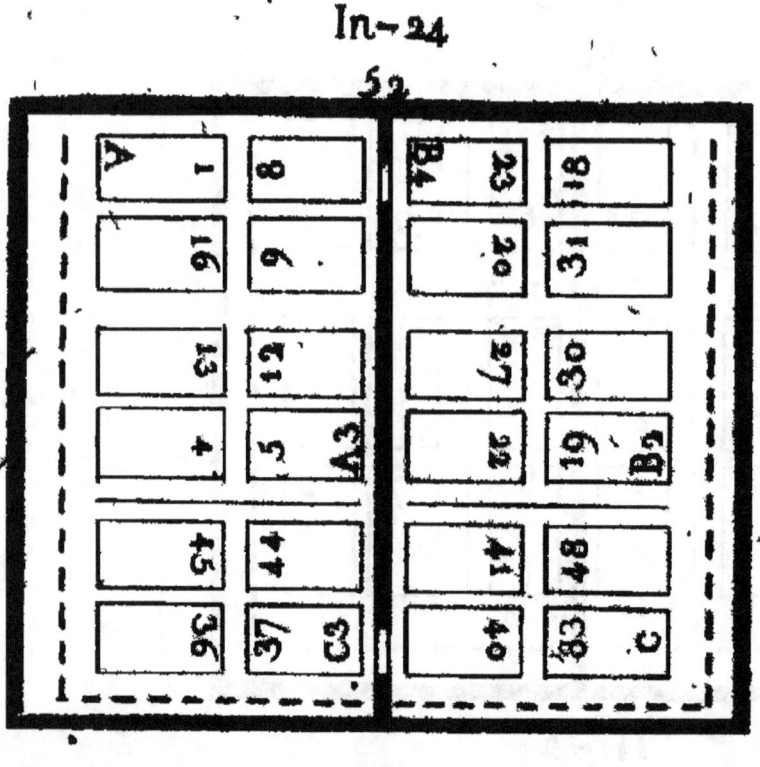

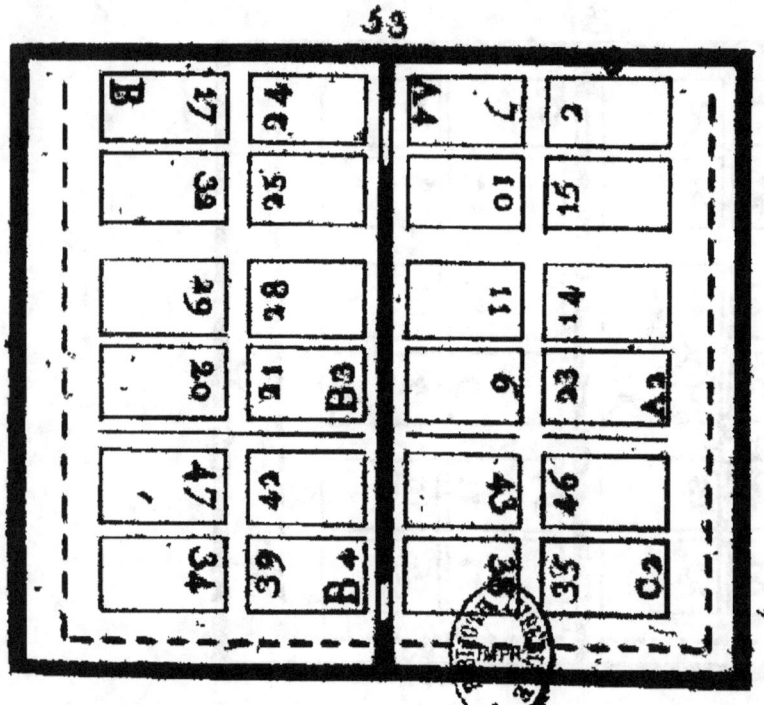

Pl. 11

In-24

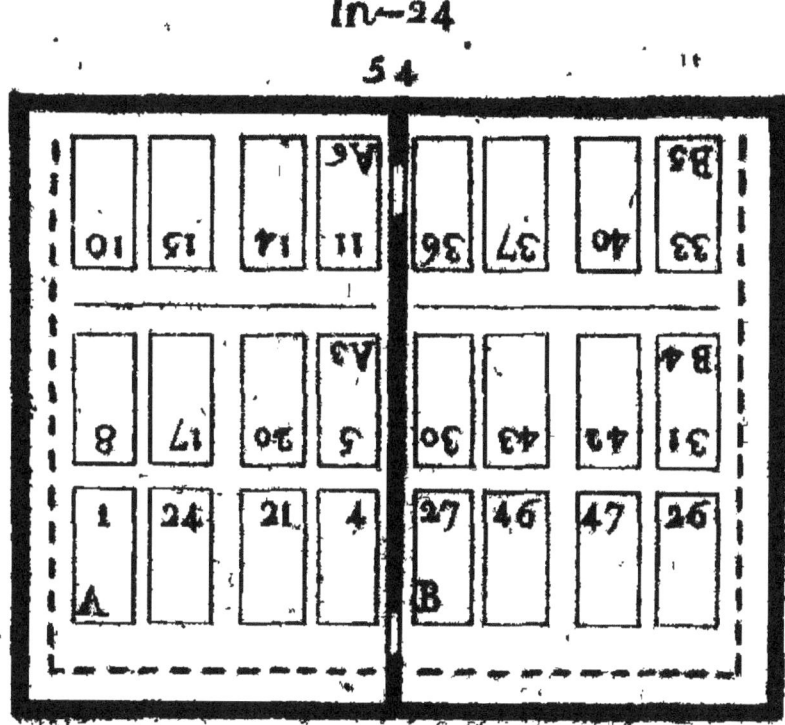

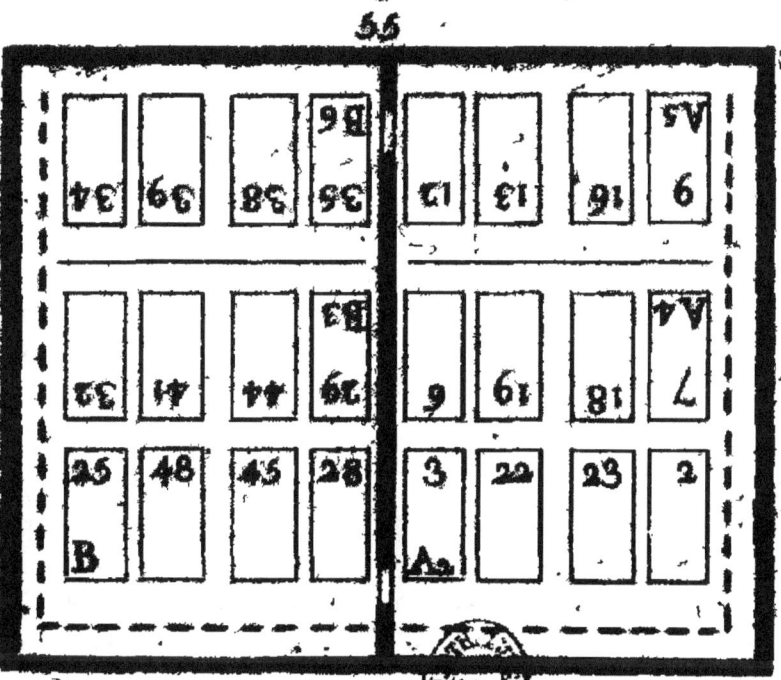

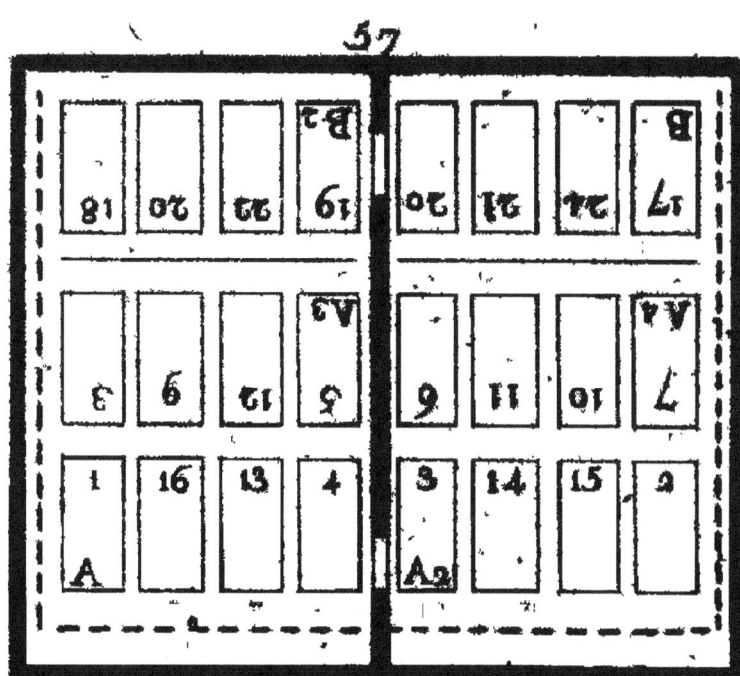

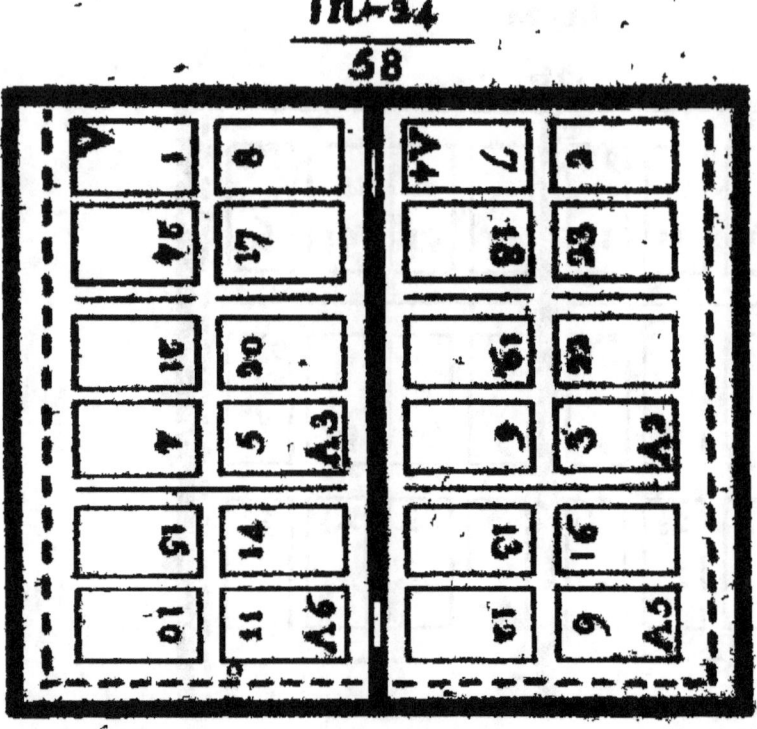
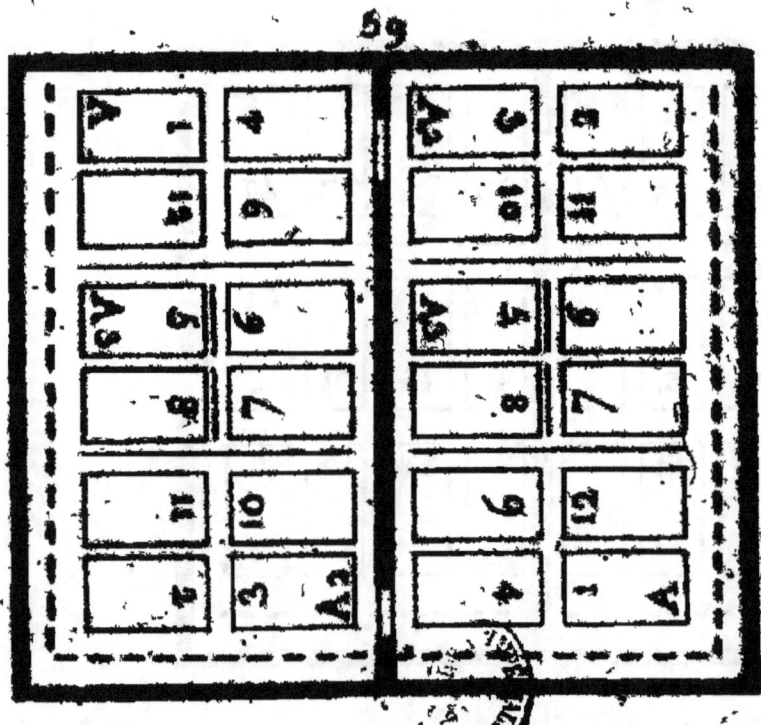

## In-32

### 60

| 50 | 63 | 62 | 51 D3 | 36 | 45 | 48 | 33 C |
|----|----|----|----|----|----|----|----|
| 55 D4 | 58 | 59 | 54 | 37 C3 | 44 | 41 | 40 |
| 8 | 9 | 12 | 5 A3 | 22 | 27 | 26 | 23 B4 |
| 1 A | 16 | 13 | 4 | 19 B2 | 30 | 31 | 18 |

### 61

| 34 | 47 | 46 | 35 C2 | 52 | 61 | 64 | 49 D |
|----|----|----|----|----|----|----|----|
| 39 C4 | 42 | 43 | 38 | 58 D2 | 60 | 57 | 56 |
| 24 | 25 | 28 | 21 B3 | 6 | 11 | 10 | 7 A4 |
| 17 B | 32 | 29 | 20 | 3 A2 | 14 | 15 | 2 |

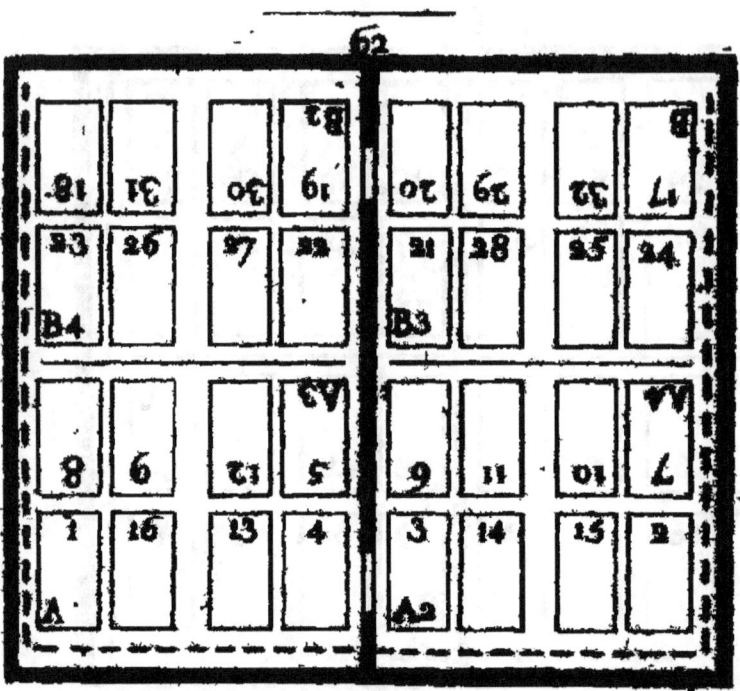

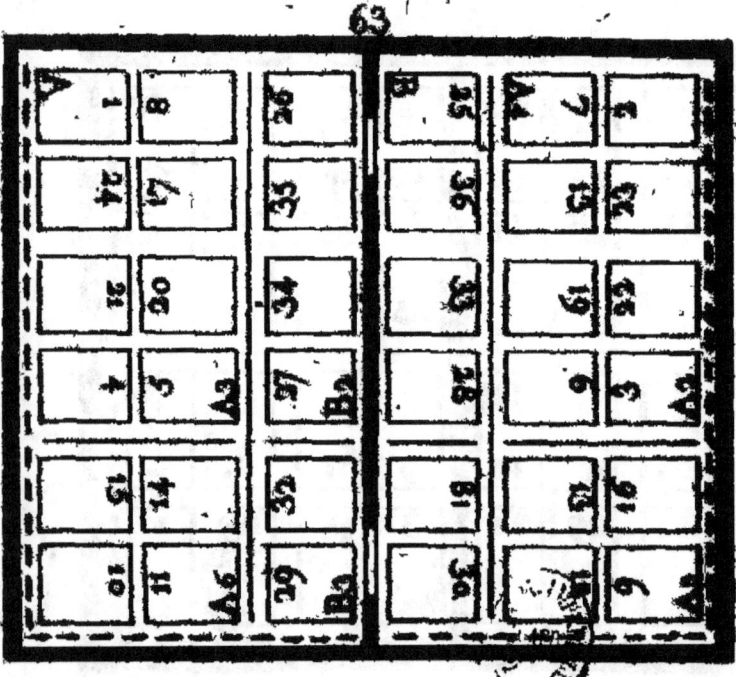

pl 16

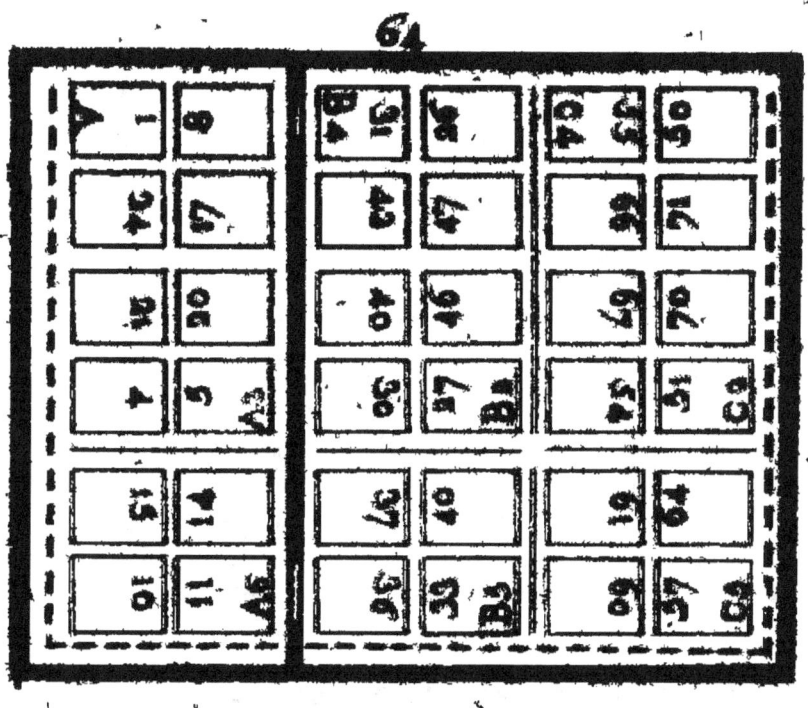

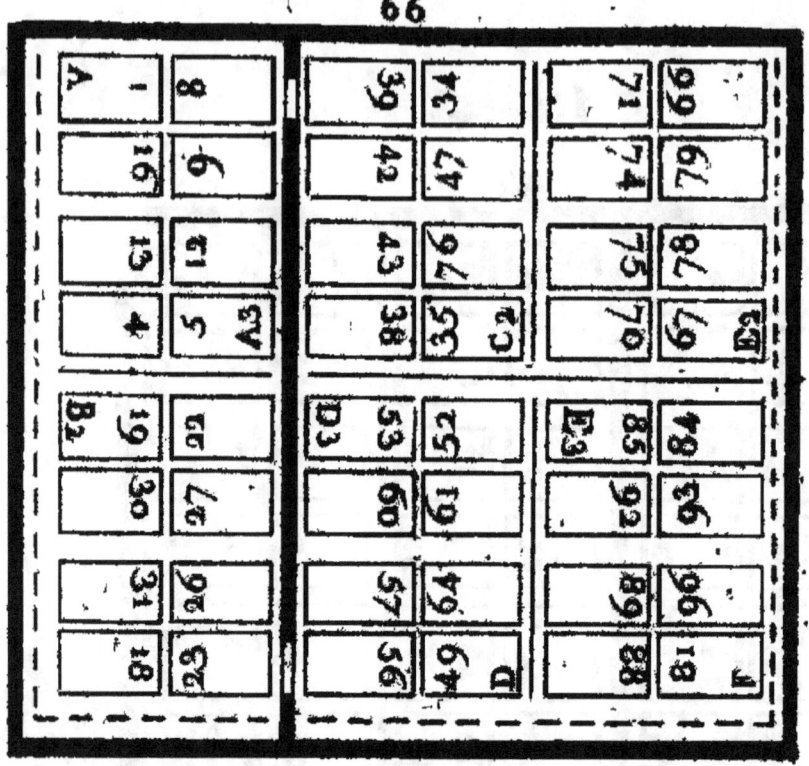

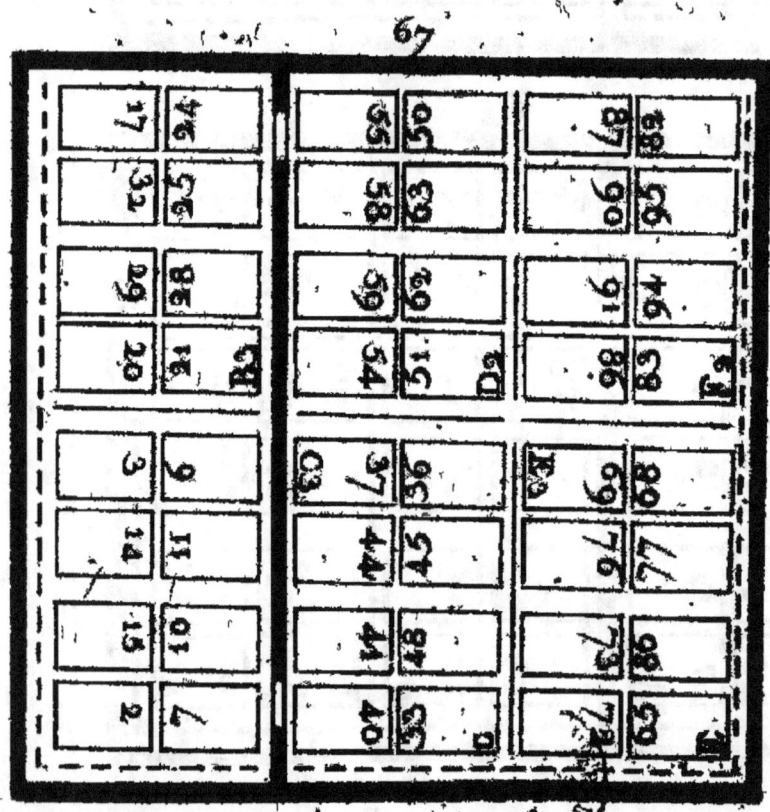

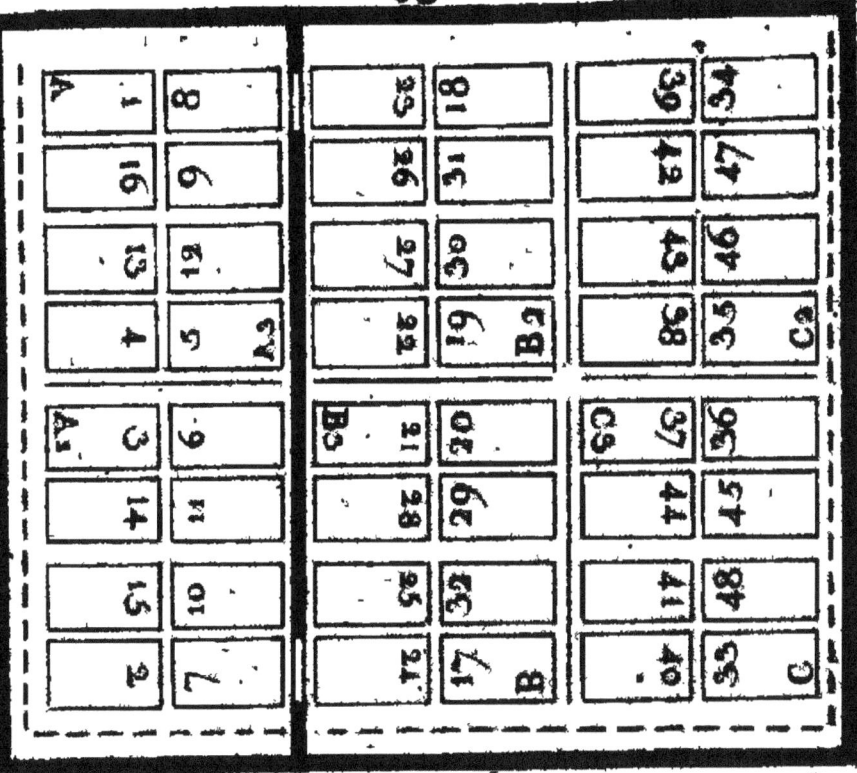

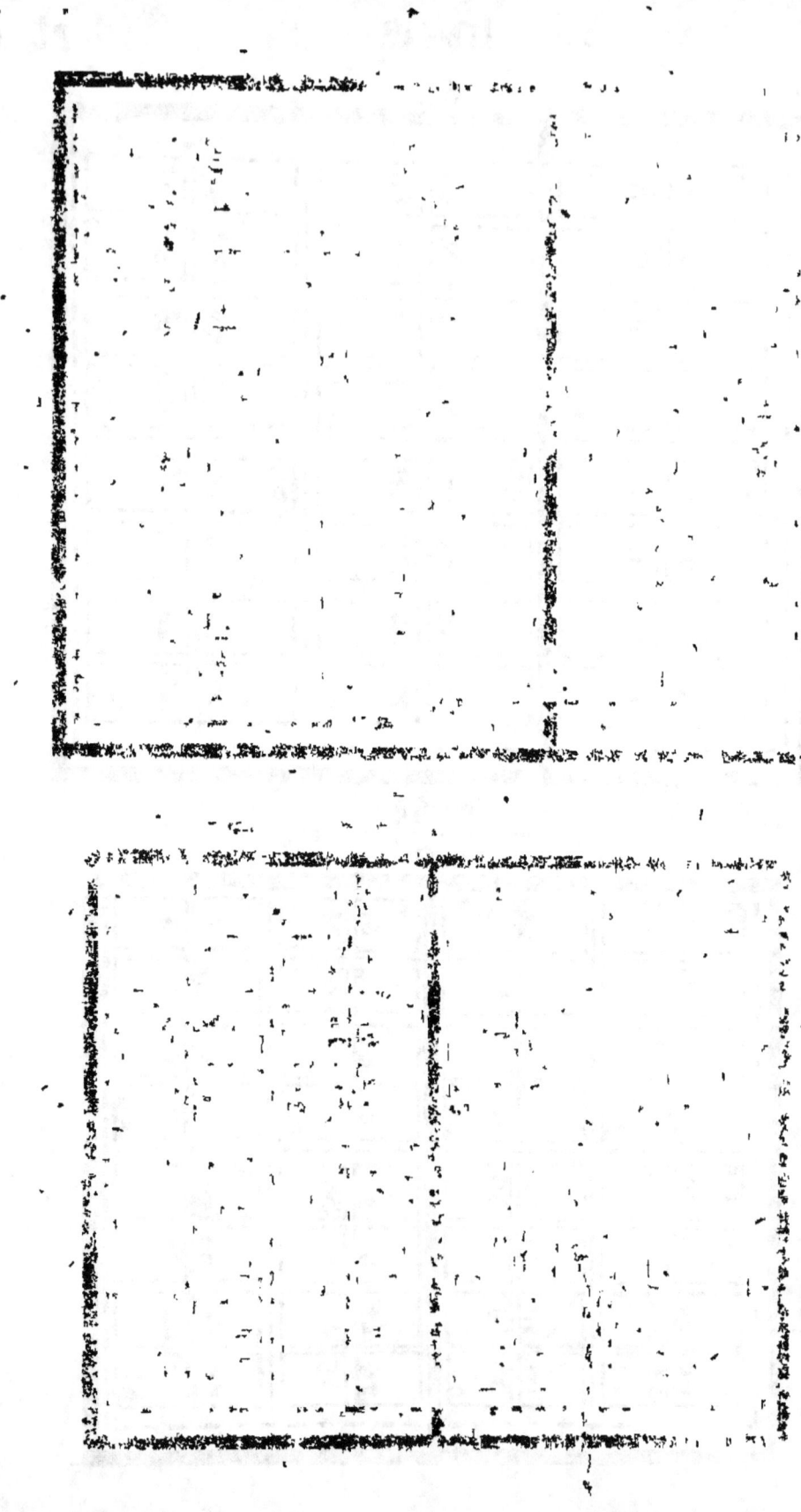

Pl. 19

In-72
70

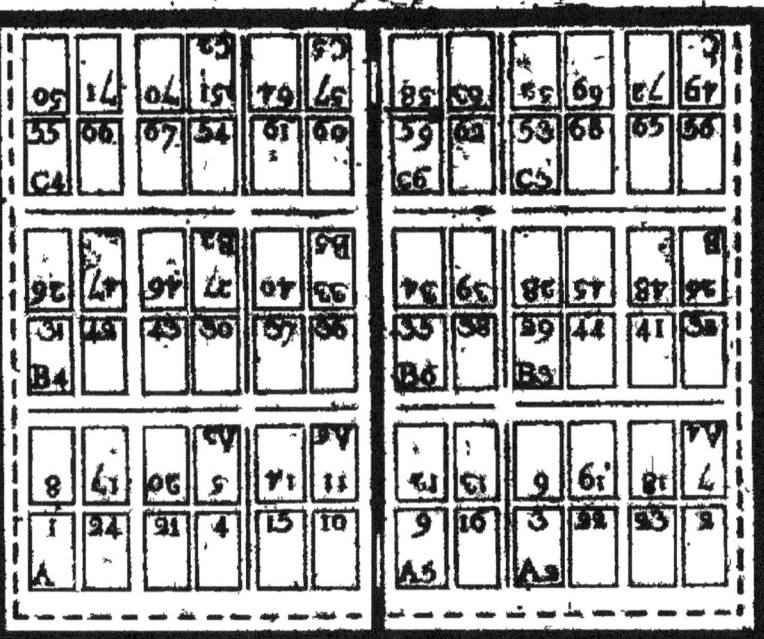

In-96
71

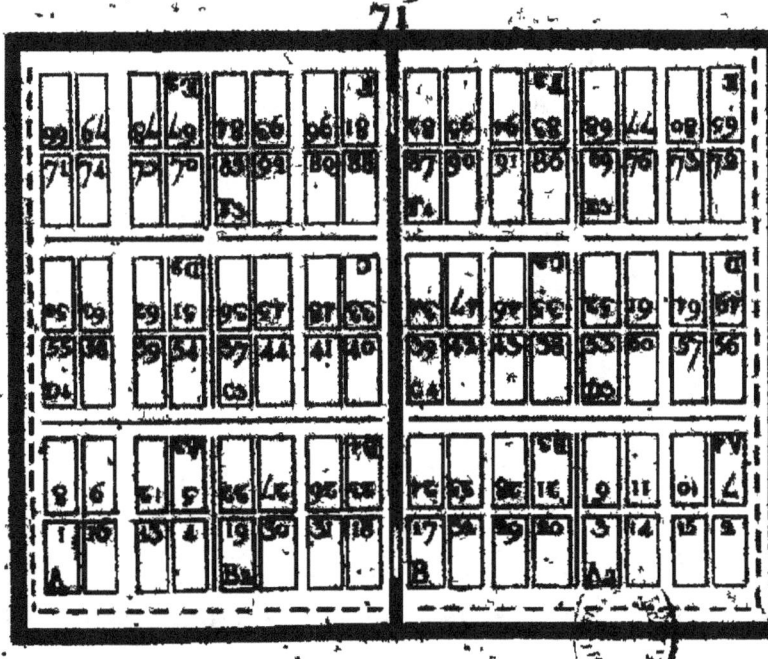

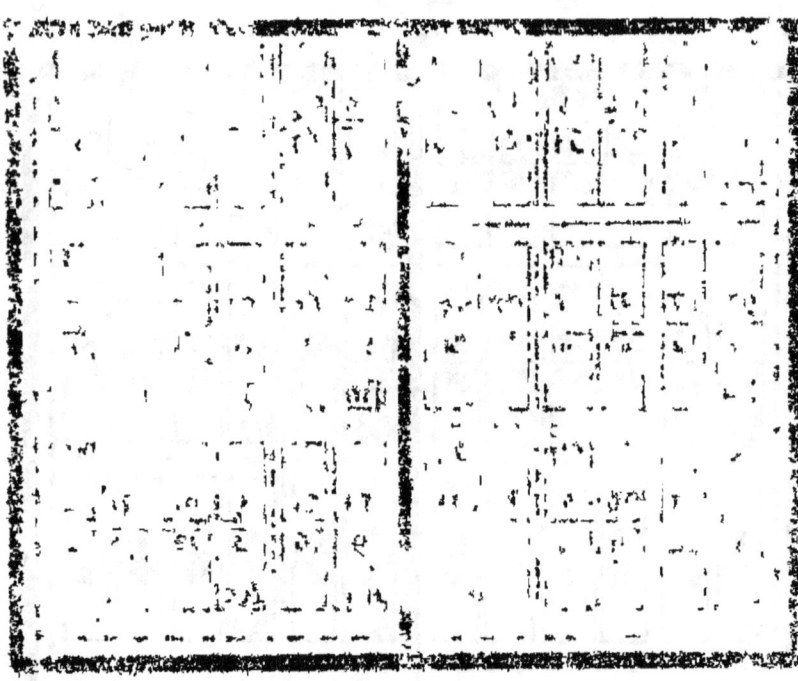

In-128

72

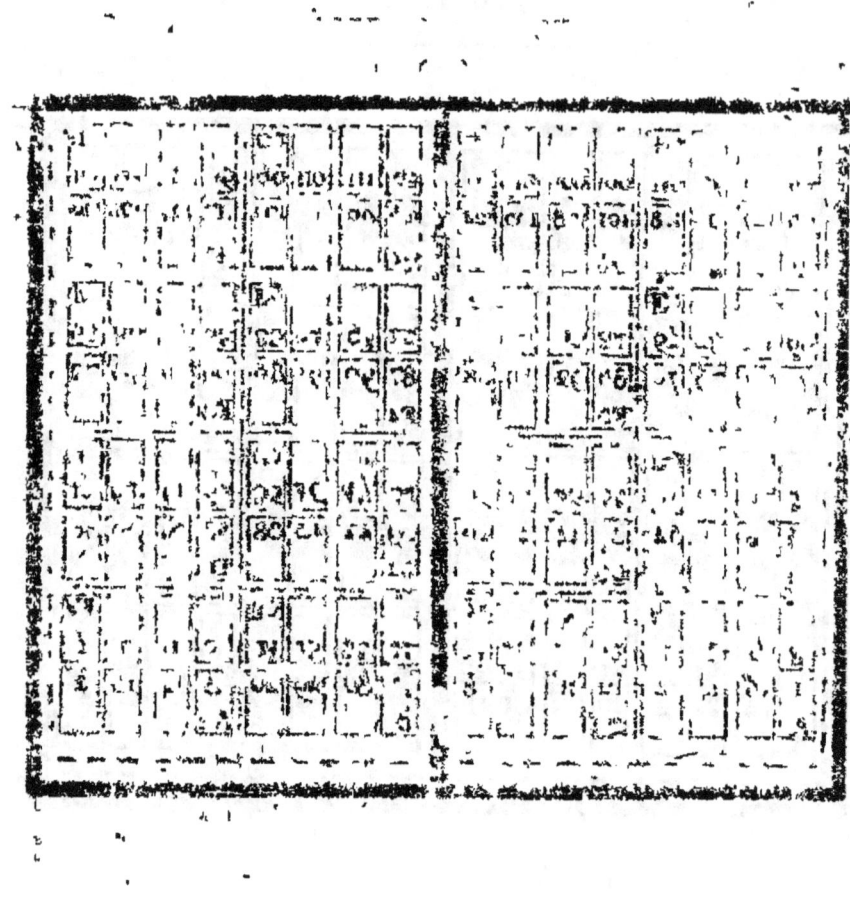

Pl. 21

In-4°

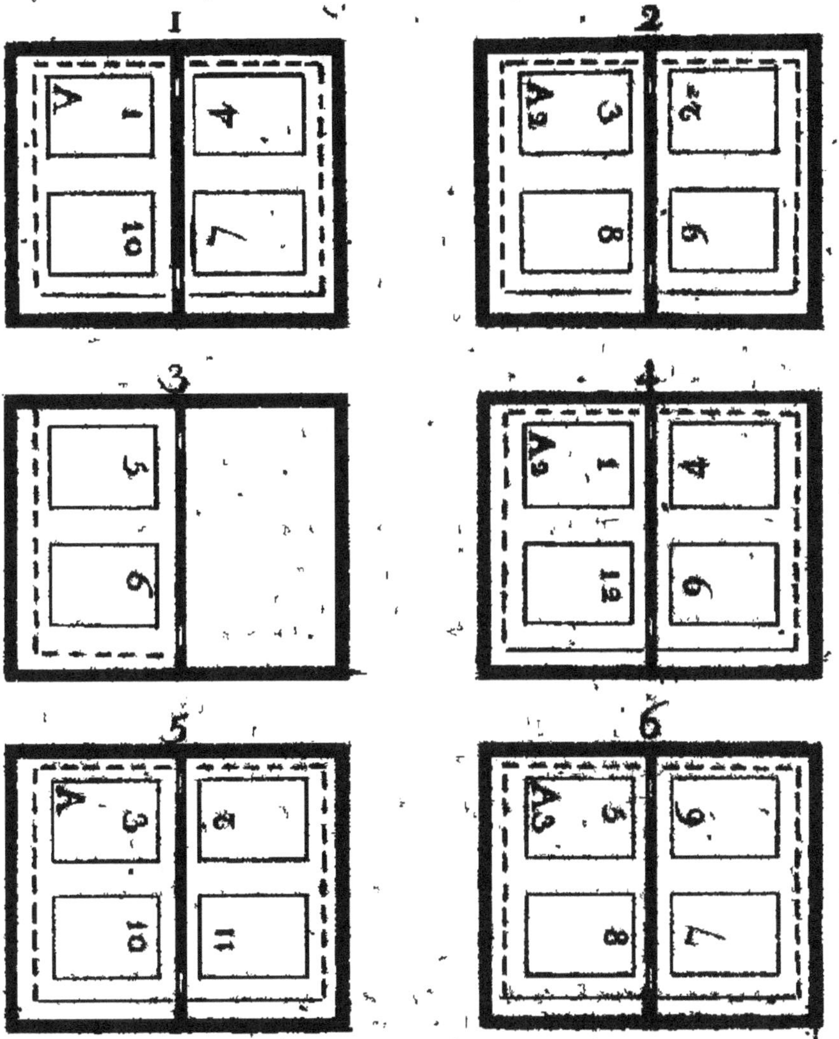

In-8°

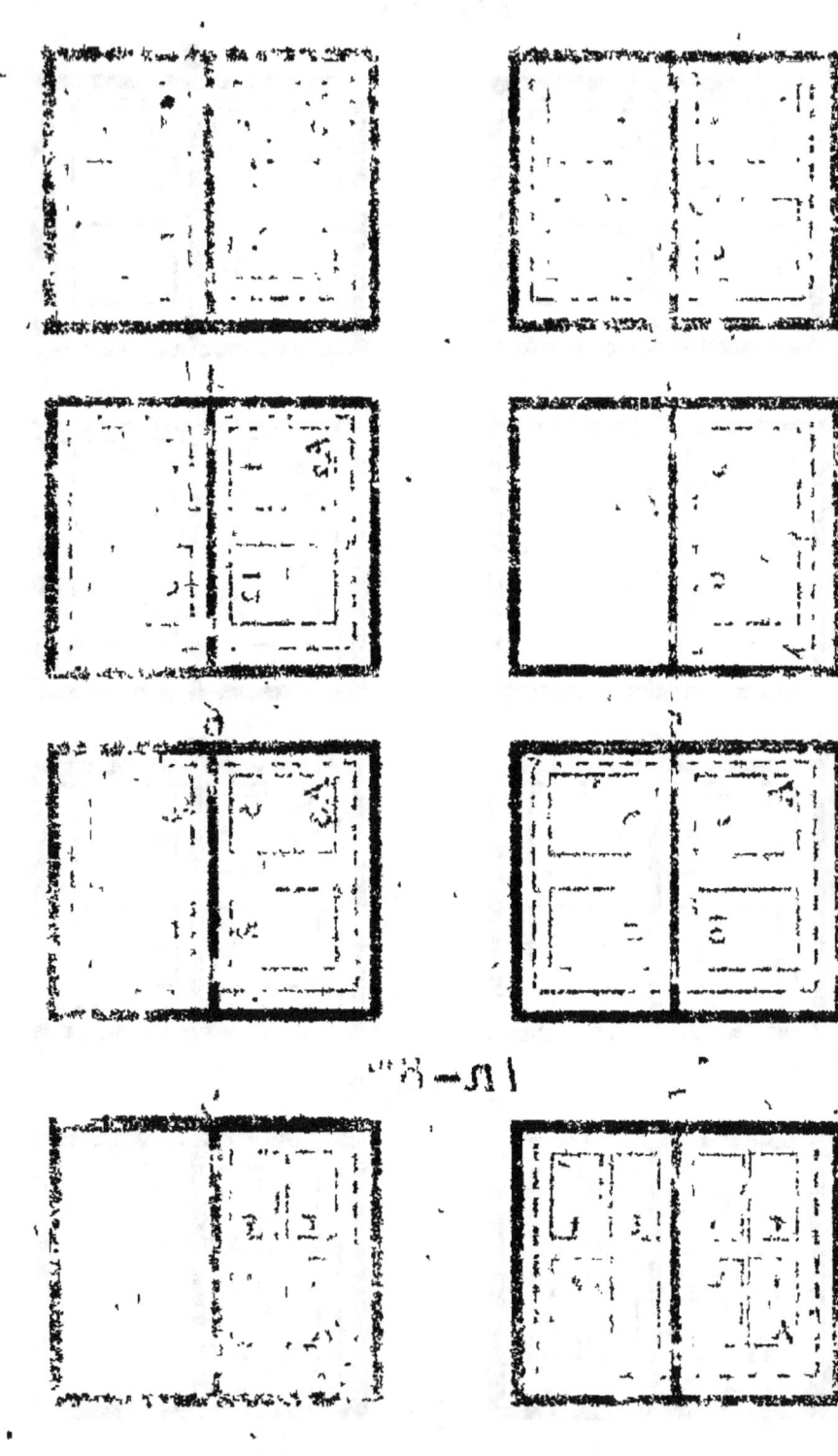

Pl. 22

## In-8°

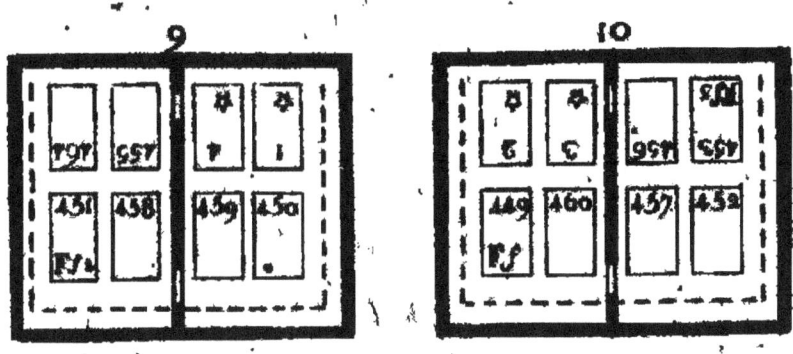

## In-12

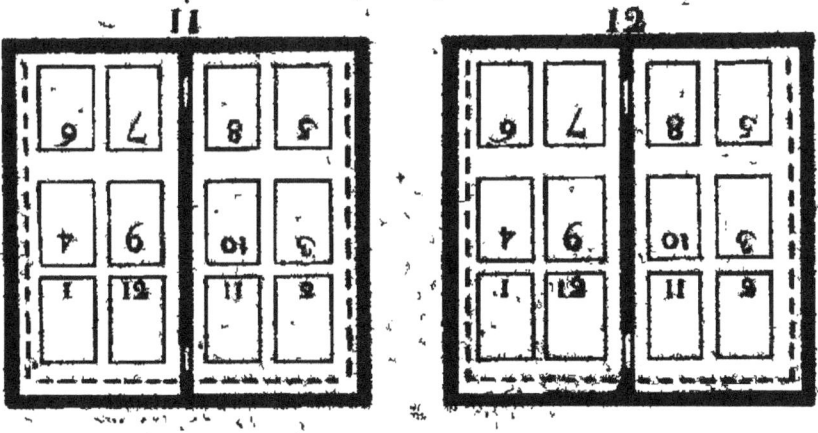

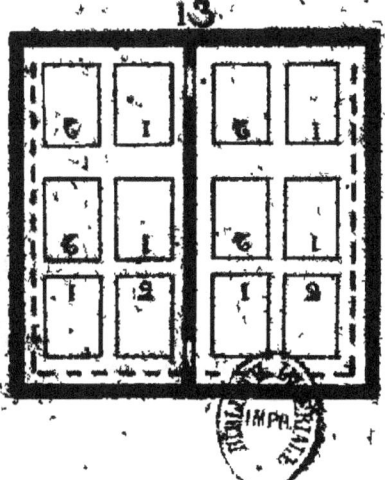

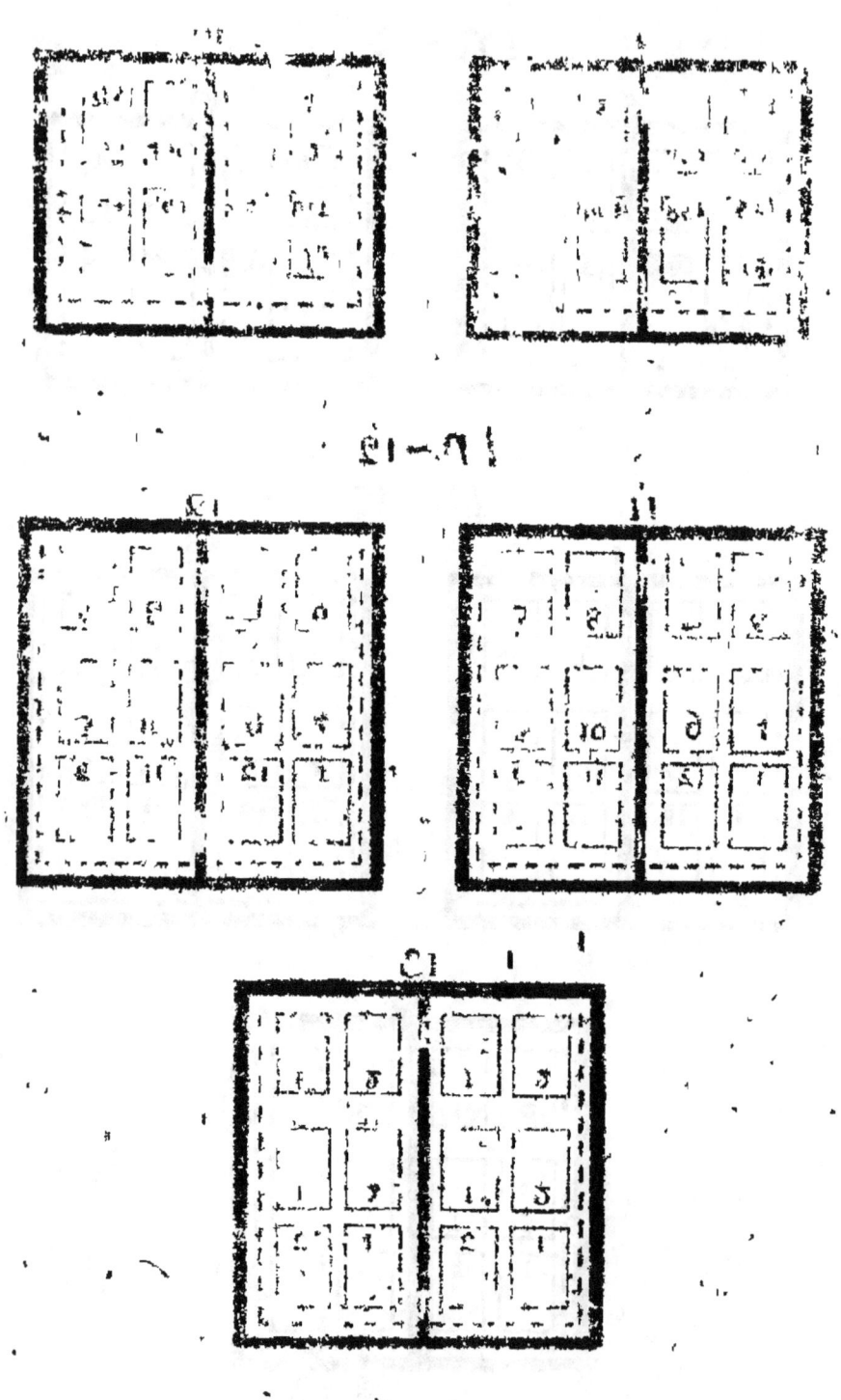

Pl. 23

In-18

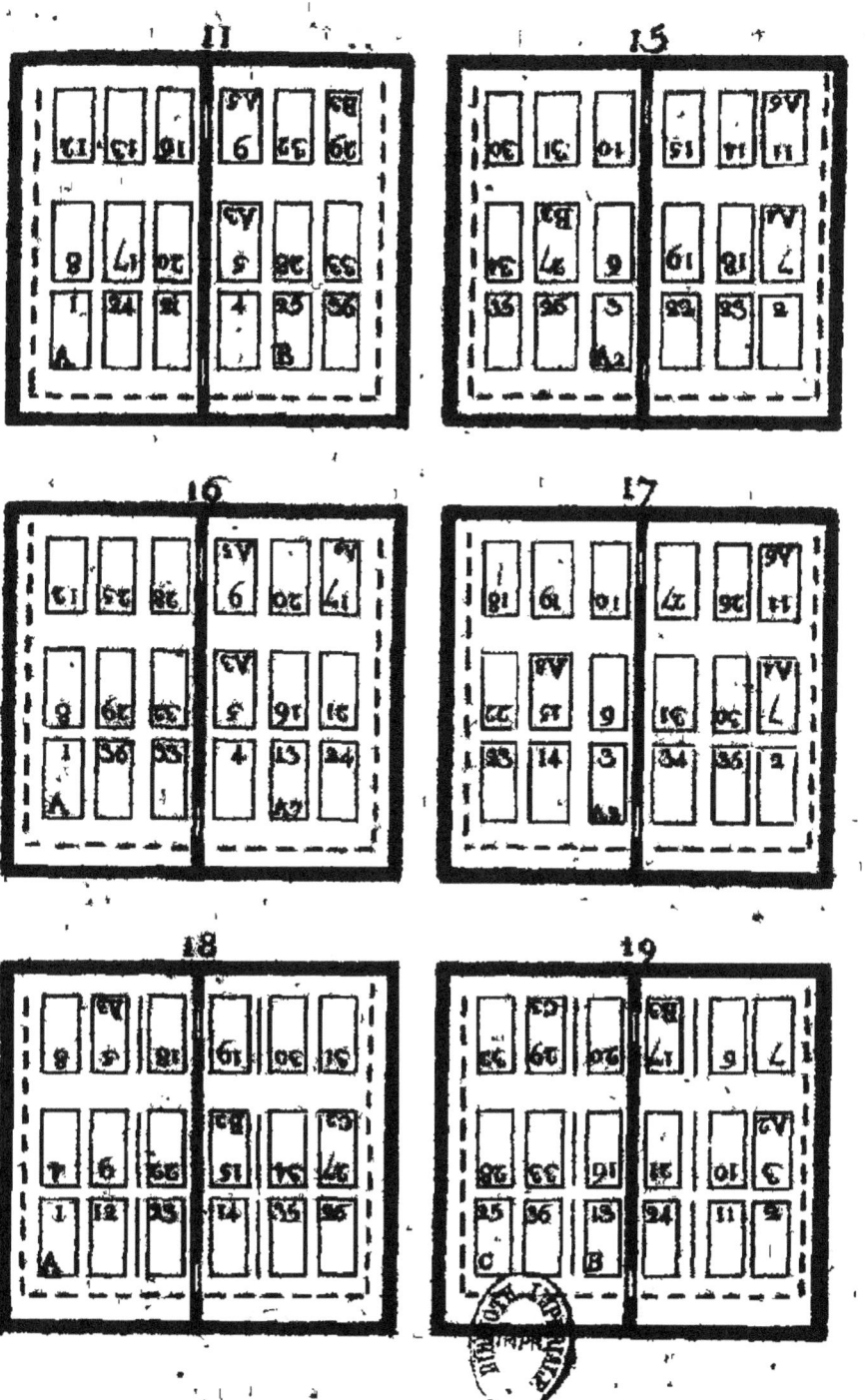

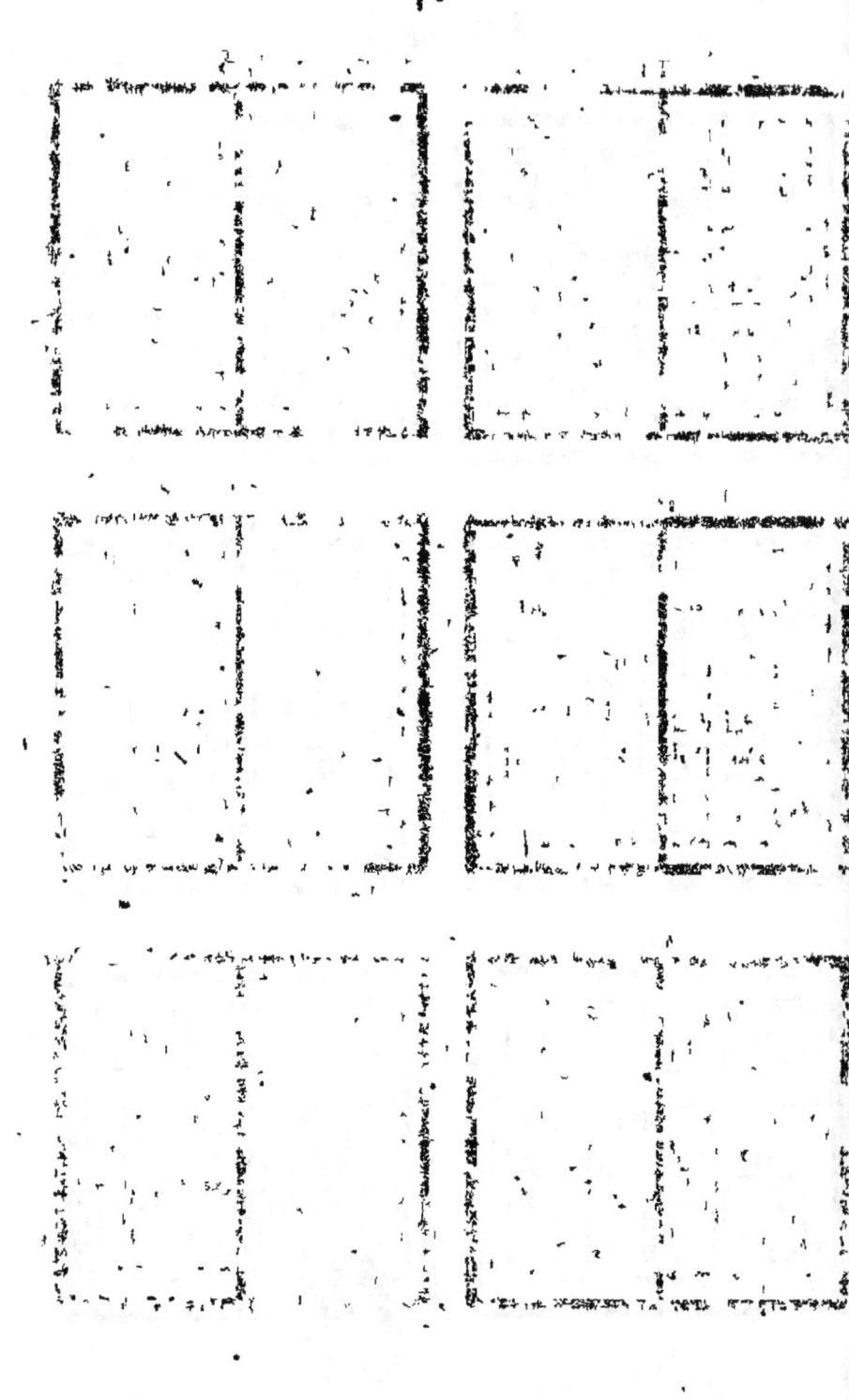

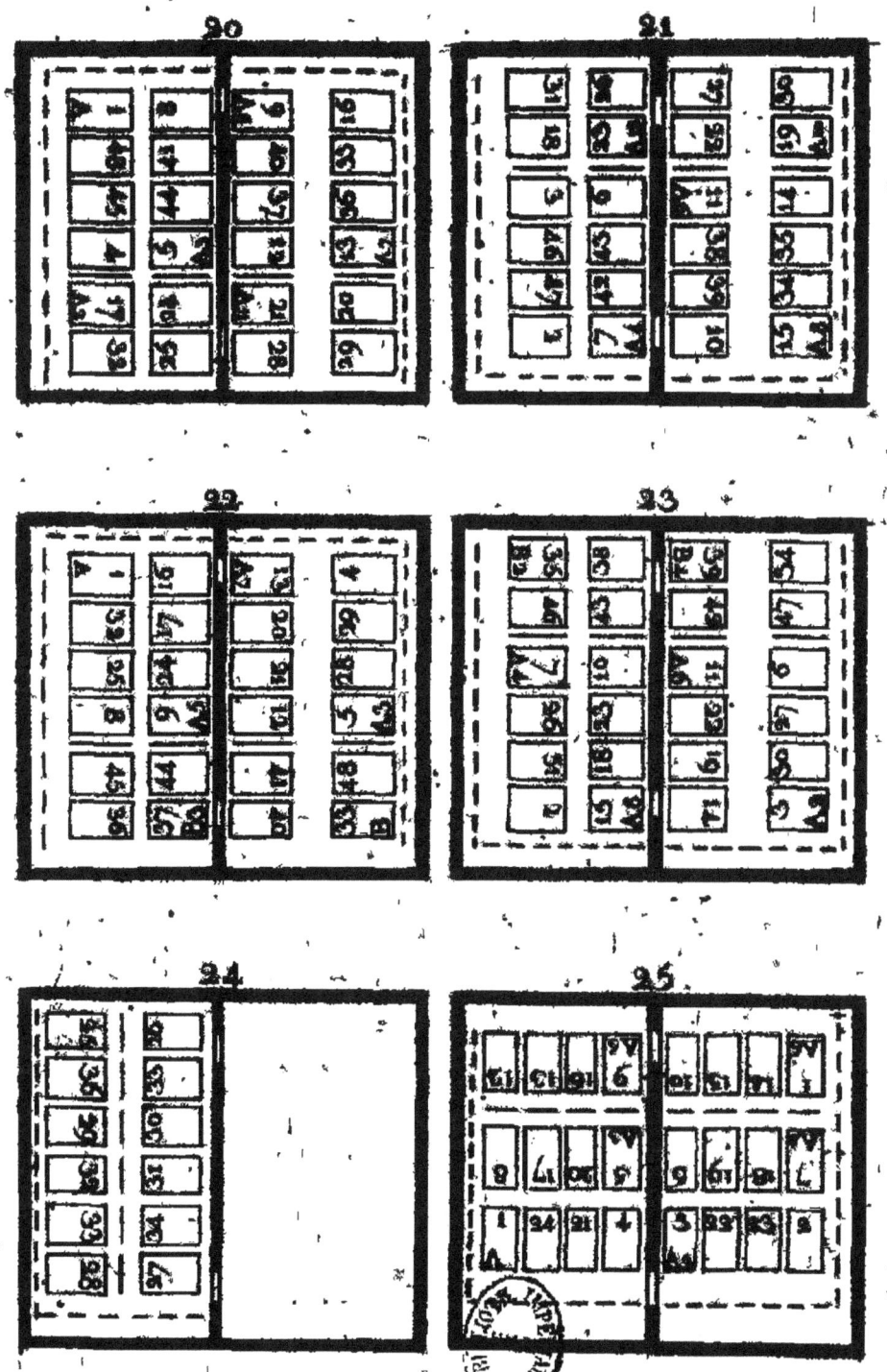

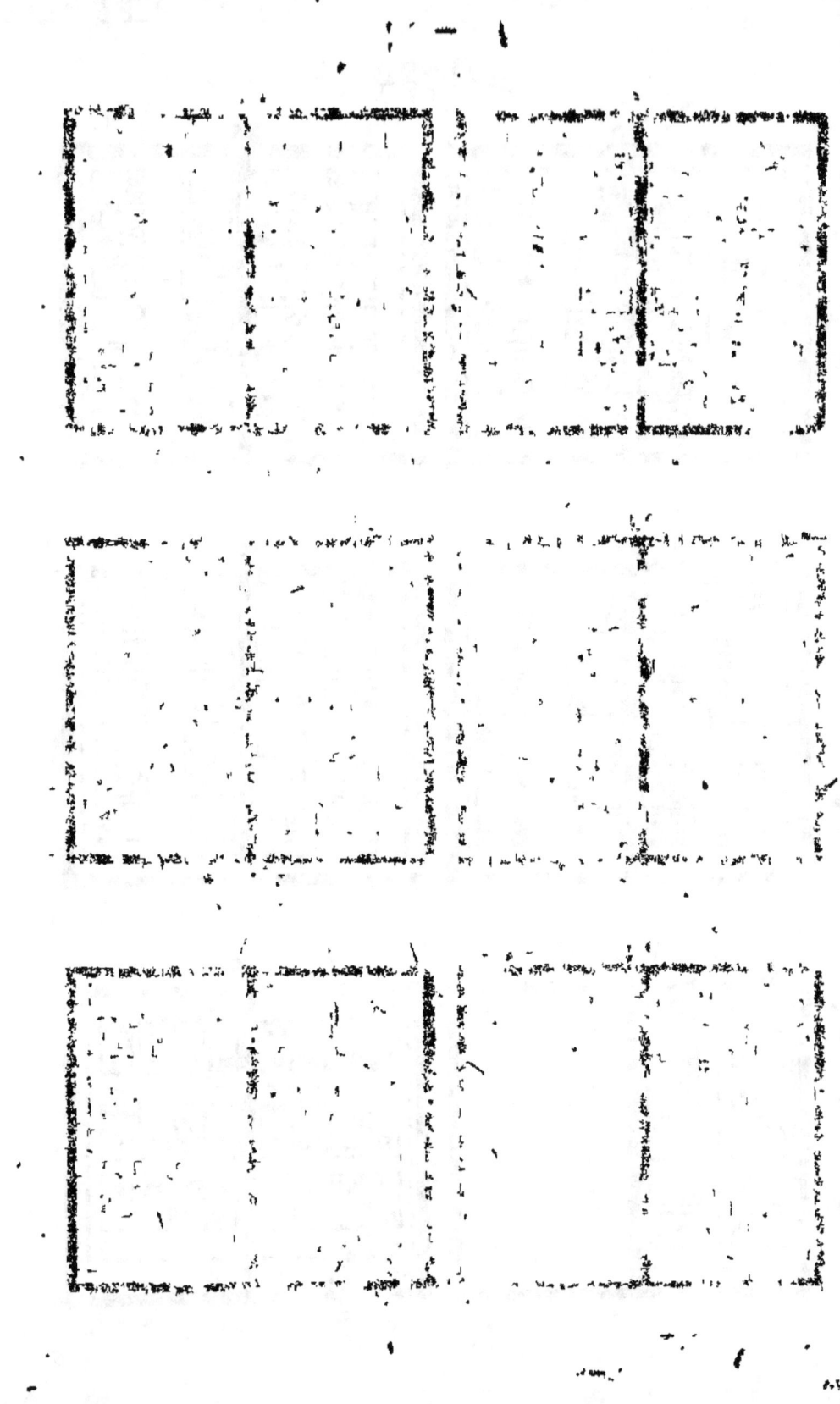

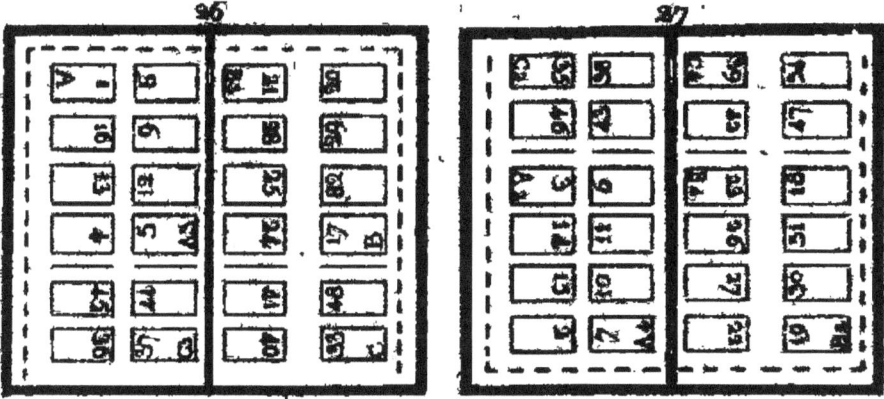

## Pl. 26

## CASSE GRECQUE ORDINAIRE, SIMPLE

### HAUT de CASSE

| A A | B B | E C | Δ D | E E | Z X | H E | O TH | I I | K KC | Λ L | M M | N N | Ξ X |
|---|---|---|---|---|---|---|---|---|---|---|---|---|---|
| O O | H P | P R | Σ S | T T | Y Y | Œ PH | X CH | Ψ PS | U Ô | 8 ou | 8 ou | ώ ό | ὠ ὀ |
| ά | ὰ | ᾶ | ἁ | ἀ | ἅ | ἄ | ἃ | ἂ | ᾱ | ᾰ | ᾶ | ὤ | ὢ |
| έ | ὲ | ῆ | ἑ | ἐ | ἕ | ἔ | ἓ | ἒ | ἕ | 8/8 | ὥ | ὣ | |
| ί | ὶ | ῖ | ἱ | ἰ | ἵ | ἴ | ἳ | ἲ | ῒ | | ὧ | ὦ | |
| ό | ὸ | ῶ | ἁ | ὀ | ὅ | ὄ | ὃ | ὂ | ὃ | 8/8 | ᾧ | φ | |
| ύ | ὺ | ῦ | ὐ | ὐ | ὕ | ὔ | ὓ | ὒ | ὒ | 8 | ᾦ | ᾶ | |

### BAS de CASSE

| accent aigu | accent grave | η | · | · | ῆ | ὴ | ῆ | ή | ὴ | ἤ | ἣ | ἦ |
|---|---|---|---|---|---|---|---|---|---|---|---|---|
| ϝ | β | χ | δ | ε | ς | ϛ | σ | γ | ι | η | ἠ | |
| | | | | | | | | | | | ῆ | ῆ |
| δ ζ | λ | μ | ν | ι | ο | π | ϖ | ᾳ | ᾴ | | ῄ | |
| | | | | | | | | φ | χ | ᾷ | ᾷ | |
| ξ | θ | υ | τ | AA Crochet Crochet ESPACES | ρ̇ | ρ̇ | ς | ψ | ῳ | | |
| | ϑ | | | | ρ | ῷ | | Cadrats | | | | |

Reliure serrée

# MANIERE DE CORRIGER LES ÉPREUVES D'IMPRIMERIE

*[This page shows a handwritten/printed table of proofreading marks used in French printing. The left column lists types of corrections, the middle column shows example text with correction marks, and the right column shows the corresponding marks in margin. Due to the degraded image quality, exact transcription of all entries is not fully legible.]*

| Type de correction | Exemple | Marque |
|---|---|---|
| Lettres et mots à changer | L'Opera de Phare, dégagé ne les | é/a/ ed/d/ quelques |
| Mots à ajouter | longueurs, après représentations, a | plusieurs |
| Ligne à ajouter | La musique simple, naturelle, faute | + ... |
| Mots à supprimer | qui n'emploie n'emploie pas de | ∂/∂/ |
| Ligne à supprimer | qui n'emploie pas les moyens | ∂/ |
| Mots à retourner | moyens violens, pas, Sexo, ne frappe | 3/3/ |
| Mots à transposer | pas nos d'abord oreilles, un peu encore | ⌐⌐/⌐⌐/ |
| Mots à séparer | dures; il faut du tems pour pénétrer jusqu'au | #/#/#/#/ |
| Lignes à transposer | reussi, son succès est plus certain et | Transposez |
| Blanc à supprimer | coeur, mais quand, une fois elle y a | ( )/ |
| | plus durable, que cet enthousiasme | |
| Lettres à rapprocher | passager qu'excite quelquefois la | o/o/o/ |
| Lettres gâtées | musique bruyante. | usique bru |
| Blanc à ajouter | Le bruit peut faire naître l'ivresse; | # / interli. |
| Mots à redresser | mais quand l'ivresse est passée, elle ne | ⌠⌠⌠ |
| Lettres trop hautes | laisse aucune trace de plaisir, l'illusion | x x x / |
| Lettres trop basses | théatrale ne fait plus d'effet. | h/a/e/e/ |
| Mots ital. pour dorm. | | ital / ital / p. cap. rom. |
| Lettres à nettoyer | Caligat ridendo mores. Santeuil | |
| Lettres à abaisser | Qu'est devenu l'aimable charmant | x/x/x/ |
| Signe de ponctuation | Compagnon de ma solitude. | ir / 8 / |
| Accent | Cher moineau, Reviens promptement. | é |
| Apostrophe | Dissiper mon inquietude | '/ |
| Lettres à retourner | Ma voix t'appelle, hélas! hélas! | |
| Lignes à marquer | Mon cher Lubin ne revient pas, | 3/3/8/ |
| Blanc à supprimer | Tes caresses et ton amour | □/ |
| Crosset p. capit. | Soulageroient ma peine cruelle. | ⌒/ |
| Lettres d'un autre corps | Damon et Lubin tour à tour. &c. | =/=/ |
| Addition en marge | De mes amis jusqu'à ce jour | a/h/u/ |
| et super. et ∞ | Mr Jean Darcis, No 34, Mr et Mme. | Faites en addition |

Lorsqu'une épreuve est beaucoup chargée de fautes, on peut les indiquer par différentes barres; par exemple, à la première faute, mettez ce signe |, à la seconde, doublez le ||, à la 3me triplez le |||, et ainsi de suite. Lorsqu'il y a des bourdons considérables on renvoie à la copie, quand on ne veut pas les indiquer au bas de la page par un renvoi x; s'ils ne sont que d'une ligne, ou deux, ou même trois, on peut les transcrire au bas de la page, et y mettre ce signe x; lorsqu'il y a plusieurs bourdons à transcrire, on y place différens signes à volonté.

Pl. 40.

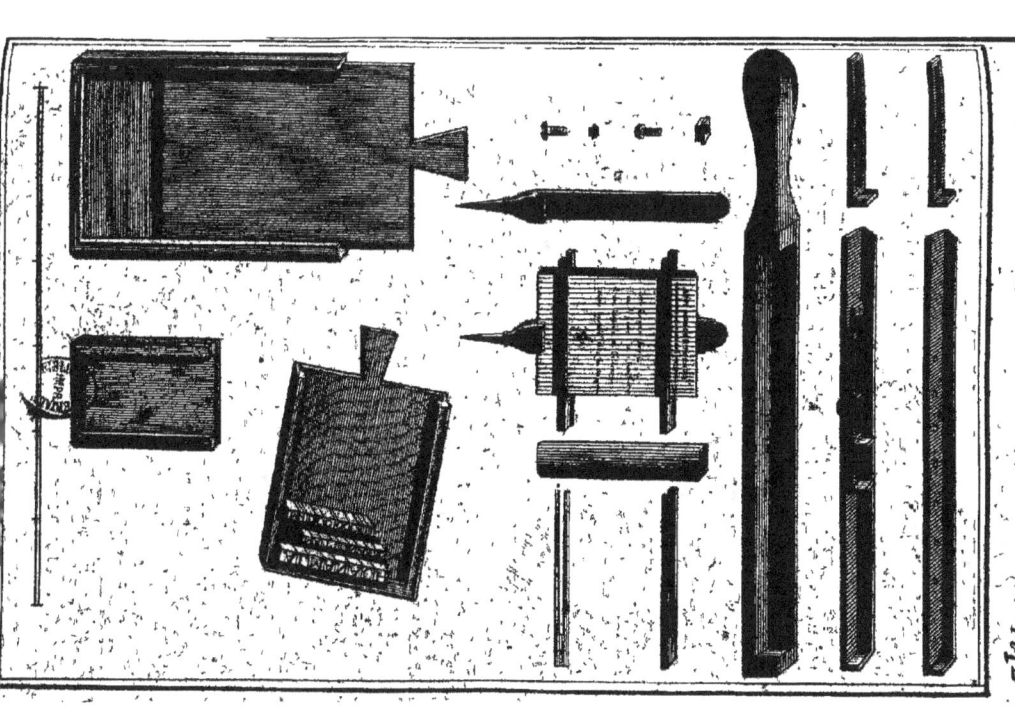

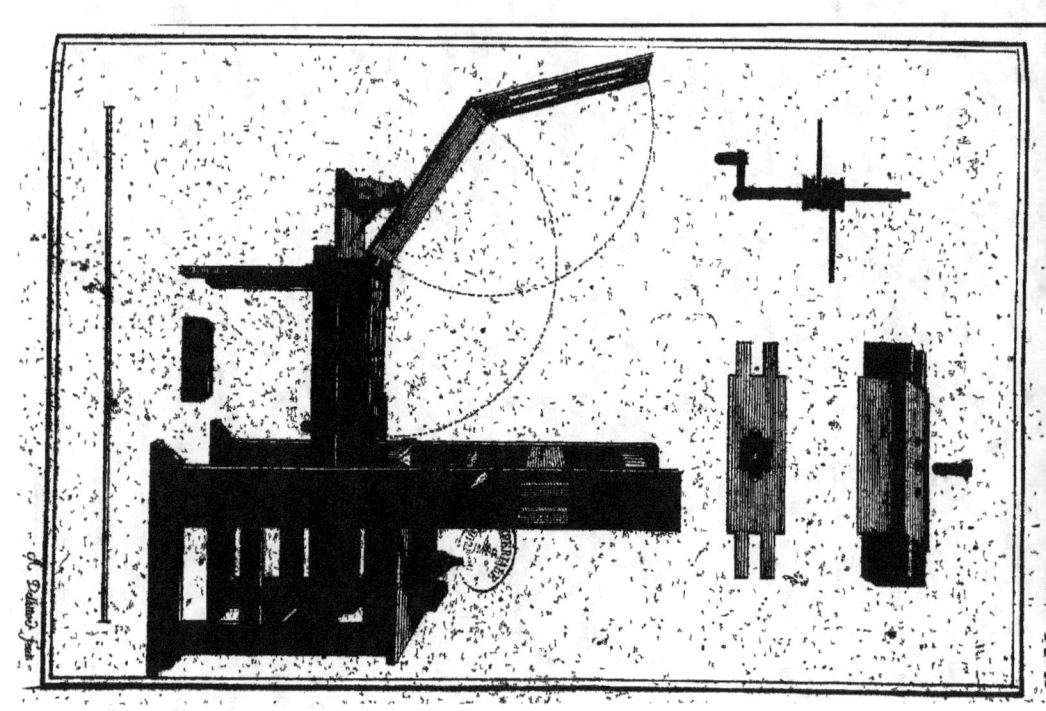

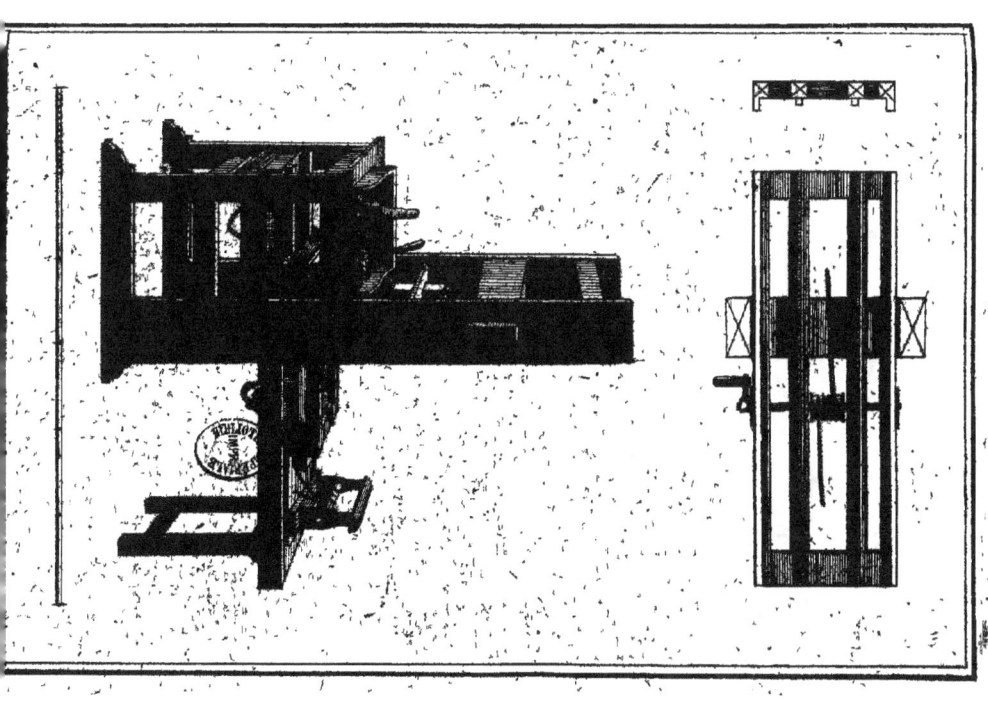

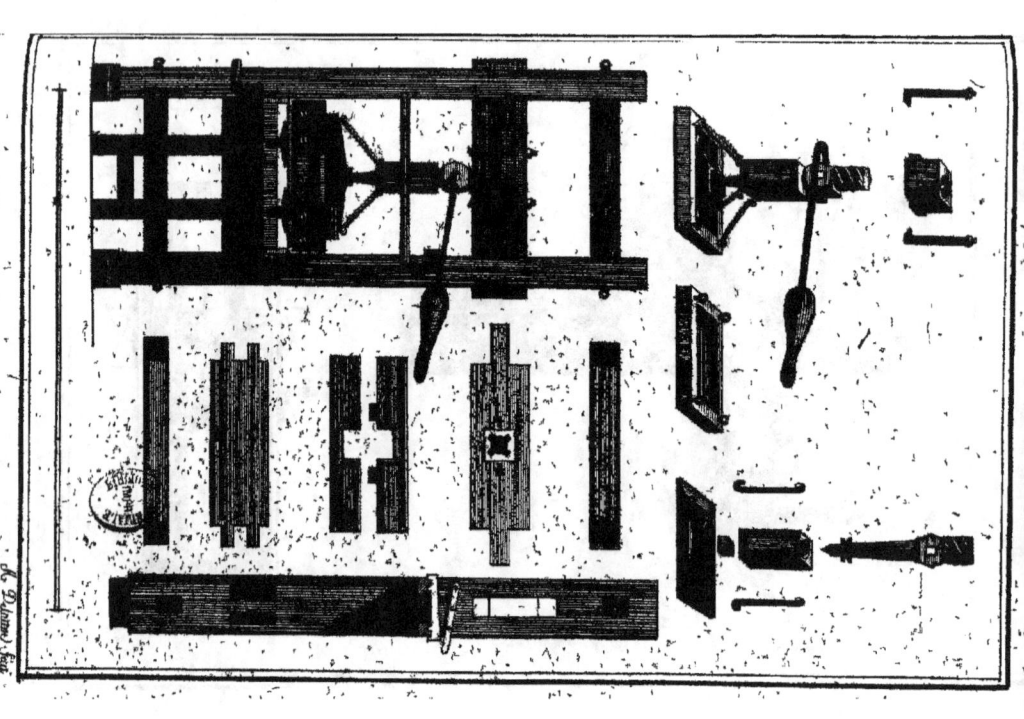

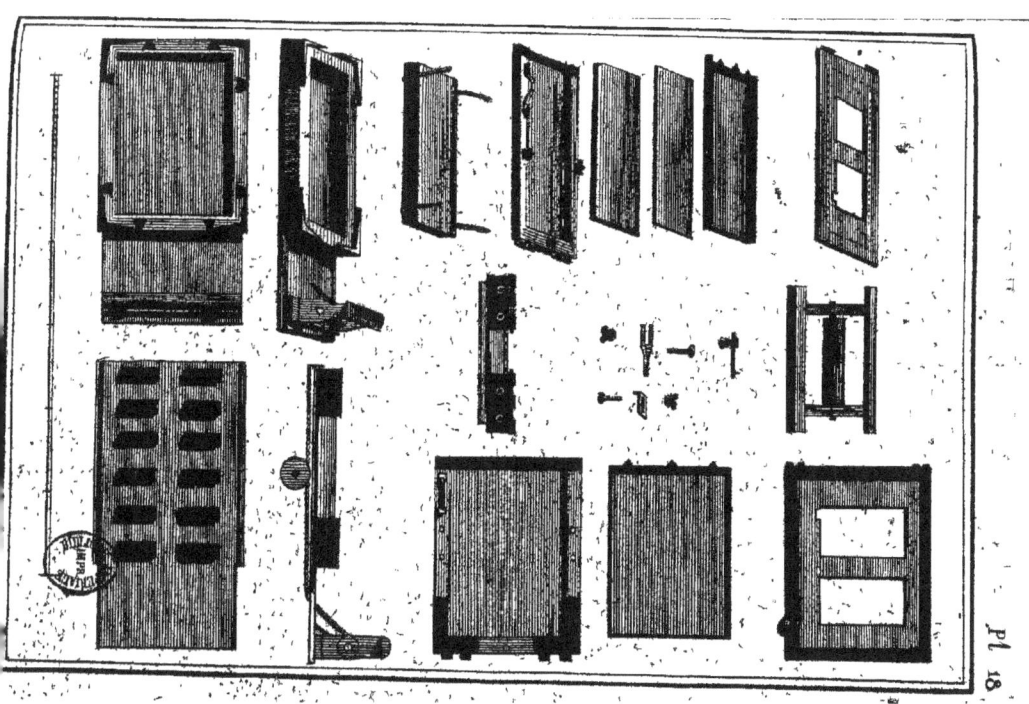

Pl. 18

Il y a un Traité de l'Imprimerie, ou l'Art de l'Imprimeur, (20.e des arts et Métiers), par Bertrand-Quinquet, in-4.° 1799.

www.ingramcontent.com/pod-product-compliance
Lightning Source LLC
Chambersburg PA
CBHW052040230426
43671CB00011B/1733